IMPRESSUM

© 2016 Hagen Bretschneider

Autor: Hagen Bretschneider
Umschlaggestaltung, Illustration: Hagen Bretschneider
Satz: m.göke, Hannover

Verlag: tredition GmbH, Hamburg
ISBN: 978-3-7345-5048-5 (Paperback)
ISBN: 978-3-7345-5049-2 (Hardcover)
ISBN: 978-3-7345-5050-8 (e-Book)
Printed in Germany

Bibliografische Information der Deutschen Nationalbibliothek:
Die Deutsche Nationalbibliothek verzeichnet diese Publikation in der Deutschen Nationalbibliografie; detaillierte bibliografische Daten sind im Internet über http://dnb.d-nb.de abrufbar.

Hagen Bretschneider

Bitter Moon Poetry

Willkommen

Willkommen, ihr Bodenwellen-Reiter auf den großporigen

Teerstraßen, den Minenfeldern der urbanen Seele

Zu einer Reise in die dunklen Ströme des Herzens

Dies ist das Infarkt-Finale nach dem Spaßterror

Denn hier ist er schließlich angelangt, der kleine Junge,

Der den Höllenhund mit glutroten Augen

Unter seinem Bettchen entdeckt hat

„Wo ist zuhause, Mama?"

Aber keiner kommt hier lebend raus

Denn dies ist das Ende des Lebens

Und der Beginn des Überlebens ...

Nico Walser

meridies.

Atemzentrum

Chemiekombinate husten schwefelgelben Auswurf in den Himmel
Glasschachteln und Vierkant-Riesen recken sich in den Smog
Das wild wuchernde Plankton der Vorstadt, monströse Termitenhügel,
Asphaltbänder, Häuserteppiche, urbane Endlosigkeit, Kleinfamilienhölle
Gigantische Wohnpyramiden, Betontempel, Siedlungs-Cluster
Babylonische Betonquader, terrassierte Kegel, Trabanten-Koller
Reißbrettmonster, Mammut-Erektionen, Geometrierausch, Suburbia-Neurose
Die Blumenkübelzone, Bäume aus Aluminium, Plastikteller mit Sushi
Babymützchenboutique, Ökoweinshop, Designersträuße, die nach Friedhof riechen
Die Flaniermeile für die Beautyfarm-Zombies, die sich in der neoliberalen
Konkurrenzgesellschaft nach oben geleckt haben wie die Fliegen am Honigglas
Die gestaltlose parasitische Gallerte aus Menschenmasse
Verbannte Vororthelden, Stadtrand-Nomaden, Freeway-Fetischisten
Schaumstoffwesen, Sekundärmenschen, unverdaute Fremdkörper
Populistische Poltergeister, Lehrer in Cordhosen, Mattscheiben-Voyeure
Somnambule Freischwimmer in mausgesteuerten Seifenopern,
Pillen- und putzsüchtige Mütter zwischen Wal-Mart und Waschmaschine,
Rentner in Unterhemden, die ihr Lungenkrebssputum auf die Straße husten,
Ein Talibanbart, der nervös an seinem Rucksack herumnestelt
Manchmal verschwindet ein Kind vom Spielplatz ...
Luc Thuillier, obsessiv rasenmähender Reihenhausbesitzer,
Überlegt, wie er seinem Heizungsproblem mit radioaktivem Müll beikommt
Suraj Sharma, indischer Programmierer, der auf Yoga schwört,
Trägt ein Jahr lang rote Socken, um sich neu zu erden
Hélène Duc, eine kleinkarierte Fanatikerin der Angepasstheit,
Die nicht in die Welt hinausgeht, weil sie nicht weiß, wo sie beginnt,
Schielt mit flinken Eichhörnchenaugen auf die Straße
Mit einem Paukenschlag prallt eine Limousine gegen einen Straßenköter
Die Schwalben spielen Engelflug, ausgelassene Tiefflieger,
Die sich heiter und schwerelos den Luftwirbeln überlassen,
Die sich auf den Wind werfen und mit spitzem Geschrei
Den auf zwei Füßen aufrecht gehenden Menschenpark verspotten ...
Duc holt Karton und Pappe aus dem Keller, faltet ein Flugzeug,
Öffnet das Fenster und wirft es mit Schwung hinaus in die Luft
Der Papierflieger fällt wie ein Stein auf die Straße ...

Poly-Ich

Menschliche Ölsardinen in ihrer urbanen Dose
Die Straßen verglühen unter dem aufgerissenen Himmel
Rasende Motoren, knirschende Getriebe, verwundete Spatzen
Fallstromvergaser, Beschleunigungspumpen, brennende Kopfstützen
Viehtransporter vollgestopft mit geduldig blökenden Schafen
Wohncontainer-Giganten und Shoppingcenter wie Reißverschlusszacken
Alice im Wunderland, Lolita im Bikini, stielaugenbedingte Auffahrunfälle
Ein Kommando syrischer Terroristen bringt eine Schule in seine Gewalt
Eine frisch betrogene Frau schmeißt sich dem nächsten Sextäter an den Hals
Im Schaufenster ausgestellt ein Schokoladen-Jesus in lila Stiefeln,
Zu jeder Bibel gibt es gratis einen Lippenstift und eine Zahnbürste ...
Bruno Madinier, der eine esoterische Endzeitsekte leitet, schlägt den Vater eines
12-Jährigen zu Brei, der seinem Sohn die teuren Turnschuhe zerschnitten hat
Mathieu Amalric, ein Don Juan mit schlackerndem Bauchfett, betrachtet,
Die Nasenspitze knorpeltief eingedrückt, einen Mini-String, kämmt sich
Umständlich mit einem winzigen Kamm die Haare, zupft sich die Brauen
Und schneidet sich mit einer Miniaturschere die Härchen aus den Nasenlöchern
Rauschgoldengel, Kokainhäschen aus Zelluloid, bonbonbunt, comicartig,
Die Röcke bis zur Schamhaargrenze hochgerutscht ...
Die kosmetisch behandelte Wohlstandsgesellschaft, das Leben keimfrei,
Die Liebe schmerzfrei, light und auf mittlere Frequenz gedimmt ...
Materialfetischismus, angelsächsische Raserei, hedonistischer Konsum
Koffeinbrause, Chicken-Nuggets, Kartoffel- und Fleischabfall, Zivilisationsplunder
Der Pullover aus Bangladesch, Lifestyle-Brainwash, Tristesse globale
Hypothesen und Prothesen, Brüste und Hüften, Sprünge und Spiralen
Meteorologen in rosa Hemden auf der Suche nach dem Wetter von morgen
Hollands Windmühlen versinken in den Fluten des Meeres ...
Ästhetischer Darwinismus, kannibalischer Narzissmus, kollektive Schockstarre
Der Lack der Welt, schattenlos und porentief gereinigt vom Schmutz des Realen
Elektrifizierte Lebensläufe, desinfizierte Gehirne, verkantete Sinne
Die gewaltige Konformitätsmaschine, die Unterwerfung des Individuums
Das Leben in Horden, das Menschenmeer, das sich kochend selbst verzehrt
Die Gleichzeitigkeit des Ungleichzeitigen, die fragmentierte Identität
Standardisierung, Linealisierung, Sterilisierung, Ameisenisierung
Das Leben ist leer, der Tag ist lang ...

Leerlaufdrehzahl

Milchiger Himmel, ziegelrote Wolken, grauer Industrieteppich
Skelette von Stahlträgern, gelbe Erde, schwarze Baracken
Fenster, zerschlagen oder blind, starren mit toten Augen auf die Straße
Waghalsig gestapelte Türme von Autowracks, die Reste einer Feuerleiter,
Fettige Ölkanister, das fensterlose Gehäuse eines Straßenbahnwagons,
Feiner Staub in der Farbe von Kinderkot bedeckt einen Lieferwagen,
Wie das Herz eines Sauriers ein Motorblock ohne Kolben und Ventile,
Schwarz und ölverschmiert auf schwere Holzblöcke gewuchtet,
Rohrzangen und schwere Ketten, die in schwarzer Schmiere versinken,
Nägel von der Dicke eines Unterarms und rostüberzogene Kugellager,
Kardanwellen und Pleuelstangen, abgenützt, abgebaut, ausgedient
Greifer befördern den Schrott auf das Laufband und in den Schredder,
Wo er gepresst, zerschlagen und in faustgroße Stücke gerissen wird
Unsichtbare Innenwelten, unterkühlte Irrealität, instabile Monotonie
Einbeinige Parkenten, die im Kreis schwimmen, Hundekot in allen Farben,
Rotznasige Blagen, die in Rosenbeete kacken, ein zuckersüchtiger, ständig
Süßigkeiten in sich hineinstopfender Junge, der mit Steinwürfen Tauben tötet
Schwanenfütterer und Regenschirmaufspanner mit geringem gesellschaftlichen
Nutzwert, die mit vogelartigen Bewegungen durch den Stadtpark flanieren
Penetrant vitale Jogger und verdrossene Ehemänner, die in
Bademantel und Schluffen von ihren Hunden spazieren geführt werden
Ein unvorsichtiges Karnickel landet frisch gehäutet auf dem Grill
Sandrine Bonnaire, eine diätsüchtige, halb tot geliftete Literaturstudentin,
Wirft einen Brombeerbonbon in den Brunnen und bemerkt nicht,
Dass über ihrem Haar eine riesige schwarze Sonne erstrahlt ...
Vom Licht entzündete Engel mit marmornem Uterus und kupferne
Kriegshelden steigen von ihren Sockeln, zerren die Musen ins Gebüsch
Und stoßen mit ihren polierten Metallpenissen in die steinernen Schamlippen
Ein gegenwartsgehetzter Grübler lacht der leeren Flasche ins Gesicht
André Antoine, ein Träumer, der mit großer Geschwindigkeit träumt,
Spielt Violine, als würde es kein Morgen geben ...
In seinen Augen spiegeln sich psychedelische Regenbögen,
Von Chemiefabriken und Ölraffinerien in den Himmel gemalt ...
Die G-Saite ist aus dem Darm eines unschuldigen Mädchens gedreht ...
Die Luft, das grüne Glas, zerbricht ...

Antikörper

Die Sonne wandelt hinter den Häuserreihen die Straßen herunter
Stücke herausgerissenen Himmels hängen an den Spitzen der Zweige
Das Licht ist eine Spinne, kriecht unter die Lider und webt dort seine Netze
Der urbane Bienenstock, Fremdkörper, Antikörper, Schwellkörper, Hohlkörper
Metallbrillen, dunkelrot, mattgrün, schmutzabweisend, gehärtet, entspiegelt
Die Straßen sind Schützengräben, das dumpfe Hirn will Geschwindigkeit ...
Alphamännchen hinter schweren Autotüren, der Körper eine Hülle aus Blech
Der rollende Uterus, der Kokon aus Metall und Glas, das bessere Ich ...
Der Asphalt knistert elektrisch, ein angefahrener Hund sinkt winselnd in den Tod
Ich-Anarchisten, Evangelisten, Gehirntrainer, Schlipsträger, Bratwurstesser,
Feierabendrassisten, die ihre geistige Konkursmasse in die Welt brüllen
Ein Greis rotzt ins Taschentuch und schreit nach dem Abfalleimer
Brigitte Fossey, die immer mit demselben Ziel apathisch ihre Wege geht,
Streut Vogelfutter aus der Handtasche bis sie Federn hustet
Die globale Kosmetikmafia, kernseifenweiße Unterwäsche, Zahnbürstenerotik
Die mitleidlose Glücksindustrie, massenmedial aufgeputschte Sehnsüchte
Moorleichen im Menschenzoo, Madenspiele, Bäuerinnensuche
Das Medienproletariat, das Humangehege, Zotenlärm und Zickenkrieg
Feuchtgebiete, Schoßgebete, blumenkohlige Hämorrhoiden, Wundschorf
Die Achse der Mösen, vaginale Selbstbestimmung, Bahnhofstoilettenpoesie
Ostdeutsche Swingerclubs, islamistische Terrorzellen, Hobbyköche, Volksmusik
Das Fußballstadium ist gefüllt mit Kannibalen schreiend nach Blut und Bier
Leben mit Einbauküche, Onanieren nach Dienstschluss, Telefonsex
Fake-Eier, Labor-Burger, glutenfreies Bier aus Kichererbsen
Bizarre Parallelwelten, Orte ohne Selbst, Selbst ohne Ort, neurotisches Elend
Die alltägliche Bestialisierung, die Kleintierzüchtung der Zivilisation
Die Schäume-Räume der Moderne, Verhaustierung, neurobiologische Apartheid
Normannen und Nomaden, jeder ist ein Doppelgänger des anderen
Der tägliche Griff in die Steckdose, Wahl zwischen Irrsinn und Wahnsinn
Schablonen, Hoden und Elektroden, Testosteron-Krisen, Ich-Prothesen
Gérard Barray, grässlich einsam im Grundrauschen der Stadt,
Beobachtet, wie der Wind Zeitungsblätter über den Rasen weht
Resigniert verfolgt er das Fischgewimmel, wirft seinen Blick wie eine Angel aus,
Zerrt, was er sieht, zu sich herauf, begutachtet es verständnislos
Und wirft es wieder fort, seinen Schmerz vertraut er den Tauben an ...

Gleichstrom

Ruhelos jagt das Kapital um den Erdball
Goldrausch-Visionen, Spekulationsblasen, Eiterblasen, Seifenblasen
Schattenzocker, Finanz-Wikinger, aufgeblasenes Hongkong-Ambiente
Das Regiment der Aktentaschen, der Mikrokosmos der Finanzelite
Jean-Baptiste Maunier, eine größenwahnsinnige Kröte mit Rundbrille,
Tänzelt im Jackett, unten herum nur in Boxershorts, mit einem Golfschläger
Vor seinem Tempel herum und atmet die Abgase der freien Marktwirtschaft
Urban Entertainment Center, City-Boutiquen, Flagship-Stores
Sprechende Einkaufswagen, kalorienarme Geflügelwurst, Darmverschluss
Klebriger Smog, gelbe Hunde ohne Fell, abgehustete Schleimhäute
Mongolenpferde und Motorräder, Kohorten aus Chrom und Blech,
Benzin und Benzodiazepin, Esso für die Limousine, LSD für die Ladies
Pierre Morel, ein junger Arzt, der eine Vorliebe für rohe Leber
Zum Frühstück hat, sucht für sein Staatsexamen ein Raucherbein
Schaufensteraugen, Blitzlichtjapaner, Spatzen in Wartestellung
Wellness-Buddhismus, Verschwörungstheoretiker, Gardinenbügler
Stop-and-Go zwischen Schwiegermutterlektüre und Mallorca-Reiseführer
In Dosen konserviert der letzte Atemzug des Sozialismus ...
Libidinöse Fernsteuerung, sexuelle Karambolagen, kollektive Tristesse
Imperiale Hinterbacken, harte Eierstöcke, missglückte Analrasuren
Somnambule Lolitas und Stadthäschen mit rutschenden Spaghettiträgern
Likörsüchtige Landfrauen gekrümmt unter der Last riesiger Einkaufstaschen
Katholisch kopfoperierte Rentnerinnen mit geschliffener Optik um den Hals
Fuchshaarige Diven mit Dogge, das Gehirn in Katzenfell gewickelt
Die Motorik der trivialen Welt, sedierte Wohlstandsträume, Familienfinsternis
Auf dem Friedhof der Atem vergangener Zeiten, das kalte Fleisch der Toten
Zink-Urnen wie Blindgänger, ein Leichenhemd, ein Sargriff schwarz wie Kohle
Ein streunender Hund schlabbert Regenwasser aus einem offenen Schädel
Ein Metallmonster mit bezahnter Schaufel zertrümmert das Gräberfeld
Eingesammelt werden Schulterblätter, Kniescheiben, Wadenbeine
Im Lehm das blasse Gesicht eines Träumers
Wer da entsorgt wird, lief einmal aufrecht und verliebt ...
Musik sickert aus dem Schweiß des Asphalts
Betörend, berauschend, verletzend
Eine Tonart für jeden Schrei ...

Flohzirkus

Krähen sitzen zu Hunderten auf den Stromleitungen,
Die den Himmel wie Spinnennetze durchziehen
Zelte, Bretterbuden, Container mit Imbissständen, Wechselstuben
Technosound, Bier mit Schokoladengeschmack, Wodka mit Büffelgras
Krummbeinige Zwerge schlagen Purzelbäume im Pferdemist
Verrotzte Kinder mit Bürstenhaarschnitt streiten sich um Schlachtabfälle
Fingerlange Sardinen, Rochen von der Größe eines Kopfkissens
Der Fischhändler schlägt mit gefrorenem Grinsen die Tintenfische zu Tode
Rote Kugeln in holländisch beschrifteten Kisten, eingelegte Gurken,
Verzerrte Klänge von raubkopierten Jacques-Brel-Kassetten,
Gartenzwerge, ein röhrender Hirsche groß wie eine deutsche Dogge,
Känguruh-Hoden, explodierende Mangos, Champagner in Dosen
Israelische Uzi, die Bronzestatue des polnischen Nationalhelden Pilsudski,
Ein deutscher Wehrmachtshelm mit Durchschuss, Semtex,
Schweizer Messer aus China, ein Zippo-Feuerzeug mit Hakenkreuz,
Nachtsichtgeräte der Roten Armee, die Borduhr einer Mig-21,
Ein komplettes Chirurgenbesteck, eine Anstecknadel mit SS-Runen,
Das vergilbte Foto von einem kapitalen Ochsen, ein geöffneter Lammschädel,
Küchenfertiges Hirn und kleine runzlige Würste mit kleinen rosa Aftern
Jerzy Skolimowski, der Metzger, ein nach Schweiß riechender Staubsack,
Pinkelt in den brummenden Kühlschrank und scheucht die Fliegen vom Speck
Auf seiner Stirn baumelt eine Locke wie ein Stück Darm ...
Ein schlaksiger Junge, der wie ein Vogel auf einem Teppichberg hockt,
Spuckt Kaugummis in den Mittag, die Hinterhöfe sind finstere Hinterhalte,
Aus denen es dumpf herausweht wie von einem Friedhof,
Ein Schreinermeister zimmert Kindersärge, stapelweise, roh, billig
Männer und Frauen schwirren dicht in der Luft wie Mücken, eine Herde von
Schafen, die auf einer staubigen Ebene unter brennender Sonne im Kreise treibt
Zwischen sie fahrend, mit gesträubten Flanken sie beiseite stoßend,
Sägezahnig und rotäugig die wilden erzkonservativen Keiler,
Bonzen und Rinnsteinganoven, Amtsanarchisten und Staatsterroristen
Mit dicken Bäuchen und Gewehrsammlungen an den Wohnzimmerwänden
Andrzej Zulawski, der im Menschen nur ein Auslaufmodell sieht, das sich selbst
Auf die Müllhalde der Geschichte befördert, greift lustlos in die Chipstüte
Eines Tages wird er in eines der schwankenden Boote am Fluss kriechen
Und sich wegspülen lassen ...

Ego-Maschine

Die Genetik der Moderne, die Dämonie des Tempos
Der nackte Wirbel der Zahlen, die zerfaserten Ordnungslinien der Welt,
Die mächtigen Ströme der durchgetakteten Gegenwart, das organisierte Geld
Die Haut der Stadt, der verbrauchte Himmel, das Karussell der Fragmente
Leben mit Rissen in den Wänden, Stein gewordenes Schicksal ...
Aufgeständerte Autobahnen, turmartige Wohnmaschinen, ruinierte Gebisse
Stinkende Schlachtviehtransporte, Kernkraftwerke im Dauerstress,
Satellitenschüsseln, die groß genug sind, um mit dem Mars Kontakt aufzunehmen
Die Eisenbahntrasse verläuft wie eine schartige Messerwunde
Durch die verwickelten Eingeweide der Stadt, aus den Hallen
Der backofenheißen Bahnhöfe steigt ein zäher Brei empor
Kollidierende Kolonnen, ausgebremste Hektiker und ausbremsende Rentner,
Eingesargt in ihr Fleisch und in ihre Designer-Kleidung, mit Pillen aufgeblähte Wesen,
Die sich zufällig auf derselben Strecke des historischen Zeitstrahls
Bewegen, die sich ins Gedärm der Stadt hineinbohren wie Würmer ...
Pornosauger und Bibelleser, Fußballfetischisten und Bürgerwehrfaschisten,
Zahnspangen-Trutschen und Stilettostöcklerinnen, die sich von Popcorn ernähren
Irgendwer schleift eine Kleiderpuppe über den Boden, bis sie ein Bein verliert ...
Das alltägliche Mittelklasseglück, die kollektive Krankheit der Zuversicht
Nervtötende Lebensbejahungsparolen, Lächeln bis zum letzten Atemzug
Isabelle Adjani, die nachts gern mit erfundenen Problemen Hotlines anruft,
Schließt sich frustriert in ihrem Zimmer ein und masturbiert,
Weil ihre Babymützchenboutique rote Zahlen schreibt
Pascal Laugier, ein bewamster Mittsechziger, der sich vor seiner Frau fürchtet
Wie vor einem riesigen Vogel, der ihn wie einen Apfelkern aufpicken könnte,
Onaniert traurig in den Vorgarten vor ihrem Fenster ...
Eine Walze rasselt auf der frisch geteerten Schotterung die Straße auf und ab
Behelmte Bauarbeiter schleppen eine Kiste Bier über den Parkplatz
Wie ein wütendes Ungeheuer frisst sich ein Bagger durch das Häusermeer
Die Abrissbirne schlägt einen ganzen Altstadtblock weg, alle Zimmer stehen offen,
In allen Ecken stehen Schuhpaare, die Tapeten hängen in Fetzen herunter
Wie die abgezogene Haut eines menschlichen Körpers
Der Möbelwagen steht schon seit Tagen an der Ecke
Im Fernseher sitzt eine Porzellanpuppe und kündigt den Spätfilm an
Die Zeit ist eine Drehtür und zieht weiter ...

Öldruck

Der Angriff der Gegenwart, die Erdbeben der Spätmoderne
Trabantenstädte, labyrinthische Autobahnzubringer, Einkaufszentren
Ein Himmel, der sich wie ein fiebriger Auswurf über alles legt
Verstauchte Finger, Nasenschleimhautentzündung, Gebärmutterhalskrämpfe
Ein überfüllter Bus, eine eiserne Missgeburt, nur Stehplätze
Niemand ist freiwillig eingestiegen, niemand kennt den Zielort
Für immer auf den Füßen, für immer gegen Fremde gequetscht
Für immer unter dem Blick anderer, kein Ausstieg in verwunschene Orte
Die Luft ist dick und verbraucht, jeder geschlossene Raum ist ein Sarg ...
Aurélie Amblard, die auf dem Dach eines verlassenen Kinos wohnt
Und ihre Lebensgefährten mit dem Pendel aussucht,
Starrt fassungslos auf ihren Rucksack, er sieht aus wie ein Fötus
Sie lässt ihn auf den Boden fallen, unter dem der Diesel blubbert ...
Der Bus hält auf einem staubigen Platz, die Türen öffnen sich,
Der Dampf von hitzestarrendem Plastik strömt aus ...
Mahmoud Zemmouri, der Fahrer, ein blasser Mann in der lauten Welt,
Steigt aus, vom langen Sitzen entzündet leuchtet sein After ...
Farbe blättert von den umliegenden Häusern, vermischt sich und setzt sich in
Feinen Fäden auf Schultern und Wangen ab, eine Lawine aus rissigem
Asphalt rauscht heran, Hupen brüllen, Auspuffrohre rotzen Dieselruß
Zemmouri hört es nicht, er hat nur Ohren für das, was aus dem ölschwarzen
Metallblock kommt, hingebungsvoll beugt er sich über die Zylinderreihen,
Hört den Bauplan der Maschine, den Atem des Motors,
Das harmonische Orchesterspiel des mechanischen Systems
Ein beschädigtes Triebwerk rührt ihn mehr als ein beschädigtes Leben ...
Er arbeitet, wohnt, isst und schläft in seinem Bus, zu Beethoven-Sonaten
Sieht man ihn um Verkehrsinseln kreisen, durch Industriebrachen und
Vorstädte fahren, Frau und Kinder besuchen ihn ausschließlich im Bus ...
Eine schwarz vermummte Gestalt, ein dunkler Apostel, ein von Gott autorisierter
Exekutor des Jüngsten Gerichts, schlägt ihm mit kalter Brutalität eine
Eisenstange ins Gesicht, zertrümmert ihm die Zähne, prügelt ihn ins Koma
Am Eingang zum Güterbahnhof stehen Viehwaggons vor dem Prellbock
Durch die offenen Schiebetüren weht der Gestank nach Urin und Kot
Das Vieh steht, die Körper mit Untergangsstimmung gesättigt,
Leib an Leib in Angst und Schweiß, Mäuler schäumen, Zungen schwimmen ...

Luftschacht

Magnetische Stürme, koronale Massenauswürfe, Teilchenschauer
Die Stadt sprengt ihre Mauern und lässt den Asphalt brennen
Die Spatzen flüchten in die schwarzen Schatten der Berge
Die Bäume reiben aneinander wie die haarigen Beine der Heuschrecken
Die Straßen wiederholen sich wie die Rippen eines riesigen Skeletts
Startlöcher und Stirnfalten, Staublungen und Stolperfallen
Bürgersteigkanten und Treppenhäuser werden bezwungen,
Der Landtag, McDonald's und der internationale Flughafen ...
Gérard Jugnot, Verkäufer von Rasenmähern und Motorsägen,
Der sich nach nichts mehr sehnt als nach einem Ich, das ihm allein gehört,
Schiebt sich eine Kaugummikugel in den Mund, unter ihm das betäubende
Rauschen der Abwasserströme, die sich unter der Straßendecke hinwälzen
Mühsam schleppt er sein Spiegelbild von einem Schaufenster zum nächsten,
Unschlüssig, an welche Wand er sich lehnen soll, seit Jahren jagt er seine
Erinnerungen, jetzt begreift er, dass seine Erinnerungen ihn gejagt haben ...
Böse kaut er auf seinem vom Tabak gebräunten Schnurrbart herum
Und schließt sich dem murmelnden Draußen, dem Fließband, an ...
Die Hüften einer voluminösen Frau schaukeln im Takt der Straße,
Bis ihr Rücken in der Finsternis der Kathedrale versinkt ...
Auf dem Schoß des Bischofs sitzt ein Mädchen, wenige Jahre alt, von einem
Schmetterling notdürftig verhüllt, das mit zwei Fingern Segen und Fluch erteilt
Benoît Jacquot, der Kirchenfürst, wischt sich den Schweiß von der Stirn
Wenn er in den Spiegel schaut, blickt er auf Völker nackter Männer und Frauen,
Die ihm unter Folterschmerz und Ekstase die Hände entgegenstrecken ...
Kein Tropfen Wasser in seinem Körper, der nicht zuvor in unzähligen
Anderen seinen Dienst tat, in Schnaps, Mörtel und Marmelade
Er spitzt den trockenen Echsenmund, feiert die Wiedergeburt und behauptet,
In den Augen von Schweinen den Blick verlorener Menschen zu sehen,
Im Verlauf der Wanderung seiner Seele die gepanzerten Körper von Reptilien
Bewohnt zu haben und aus diesen schäbigen Inkarnationen durch
Schüsse erlöst worden zu sein, er wäre schon ägyptischer Grabräuber,
Irischer Mönch und jüdischer Arzt gewesen, habe Städte wie Babylon, Troja
Und Karthago aus dem Stein wachsen und in den Staub sinken sehen
Der große Zeiger der Turmuhr wandert jede Minute mit einem Ruck weiter,
Bebt ein bisschen, bleibt stehen, wandert weiter ...

14

Gummifinger

Warteschleifen, Warmlufteinbrüche, Weltenlärm
Moleküle aus dem Chaos, zelluläre Kopiermaschinen, fötales Dasein
Inertialsysteme, Beschleunigungsgeneratoren, Scheinkräfte
Kollektive Metamorphosen, Krümmungssprünge, Konformitätsverstärker
Quellcodes, Mundschleimhäute, der genetische Flickenteppich,
Der Sog der Masse, die Synchronisierung der Gefühle, das große Stolpern
Autokolonnen wachsen wie Schorf aus den Gefäßwänden der Erde
Manchmal hebt sich ein Kanaldeckel einen Spalt ...
Das Leben entkrustet sich Schicht um Schicht zu Blut und Schleim
Überall tropft und wächst und wogt es, glitschige Kohorten flutschen über
Den Asphalt, erklimmen Kaugummiautomaten und Telefonzellen,
Die vollverglasten Aquarien der Hochfinanz und den Fernsehturm,
Verschwinden im Spinnennetz der Kanalisation und tauchen wieder auf
Schwanzlurche, Scheibenzüngler und Schaufelkröten steigen aus dem
Erdmantel, Veteranen der Evolution, Geschöpfe zwischen Wasser und Land,
Wesen aus einer anderen Weltzeit unterwegs zwischen flüssig und fest
Eine springflutartige Überschwemmung, ein Dammbruch zäh und unnachgiebig
Aufpumpte Schallblasen, ohrenzerreißende Paarungsrufe, Amplexus axillaris
Hochzeitstänze, Ringkämpfe, fladenförmige Laichteppiche, Eier-Piraterie
Klammerreflexe, Knoten, Fehlpaarungen mit Treibholz und toten Fischen
Ein Schlauch, ein Quaken, ein Quietschen, ein Wispern, ein Wimmern
Daniel Auteuil, der sein Leben mit dem Verteilen von Werbeprospekten fristet,
Wird von der rauschenden Strömung erfasst, gestoßen, geschoben und
Von einem Wirbel davongetragen, rings um ihn klecksen Augen und Lippen,
Tausende Zungen, Schwimmblasen und aufquellende Gallertschichten
Sprudelnde Luft, glasiges Perlen, Lichtpunkte, Flutwasser, Fiebertanz
Der Rest der Welt dreht sich schneller als der Kern
Jeder Körper ist eine Welle, jeder Schritt ein Fallen
Eine Klaue reißt an seinem Haar, splitterndes Stirnaufschlagen, Hirn fließt
Zurück bleibt ein zusammengedrücktes Knäuel stumm gemachtes Fleisch,
Von der Speiseröhre der Stadt umspeichelt und verdaut
Namenlose Wolken formen im Vorübergleiten den Himmel
Die Erde ist ein winziger Steinklumpen,
Der sich unaufhörlich um ein anderes Gestirn dreht
Unbedeutend ...

Erdbeereis

Der Frühlingsrausch stampft das Leben aus der Erde
Sonnenlicht überflutet in prächtigen Säulenbündeln die Stadt
Der Himmel ist eine Decke aus dufterfüllter Flüssigkeit
Gazellen mit Strohhalmkaffeebechern, Eiscreme und Campari
Erdbeeren, die wie platzende Farbkugeln aus den Tiefkühltruhen steigen
Fingerdicke Wespen, die ihre Flügel wie Ventilatoren kreisen lassen und Tulpen,
Die sich verschwenden bis sie durchsichtig sind wie brüchige Seide und sterben
Berstende Fenster und Bäume, die von Frauen bestiegenen Penissen gleichen
Nomaden der Liebe in der Kristallkugel der Verzauberung oder in der
Seifenblase der Illusion, marmorglatte Schenkel, rotlackierte Zehen, fettig
Geschminkte Augenlider, explodierende Erregung, ekstatischer Atemtausch
Der Käfig der Sehnsüchte, die Herrschaft der Körper,
Die Schlacht der Paare und Geschlechter, der Abgrund des Wollens
Manische sexuelle Aktivität, Narzissmus, Todesnähe, Martyrium
Bruno Crémer, der es zu Sonnenbrille und Krawatte gebracht hat,
Lässt sich hinaufejakulieren ins Paradies, auf schimmernde Goldwiesen
Und schmarotzt zwischen Haut und Saft und Mädchenbrüsten
Sophie Quinton, die Überstunden als unterbezahlte Putzkraft schiebt
Und keine Lust mehr hat auf die eisigen Kanten ihrer eingefrorenen Ehe
Mit geregeltem Geschlechtsverkehr, saugt die Atome der Frühlingsluft
In die Lungen und segelt wie funkelnder Liebesstaub durch die Männerträume
Zweisamkeitstaumel, Schmetterlingsschwärme, Amokläufe
Fiebriges Hin- und Herverweben zwischen Zeiten und Welten
Zwei wilde Symphonien, multitonal, barbarisch, chaotisch, wild, brutal
Ein orchestraler Exorzismus, eine ewig flackernde Kopulation
Crémer und Quinton steigern sich zu einem wuchtigen Fortissimo,
Reißen wie an einem rohen Stück Fleisch an ihrer Liebe, taumeln ineinander,
Reißen sich, den immer entfesselteren Wahnsinn der Liebe im Blick,
Die Hüllen ab, lassen sich lachend im Gewitter nassregnen,
Überschlagen sich, fressen einander auf und zerfetzen sich im Streit
Im Hirn reißt ein Nerv, Quinton wechselt das Kostüm
Sie will nicht die Röhre für die Selbstwerdung eines anderen sein
Die Glut, die Ekstase löscht sie mit seinem Blut
Sie schneidet ihm die Genitalien ab und läuft noch tagelang mit den
Liebesreliquien in der Handtasche durch die Stadt ...

Rinnsteinpoet

Betonschornsteine über Betondächern, Straßen öffnen und schließen sich
Menschen-Material, Maschinen, industrielle Mondlandschaften,
Eine von Jahrhunderten schonungsloser Ausbeutung durchpflügte Zone,
Ein Himmel, dem die Umweltverschmutzung das letzte Blau genommen hat
Die Spatzen pfeifen wie Autoreifen, Hüftspeck knackt, Brüste hüpfen
Heizdeckenverkäufer, Hitzköpfe, Zylinderköpfe, Regenwürmer in Panik
Fuchshaarige Kleinstadtfrauen mit den Lippen von Schlaganfallpatienten
Sexualforscher mit Stoppuhren, Schürzenjäger, Steigbügelhalter, Spaltschlüpfer
Über dem Friedhof wartet der Himmel, über der Stadt der Polizeihubschrauber
Von der Haustür blättert der Lack ab, der Lichtschalter ist kaputt ...
Das Sonnenlicht döst auf dem Sessel, der Fernsehapparat schweigt ...
Die hirnfarbene Rauhfasertapete, der transparente Acryl-WC-Sitz
Krumme Lebenswege, seelische Unbehaustheit, Ich-Schmerz im Gedärm
Frédéric Febvre, seit geraumer Zeit Übersetzer von Gebrauchsanweisungen,
Hackt mit der Schreibmaschine Löcher ins Papier
An der Wand schnarrt eine Uhr im Sekundentakt
Jede Zigarette ist eine niederbrennende Brücke zur Welt
Die Kindheit ist versperrt, das Ich ein erstickter Kontinent,
Ein mythisches Inselreich versunken unter dem Meeresspiegel,
Das große Abenteuer ein Pickel, das Glück ein leichtes Mädchen
Ketchuprote Lippen, einstürzende Magenwände, zwitschernde eiserne Vögel
Die Flut der Menschheit, schaumgekrönte Brecher, Strand- und Treibgut
In seinem Kopf drehen sich immer schneller die Zahnräder
Die Welt ist ein Schiff, das irgendwann bei strahlendem Sonnenschein
Und leichtem Wellengang auf einem Riff zerschellen wird ...
Febvre schneidet sich die Brust auf und hält sein erigiertes Herz in die Sonne
Resigniert schleudert er das letzte Buch aus dem Fenster
Zum Denken zu nervös, zum Schreiben zu verzettelt,
Das Papier zu weiß, die Augen zu starr, der Blutdruck zu niedrig,
Die Worte unverdaulich verklebt, gallertartig, nass, ätzend wie Säure
Zerebrale Knallfrösche, Silbengewürm, rhetorischer Schaum
Verwirrte Protokolle eines pathologischen Geistes,
Nicht mit Tinte getränkt, sondern mit dem Eiter uralter Wunden
Kapitulation im Kampf gegen papiersüchtige Ameisen
Blut auf dem Papier, die Ergießung eines geschrumpften Herzens ...

Zeitkapsel

Plattenbauwucherung so weit das Auge reicht
Der Rand des Himmels füllt sich mit blauem weichem Sand
Die polaren Spannungen des Daseins, die erschöpfte Existenz der Lebenden
Das humane Experimentierfeld, die hypnotische Wirkung der Sinnlosigkeit
Wagenrennen mit Airbag und Navi, Schlipsträger verharrt in Denkerpose,
Daten-Zombies, die ins Leere starren und nach Plastiksternen greifen,
Prostituierte, die sich über die Vorzüge des Mozzarella unterhalten,
Gören ohne Geldsorgen, Frauen in Fetzen, die sich in der Dusche ertränken,
Weinerliche Vorstadt-Rassisten, die sich die Welt auf Kleingartengröße wünschen,
Koksende Polizisten, Journalisten mit dem eigenen Blut auf der Kamera,
Böller, Brandsätze, Sprengkörper, Kinder unter goldfarbenen Rettungsfolien,
Verkohlte Betten, in Qualen verrenkte Körper, die Kopfhaare verschmort,
Ein rußiges Gekröse, die Augäpfel verkocht, die Haut auf Brust und Bauch
Zu einem ledrigen Panzer verbrannt, die Finger zu Krallen verkrümmt
Kein Blick ist ein Blick, der Himmel ist nichts als Himmel ...
Langsam blättert eine Zeitung ihre Todesanzeigen auf ...
Denis Ménochet, der sehenden Auges in ein Auto lief und seither an Krücken geht,
Rupft sich das letzte Haar aus der Kopfhaut, als wolle er einen Kosmos von
Kleinlebewesen vertreiben, ein Taxi wirft ihm verbranntes Benzin ins Gesicht
Der Himmel zerfällt wie eine langsame Lawine
Zu einem immer dicker werdenden Rand aus weichem blauem Sand ...
Bérénice hatte langes welliges Haar, nichts ist ihm jemals wieder so durch die
Hände geflossen, solche Haare hatte er im Lager gesehen, in der Todesfabrik,
In einer Halle, in der abgeschnittene Zöpfe, Locken und Büschel lagen,
Zu einem Haufen zusammengeworfen oder in Leinensäcke gestopft,
Rohmaterial für Matten, Perücken und Matratzen ...
Die Haut, die zuerst zerriss, war die Tür, ein gewöhnlicher Kleinbürgertag,
Im Morgengrauen waren sie gekommen, die Schlächter und Folterknechte,
Blonde glatthaarige Bürgersöhne, die Schuhe eingeschmiert mit dem Bauchfett
Der Getöteten, um den Hals als Kette die abgeschnittene Finger von Kleinkindern
Heimtückischer Gestapogeruch, stahlbekappte Stiefel, Knüppelhiebe
Unter einer Maske aus geronnenem Blut war er in einer Zelle aufgewacht
Nach dem Krieg hat er in umgepflügten Städten nach ihr gesucht
Sie war in einem Krematorium verraucht ...
Sein Mantel hat die Farbe des zerstörten Himmels,
Seine Finger die des weichen blauen Sandes

Ich-Klinik

Fahles Gelb dringt durch die Risse im Himmel
Christliche Schwangerschaftsberatung, Sonnenstudio, Nagelstudio
Männer, die auf Automaten starren, Fassaden, hinter denen niemand wohnt
Das von schrankenloser Nachkriegsbebauung verwüstete Stadtzentrum
Der Bahnsteig erinnert an den Pausenhof einer Gesamtschule
Klappmesser, Crack, eine Schlampe muss Zigarettenfilter kauen
Pierre Cosso, ein gefürchteter Schläger, der seinen eisenharten Schädel
Zwischen Aufzugstüren hielt und seitdem ein verstümmeltes Ohr hat,
Tötet ein Mädchen mit einem Bolzenschussgerät ...
Vor Jahren malte er sich die Auslöschung seiner Schulkameraden aus
In einer Reihe aufgestellt sollten sie durch Kopfschuss hingerichtet werden
Der Zug steht wie ein aus dem Streckennetz geratener,
Von den Behörden vergessener Irrläufer im Bahnhof, ein rostiges Insekt
Ein Eisenbahner klopft mit einem Hammer an die Räder
Ein kinderloses Ehepaar zusammengesunken auf einer Bank
Juliette Binoche, die einen halben Finger in der Rolltreppe verloren hat,
Spricht davon, sich zu erhängen, ihr Ehemann trägt bequeme Kleidung
Frauen erhängen sich nur selten, sie nehmen Schlaftabletten ...
Frauen stellen das Essen warm, hängen die Betten in die Fenster
Und bürsten das Erbrochene aus dem Teppich ...
Bruno Madinier, ein schweigsamer Mann mit weichem Händedruck,
Der pünktliche Züge und geschlossene Türen liebt,
Verliert sich in den schimmernden Tiefen kristalliner Strukturen,
In kubischen, hexagonalen, orthorhombischen oder monoklinen Systemen,
In winzigen Kristallgärten, deren Blüten im Gegenlicht silbergrün glimmen,
Ein zeitloses Bild der Welt, das ihn den Hass für den Augenblick vergessen lässt
Der Wunsch kommt auf, eine Bakterie zu sein
Sie führt ein beschauliches und friedliches Leben
Durch das Protonenkonzentrationsgefälle wie von einer Turbine angetrieben
Erforscht sie neue Welten, neues Leben und neue Zivilisationen,
Dringt in Galaxien vor, die nie ein Mensch zuvor gesehen hat ...
Sie wächst, indem sie ihrer Umgebung einfache Nahrung entnimmt
Dann pflanzt sie sich eintönig durch Zell- und Querteilung fort
Die Qualen der Liebe bleiben ihr für immer unbekannt ...
Solange die Bedingungen günstig sind, fährt sie mit der Fortpflanzung fort
Dann stirbt sie ...

Bodeneffekt

Die Metropole, der Brutkasten, der Auspuff, das darwinistische Bestarium
Wie zerschlagene Flaschen liegt die Wirklichkeit in Scherben herum
Jäger und Sammler in Nadelstreifen, gläserne Aufzüge, Fensterstürze
Flüchtige Ficks zwischen Buchhaltung und Gehaltsabrechnung
S-Bahnen, die wie Maden über die Haut der Vororte kriechen
Ein Strichjunge zieht sich schon auf dem Bahnsteig aus
Und masturbiert mit flinker Hand in ein fleckiges Tuch
Im Schließfach die Leiche eines Säuglings, die Nabelwunde noch frisch,
Der Name auf der Haut noch nicht getrocknet ...
Dominique Rocheteau, der den ganzen Tag auf einem bunten Wolldeckenhügel
Sitzt und Frikadellen isst, beneidet die Fische, die dicht gedrängt auf
Ihren Tischen sterben, schutzlos ausgeliefert dem Anschwärmen
Der Fliegen, den Griffen der Käufer, dem Messer des Händlers ...
Gebannt starren die Spekulanten nach der Invasion der Bush-Krieger
In den Irak auf den riesigen Monitor mit den aktuellen Aktienkursen
Bettelgötter mit verrotzten Haarspiralen kriechen durch den Schmutz der Welt
Rinnsteingestalten, die schweigend auf farbverschmierten Dielenbrettern
Und aufgeschlitzten Matratzen herumliegen und ihren Tod ausbrüten
Stadtneurotiker, die verzweifelt piranhahafte Frustmorde begehen
Drogenmischer, die in dreckigen Küchen Crystal Meth brauen
Überirdische Wesen, die auf einer anderen Wirklichkeitsfrequenz existieren
Engelsköpfe süchtig nach außerirdischem Kontakt,
Die über Kloschüsseln hängen wie über offene Gräber
Erloschene Gesichter wiederbelebt im Schein aufglimmernder Pfeifen,
Die in Unterwäsche vor staunenden Spiegeln kauern
Großstadtartisten, die im übernatürlichen Licht aufgegebener Textilfabriken
Unter dem Himmel hängen und die schwebende Musik des Alls hören
Sonnen-Kinder aus dem Magma-Sperma, die sich waschen im Blut der Slums
Gangster des Mülls, die barfuß gehen und Kälte nicht fühlen
Aasfresser, die hungern und nicht weniger werden,
Deren Krankheitskeime im Blut eine Flammensäule verzehrt
Mottenkönige, die steif wie leere Mülltonnen in den Ecken hocken
Barden des Elends, sanft lächelnd wie Kinder vor dem Weihnachtsfest
Die Hunde machen sich davon, um eine andere trostlose Gegend
In dieser Stadt aufzusuchen ...

Nagelhaut

Die Menschen riechen nach Parfümnamen
Der Himmel riecht nach Schuppenbildung und Haarausfall
Der Figaro um die Ecke, Nackenpinsel, Ohrhaartrimmer, Gehirne in Töpfen
Sonnenschein strömt staubbeladen durch schwere Gardinen
Girlies im Glitzerfummel, betäubende Fahrstuhlmusik im Südsee-Sound
Modellier- und Manikürscheren, Heizwickler, versengtes Haar
Am Schwenkarm hängt eine Trockenhaube wie ein Blütenkelch von der Decke
Alban Ceray, kugelrunder Feinkosthändler mit Wurstfingern,
Der seinen Körper mit einer Gänseleber-Diät ruiniert, versinkt im Frisiersessel
Vincent Lacoste, der Haararchitekt, der Frisuren schneidet,
Die kein Haarwuchs zerstören kann, arbeitet wie ein Spinnentier
Mechanisch und wortlos schlägt er eine erste Schneise bis zum Scheitel,
Rodet die Gegend um die Ohren, seift die Hirnschale ein und wischt den
Schädel mit einer Serviette blank, bis er matt wie eine Elfenbeinkugel schimmert,
Bis das Gesicht vulgär wie ein schlaffes Geschlechtsorgan herabhängt
Im Augenwasser schwappt eine Stubenfliege, auf dem Weg zum Mund
Bricht ihm der Henkel der Kaffeetasse, Ceray zieht den Kopf
Wie eine Schildkröte ein, die man auf den Rücken gedreht hat ...
Ertrinken in Seifenschaum, Federbetten, Gartenteichen
Zwischen dampfenden Schaumwolken glitzert eine Unkrautharke
Ein alter Mann auf dem Rücken liegend im Kartoffelfeld,
Ein schlotternder Sack fest verschnürt und fertig für das Sterben
Verzinktes Wetter tief über der Ebene, ein Sturm naht ...
Die Knochen, brüchig vom Starrsinn der Zeit, schaudern in der Kälte
Wie eisiges Wasser glucksen die Jahrhunderte in den Schläfen
Silberweiß und blutig ragt der Bart in die Höhe
Voll Blut von den Blasen an den wundgelaufenen Füßen auch die Socken
Das Gesicht wird in den Boden gezogen, mit Erde gefüttert, mit Frost gefüllt
Seife im Ohr, Waschpulver im Mund, die Wangen roh wie Koteletts
Die Fliege schrubbt ihre Flügel mit den Hinterbeinen,
Faltet ihre Vorderbeine wie ein Mensch, der sich die Hände einseift,
Streicht sich sorgfältig über den lappigen Kopf und bürstet sich die Haare
Ceray tastet mit zwei Fingern nach ihr, packt und zerdrückt sie
Zwischen Daumen und Zeigefinger zu einem matschiggrauen Mus
Heißes Ekelgefühl

Menschenaffen und Affenmenschen

Hadernd mit dem Kontostand, mit dem Wetter, mit dem Schnupfen
Die Ampeln springen von Rot auf Grün, dann wieder von Grün auf Rot
Der erschrockene Raum, das überdrehte Draußen, das monotone Innen
Die kapitalistischen Mühle, der an Rankings und Ratings angedockte Zeitgeist
Die traumlosen Codes der Waren, die Wunden in der Haut der Zivilisation
Zeitmanagement-Gurus, Burnout-Experten und Lifestyle-Ingenieure, die
Zärtlich die rot glühenden Augen der Apparate unter dem Schädeldach tätscheln
Das narzisstische Selbst, botoxgeblähte Lippen, Schönheitsdurst, Blutdurst
Der Darwinismus von Beauty & Fashion, die Hot Spots des Affenkörpers,
Das liquidierte Individuum, das eliminierte Nichtidentische ...
Erwachen im brennenden Sitz des Autowracks, die Kinder fangen Feuer
Und drehen sich wie Kreisel, im Kofferraum schreit die Katze nach Luft
Bäume mit Wundverband, ein Frosch im Rollstuhl,
Die Hunde wären lieber Wölfe, die Ameisen lieber Vögel ...
Eine Frau, die häusliche und einfältige Form des Menschen, wartet auf Grün
Sorgfältig prüft sie ihre Fingernägel, Minuten später ist sie tot ...
Scharfe TV-Bilder für schärfere Liebe, Staubsauger für schnelleres Wohnen
Der Fahrstuhl stürzt ab, die Toilette ist verstopft, irgendwer fällt aus dem Fenster
Im ersten Stock das Gebrüll der Kameraden, Marionetten einer sinnentleerten
Pflichterfüllung, der Blick immer hungrig, die Hand schnell in der Hose
Fäkalsprache, Spindsaufen, Anpimmeln, Stromschläge, Jukebox, Hitlergruß
Rollmöpse mit Frischhefe und rohe Schweineleber bis zum Erbrechen ...
Ein Rekrut löffelt die braune Suppe aus der Toilettenschüssel,
Einem anderen wird mit einem Paddel eine Banane in den After getrieben,
Dem nächsten wird der Hintern mit der Bohnermaschine poliert ...
Im zweiten Stock kommt volltrunken der Alte nach Haus, dickwanstig,
Feistwangig, schlachtbankgefärbt, mit gigantischen Stierhoden
Frau und Kinder erdrückend, das Abendessen ist eine Orgie in Tierblut
Der Nachwuchs verkohlt im mörderischen Streit zum Schlackehaufen
Eifersüchtig nimmt er sein Messer, geht in die Kneipe
Und tötet seinen Nachbarn, schnell und schmerzlos wie immer ...
Dampfende Tröge, der Geruch von Blut, Federn und Schnaps
Sechs Tage die Woche hängt er Hühner an Haken,
Schneidet die Köpfe ab und wirft sie in Plastikkübel
Kein Tropfen im Grundwasser schreit ...

Speiseröhre

Der Himmel wölbt sich wie ein Zwerchfell über die Stadt
Seifenfabriken, Rohstofflager, Schmieröl, Schweinefetttanks
Quiekende Viehtransporter, neugierige Rüssel, Hiebe mit dem Gummischlauch
Verschmierte Helligkeit strömt durch das verrostete Dach
Ein enger Korridor, runzlige Wände scharlachrot wie Därme
Die Türen gleichen ovalen, grobschlächtig vernähten Wunden
Kurz hinter der Schleuse legt sich ein dicker Film auf die Zunge
Zwei Angestellte beim Frühstück, Wurstbrot, die Kittel blutverschmiert
Jean-Marc Thibault, der Schweine-Baron, der Fleisch produziert wie Schrauben,
Immer billiger, immer schmutziger, schüttet sich ein Bier in sein Seelenloch
Gestank nach verbranntem Haar und versengter Haut
Laufgänge, klinisches Grün, Rinder groß wie Mittelklassewagen
Motorsägen kreischen, irgendwer kotzt in die Darmwanne …
Hals aufschneiden, Rektum aufbohren, enthäuten, aufschneiden, zerlegen
Brüllen, Schreie, Stampfen, niemand weiß, ob von Tier oder Mensch
An der Decke kreisen die Schwärme blanker Haken
Massige Körper schnellen in die Höhe und gondeln in den Tod
Mit langer Klinge öffnet der Anstecher die Hauptschlagader
Ein stumpfes Würgen und aufspritzendes Blut sprenkelt die Kacheln
Osteuropäische Söldner, Ritter in Kettenhemden und Eisenhandschuhen,
Zwacken mit überdimensionierten Gartenscheren Ohren und Hörner ab,
Reißen die verdrehten rotgeäderten Augen aus ihren Höhlen,
Durchtrennen die Kiefer, ziehen das Fell über die Ohren, schlagen die Köpfe ab
Ein Zwerchfell schwer wie ein nasser Wollpullover klatscht schmatzend auf
Die Fliesen, Tibor Pálffy, der Vorarbeiter, greift nach einer verschmierten
Cola-Flasche und genehmigt sich einen kräftigen Schluck Zwetschgenbrand
Fettiges Gekröse, gestopfte Würste, geronnenes Kälbergequiek
Lamellenförmiges Zahnfleisch, gallertartiger Ohrbelag, gelbes Wasser
Lungen und Pansen, die im kalten Raum wie atmende Körper dampfen,
Ein trächtiger Uterus, ein Kalb nackt in der schützenden Fruchtblase
Graue Zungen, aufgeschnittene Hodensäcke, gekappte Samenleiter
Die Männer, die sich die gefrorenen Hände im dampfenden Fleischhaufen
Wärmen, haben die Gesichtsfarbe von rohem Fleisch, nass und blutig
Tropfende Wände, kaltes Fett, schwarze Pfützen
Niemand weiß, wie tief sie sind …

Stromkreis

Durch den Himmel geht ein Schatten, der nach den Gesichtern greift
Das Schlachtfeld des Bewusstseins, die Komödie der Normalität
Desinfizierte Sonntags-Christen im Hades der Tiefgaragen
Asphaltierte Botanik, lackierte Straßen, Mauerblick, Sonnenschwund
Frauenbeine sind nichts als Frauenbeine, Vögel nichts als Vögel ...
Im Stadtpark brennen die Bäume, hinter einer Säule explodiert ein Regenbogen
Der innere Bauplan, die Pforten der Wahrnehmung, die Bergwerke des Traums
Albert Dupontel, der aus Furcht vor seiner Frau tagelang Straßenbahn fährt,
Gerät in die Spirale des Schlafes und versinkt ins Untergründige
Der dampfende Maschinenraum, das fauchende Röhrenwesen, gigantische
Darmverschlingungen, ohrenbetäubendes Hämmern, beißender Qualm
Die Turbine, das stählerne Ungetüm, aus dem blaue und gelbe Kabel quellen,
Rumort wie eine Dampflokomotive, die Funken und Feuer spuckt
Dupontel, ein verwildertes Hausschwein mit speckigem Fleisch,
Wird gemeinsam mit anderen Schweinen in den Tunnel getrieben
Die Strömung des Wassers, die ihn weitertreibt, ist nicht sehr stark
Manchmal gelingt es ihm, die Beine auf den Boden zu bringen
Dann kommt eine Welle und er wird ein paar Meter tiefer gezogen
Manchmal sieht er das weiße Fleisch eines seiner Gefährten,
Der durch den Sog roh nach unten gezogen wird
Sie kämpfen im Dunkeln, aufgeblähte Leiber im Strudel, in völliger Stille,
Kurz unterbrochen vom Scharren der Hufe an den Metallwänden
Ganz langsam drehen sie sich zu Tode in immer kleiner werdenden Kreisen
Ein Schwein, hysterisch vom Blutgeruch eines vor ihm geschlachteten Tieres,
Jagt ihn weiter in das kalte Getriebe, in den Bauch der Finsternis,
In die Vorhölle mit ihren messerscharfen Flügelrädern
Rasendes Tosen und Toben erfüllt die Luft, Tod im Sekundentakt
Später liegt sein Kopf abgeschnitten auf einer Wiese
Der Schädel ist der Länge nach in zwei Hälften geteilt
Dennoch hat eine Hälfte nicht das Bewusstsein verloren
Allmählich dringen Ameisen in die offenliegende Gehirnmasse
Sein einziges Auge beobachtet den Horizont
Die Grasfläche dehnt sich unendlich aus
Auf den Wiesen blühen Blumen, die roten für die Schweine ...
Die Bäume sind schamlos grün, die Sonne gelb und feige ...

Druckpuls

Bauchnabelnde Kleinstadtmädchen, Lollipop lutschende Knirpse,
Tagelöhnertrupps in ranzigen Wohnwägen und windschiefen Zelten
Ein Eisverkäufer bugsiert seinen Blechwagen durch eine Wolke von Fliegen
Ein Neonazi lässt die Hose herunter und uriniert auf Kinder aus Vietnam
Der Marktplatz ist von Menschen gefüllt, deren Augenhöhlen leer sind
Lebendes Material, nassglattgekämmt, gescheitelt, beschnurrbartet
Unter einem Zelt hat Jean-Louis Coulloc'h, ein geschäftstüchtiger Arzt,
Der Flüchtlinge aus Syrien als lebende Blutkonserven verschachert,
Einen zum OP-Stuhl umgebauten Einkaufswagen aufgebaut,
Eine Stehlampe und ein paar rostige chirurgische Bestecke
In einem Glaszylinder schwimmt eine Leberzirrhose mit Verfettung
Hinter ihm wird Erbsensuppe aus der Gulaschkanone verteilt ...
Auf dem Gesicht des Mediziners macht sich ein Lächeln breit,
Als könne er die Fragen der Existenz ein für alle Mal lösen ...
Zärtlich beugt er sich über das Gesicht eines blond bezopften Mädchens
Und stemmt ihm Zeige- und Mittelfinger in die vor Entsetzen starren Augen
Die Augäpfel geben dem Druck nach und laufen aus
In den Höhlen bilden sich kleine Seen aus roten und weißen Fetzen
Mit einem säbelartigen Messer schneidet er die Zunge heraus,
Befreit das bestürzte Kind von der qualvollen Sprache der Liebe,
Bricht die Hirnschale auf, entfernt die denkende Hirnflüssigkeit, legt mit
Präzisen Schnitten den Blutkreislauf frei, schiebt drei Finger in das offene
Brustfleisch und zerreißt die Aorta, die Lungenarterie und die Hohlvenen
Die Lungen, die hauchdünnen Fallschirme, und die Seele in ihrer Kapsel
Sind ihm einerlei, Coulloc'h packt die Koffer und geht zur Toilette ...
Ein Hund schnüffelt hinter ihm her und hält missmutig vor der Tür Wache
Valérie Lemercier, die Schneckenhäuser bemalt und sich damit ein kleines
Taschengeld verdient, kämmt sich die Haare, bis die Kopfhaut blutet
Ihr Hautausschlag ist eine unbezwingbare Wüste,
Die sich immer weiter in fruchtbares Land hineinfrisst ...
Rasch erkennen die Kinder ihre Wehrlosigkeit
Und ziehen sie an einem Seil durch die Straßen
Lemercier verscheucht nicht einmal die Fliegen,
Die an ihren verschorften Wangen fressen ...

Anthropozän

Schöpfungschaos, Ursuppe, Exkrementalgesellschaft
Das Morastig-Halbbewusste, mentales Unterholz, dunkles Schilfland
Durch das Blau des Himmels gleiten die Fetzen einer zerrissenen Wolkenfront
Eine stinkende, in Regenbogenfarben schillernde Schmiere schwappt in die Bucht,
Krallt sich an den Klippen fest und verpappt den Dünensand zu Teerklumpen
Das Magnetfeld der Melancholie, die Leere der schweren Bilder
Das unannehmbare Jetzt, nihilistischer Ekel, Ich-Auslagerung
Bernard Giraudeau, eine amphibische Gestalt, der Schädel durchsichtig
Wie die Haut einer Garnele, liegt im Sand wie ein gestrandeter Frachter
Mühsam steht er auf und schleift seine Einsamkeit durch die Stadt
Sein Hals fühlt sich an, als hätte er Rasierklingen verschluckt
Muskelspasmen verdrehen ihm die Hände zu unbeweglichen Klauen
Staubige Demarkationslinien, stauverseucht, sechsspurig
Der Amoklauf der Zivilisation, die grell ausgeleuchtete Welt
Arbeitsmodule, Wohnmodule, architekturgewordene Anonymität
Die Implantate im kollektiven Unbewussten, struktureller Rassismus,
Rasender Stillstand, rohe Bürgerlichkeit, abgelagerte Weltwut, inneres Gift
Finanzmärkte im Herdentrieb, das grausame Endspiel des Kapitalismus
Der Sturm der Worte, die wie Aktien zirkulieren,
Der Weltschmerz, der alles glasiert, was ihm begegnet
Die Gedanken liegen am Boden wie angeleinte Hundekadaver
Die Zeit klebt an den Dingen wie ein Tumor an den Lungen
Zweifel an der Wirklichkeit der Wirklichkeit, Weltkälte dringt ins Fleisch
Die Sonne steht senkrecht über einer Eiche aus vergessener Zeit,
Die einst mit gewaltigem Stamm und großer Krone allen Wettern trotzte
Giraudeau prüft, ob sie eine Schlinge für seinen Hals trägt ...
Morgen für Morgen wird er ausgespien und an Land geworfen
Abend für Abend wartet er auf die Wiederkehr der Flut,
Damit sie ihn umschließt und zurückträgt in den Bauch der Dunkelheit
Nicht richtig geboren und unfähig im Wasser zu atmen
Schon vor dem ersten Schrei an der Luft erstickt
Das Ich eine aufgewirbelte Wolke stumm vor verbotenen Zonen,
Ohne Mut, den Ozean hinter sich zu lassen,
Kiemen und Flossen abzuwerfen und Landbewohner zu werden ...

Bodenwelle

Wetterwände, Fallwinde, Turbulenzen, Schwindsucht
Bürowaben, Kopfwelten, Zahlengebäude, trockene Bleiwüsten
Wirtschaftsschamanen, aktenstaubtrockene Luft, Netzhaut-Crash
Die Agenten des Kontrollwahns, die Herren über Raum und Zeit
Vertriebsleiter, Verkaufsleiter, Karriereleiter, Halbleiter, Harnleiter
Finanzplayboys, Schreibtisch- und Aktentaschenkommandeure,
Knitterfreier Optimismus, hierarchisches Schnarchen, digitales Raunen
Server-Farmen, Daten-Kühe, gestapeltes Hirnholz, Informationsmilch
Ganz oben, wo die Sonne nie hinkommt, die Chefetage
Drei Frauen mit grell geschminkten Lippen bearbeiten einen Phallus
Die absurden Manöver des Zeitgeistes, der postmoderne Rest Seele
Getriebensein, Vertriebensein, die Unmöglichkeit, sich selbst zu begegnen
Die Puppenstube des Unbewussten, die Ausdehnung der pubertären Kampfzone
Die Farbe des Geldes ist minderjährig, bauchnabelfrei und blond
Schulmädchen verhökern ihre Sommersprossen und ihr Zahnspangenlächeln
Pierre Blanchar, Arbeiter in einer Schuhfabrik, trifft die Frau, mit der er sich
Später gern eine Einbauküche kaufen und nach St. Tropez reisen möchte
Krystyna Janda, tablettensüchtige Biologiestudentin und Teilzeitprostituierte,
Osteuropäisch und rothaarig, vertreibt ihn aus ihrem Schoß
Ausgequetscht wie ein Pickel ist er unbrauchbar wie ihr Blinddarm
Die Kälte, die sie hinterlässt, ist ihre letzte Dienstleistung ...
Die Fingerabdrücke sind verwischt, die Ritzen des Horizonts verstopft
Blanchar atmet den Dunst, der von den Industriebrachen aufsteigt
Monotone Rasterarchitektur, trostlose Wälder von Satellitenschüsseln,
Zivilisationsschrott, surrealistische Schatten, grasüberwachsener Abriss
Hier liegt verfault bis auf die Knochen die Kindheit begraben,
Das Sexualerziehungsbuch im Bücherschrank der Eltern, der Duft in den
Mädchenzimmern, die zappeligen Girlies, die mit großen Augen an ihrem
Lolli lutschten, sich ins Ohr flüsterten und kicherten, wenn er ihnen für ein
Paar Cent den rosa Stengel zeigte, die Urintests manipulierten und die
Schultoilette zur walpurgisnachthaften Triebstätte verwandelten
Fasziniert betrachtet Blanchar eine daumennagelgroße behaarte Spinne
Sie verschluckt einen Happen nach dem anderen, ihr Leben geht dahin,
Indem sie an einer Stelle hockt und auf Beute lauert
Schließlich vertrocknet und stirbt sie ...

Femme fragile

Die entwirklichte Zeit, die entzeitlichte Wirklichkeit
Ausfallstraße, Einfallstraße, Ikea, Autohaus, Waschanlage
Männerwelten, Medienwelten, Finanzwelten, Halbwelten, Unterwelten
Der globale Geldtopf, das Wall-Street-Massaker, Finanzalchemie
Die Raubritter des freien Marktes blicken gelassen auf ihr blutiges Handwerk
Subprime-Hypotheken, Credit Default Swaps, Forwards, Futures
Optionen und Warrants, Cap- und Collar-Geschäfte, No Income - No Asset
Last-Minute-Träume, industriell hergestelltes Glück, Crash auf Raten
Die Welt ist ein zerstreutes Gehirn, das verzweifelt nach Einheit sucht
Motorische Endplatten, osmotische Flüssigkeiten, elektrische Impulse
Chronos-Chaos, Zeitpurzelbäume vorwärts und rückwärts
Verknotete Bilder, wilde Gedankenmosaike, ein schmaler Streifen Jetzt
Das Ich ist eine Zwangsvorstellung, die Realität ein Chamäleon,
Der Verstand eine Straße, die sich im Dunkel verliert ...
Alice Cocéa, eine No-Face-Frau, die ihre Hände mit Glasscherben
Verstümmelt, schiebt ihren Einkaufswagen wie in Trance durch die endlosen
Gänge eines Supermarkts, als wartete ganz am Ende der Waschmittelkartons
Die Erlösung, versonnen betrachtet sie einen knallbunten Herrenslip
Ihr Körper ist eine Hülle, ein Sack voll Knochen und Eingeweide
Zusammengehalten von etwas Haut, die lumpenartig an ihr schlottert,
Das Herz eine Dunkelkammer, die vor emotionaler Leere gähnt,
Die Brüste ausgelaugt, zwischen den Schenkeln lebloses Ödland
Sie erinnert sich nicht, wie salzig der Meerwind und die Schwänze waren,
Zieht sich den Slip herunter und uriniert melancholisch ins Klo ...
In ihren Pupillen zucken die Kugelblitze der Kindheit, das Geburtshaus,
Das sich von Brettern gehalten schief in den Hang krallte, der Zahn,
Der in die Jauchegrube fiel, die Rasierklinge, die in ihrem Plüschhasen steckte,
Die lymphatische Mutter, die nach fauligen Blumen roch, der arthritische Vater,
Der unsichtbar in seiner mitten ins Wohnzimmer geschobenen Schrankburg
Hauste, dort das Monopol über den Fernseher hielt und sich nur durch
Zigarettenrauch bemerkbar machte, bis er endgültig im Nichts verschwand
Cocéa hatte eine Kindheit, das Wasser war kalt ...
Lange Zeit hat sie an die Existenz eines anderen Kontinents geglaubt ...
Sie schwimmt weiter, taumelt weiter durch dunkle Wellen .
Das Wasser streichelt ihre Arme, drückt auf den Bauch, fährt mit Eisfingern
Die Wirbelsäule hinauf, die Lunge brennt ...

Ozonloch

Bewölkt bis bedeckt, vereinzelt fällt etwas Regen
Turmhohe Wände aus grünem Granit, Katzengeruch, Staubexplosionen
KZ-ähnliche Betonwürfel mit identischen Zellen, Asphaltwiesen, Ozonfetzen
Fünfzig Stockwerke, chromblitzende Aufzüge, Paternoster hinter Glas
Schwere Schreibtische mit kauernden Sklaven als Tischbeine
Der alles beherrschende Geist des Neoliberalismus, die Gier der Eliten
Dringt wie zersetzendes Nervengift bis in die feinsten Kapillaren des Gefühls
Der Weltinnenraum des Kapitals, die Blackbox des Bösen, der schwarze Container
Soziale Vergiftung, psychische Beraubung, entzogene Kommunikation
Stiefeln und Kicken im Sekundentakt in der videoüberwachten Bahnstation
Irgendwer zertrümmert eine Sektflasche auf dem Kopf des Kioskverkäufers
Ein schreiendes Mädchen rennt mit durchschnittener Kehle über die Straße
Provinz-Rassisten und Pullenzerschlager stehen leer und vergiftet herum
Hin und wieder wird einer von ihnen am Morgen tot aufgefunden
Sie überfallen eine alte Frau, zweiundachtzig Jahre alt, gefangen im Netz
Ihrer Falten, zu beiden Seiten Plastiktüten fest an sich gepresst
Sie muss ihre Blase entleeren, nachgebend uriniert sie, wo sie sitzt
Ihr Gesicht ist aufgegebenes Gebiet, Kinder schmeißen mit Steinen nach ihr
Eine tränenverklebte Frau, die sich an das klammert, was ihr geblieben ist,
Ein großer schwarzer Käfer mit rundem Rücken, hingebückt, ins Dunkel gekniet,
Von einem Schwarm Ameisen überblüht, die an den weichen Stellen nagen,
An den Gelenken und an den Augen, die das weiche Käferfleisch wegreißen ...
Ein strubbeliger Dreiradfahrer, auf dem Kopf sieben Indianerfedern,
Fährt eifrig kurbelnd auf sie zu und klingelt sie an ...
Früher war sie bei der Eisenbahn, schon seit langem ist sie verwitwet
Ihre Kinder besuchen sie nicht mehr, sie hat nicht einmal ihre Adresse
Für ihre Altbauwohnung gibt es bereits Interessenten
Die Lebenden, ungeduldig mit den lange Sterbenden
Die Sterbenden, neidisch auf die Lebenden, auf die Jungen,
Die bis zu den Zähnen mit Zeit bewaffnet sind ...
Man bringt sie ins Krankenhaus, tiefgefrorene Stimmen
Die Ärzte diskutieren zwei Minuten, länger nicht
Sie wird eingeschläfert, beerdigt, festgetreten
Der Menschenapparat, das Inferno der Gleichgültigkeit
Niemand rührt sich, niemand kommt ...

Zauberberg

Labore hinter Glas, Desinfektions-Schleusen, kilometerlange Gänge
Wie dicke gelbe Würste quellen Rohre aus den Wänden
Und drängen sich in riesige Schweinebäuche aus rotem Metall
Klimatisierte Kälte, Chromstahlbehälter, Brutschränke, menschliche Biomasse
Enteignete Körper, todgeweihte Organspender, übergroße Systolengebirge,
Die langsam über die Bildschirme rutschen, dann keine Systolen mehr ...
Bio-Ingenieure, die mit den Bausteinen des Lebens Lego spielen, mit Gehirnen
Jonglieren und Blut trinken, irgendwo platzt eine künstliche Fruchtblase ...
Nicolas Maury, der Mikroben-Baron, der eine neue Chemie des Lebens
Erschaffen will, dreht Hauttransplantate durch die Nudelmaschine ...
Organisationssprünge, Kollisionsvorgänge, Rekombinationen
Die mitochondriale DNA, die genetische Signatur, die chemische Identität
Gewebe aus der Retorte, Epidermis aus der Tube, Buchstabensalat
Silikonrohlinge, Quallen mit Rattenherz, floureszierende Kaninchen
In einer Vitrine ein Oberkörper mit darauf gepflanzten Geschlechtsteilen
Ein Fötus reißt die Augen auf, schwingt sich an den Rand seines Zylinders,
Springt auf den Boden und zieht eine meterlange Nabelschnur hinter sich her
Zimmer ohne Ausgang, vergessene Rollstühle, zehn Milligramm Schlaf
Die Luft ist von Blutgefäßen und Nervensträngen durchsetzt
Besinnungsloses Fleisch hängt am Brei aus der Magensonde
Ein Schrei im Darm, Durchfallwasser platzt aus einem Hintern
Der Chirurg verschwindet im Sog einer Bauchhöhle ...
Pausenlos straffen sich die Wände der Gebärmütter,
Unbeholfen rattert die Brut in Zehnerblocks die Gänge hinab,
Runzlige Rohbabys, manche schon grau und verwittert wie alte Puppen,
Manche weggenommen und totgeschüttelt, manche noch rosig süß
Ein Narkoseopfer träumt von einem weißen Tag auf dem Operationstisch
Weiße Wände, weiße Stühle und zwei strahlend weiße Schwestern,
Die körperlos und schweigsam zwischen den Kranken hin und her schweben
Weiße Schränke, weiße Luft, weiße Klumpen an dünnen Stahlseilen
Weiße Gesichter eingesunken in weißen Kissen
Zwei Flaschen Mineralwasser, grün, kohlensäurefrei, natriumarm
Zwei Frauen eingegraben in weißen Halbsärgen
Zwei Frauen weinen
Eine weint, ohne zu sagen, weshalb ...
Die andere tröstet, ohne zu wissen, warum ...

Luftröhre

Eine Puppe wächst und lernt, von Daseinsbegeisterung berauscht,
Sprechen und laufen, durchpflügt von rasender Energie getrieben
Die Zeit, lauscht mit der Hand am Ohr dem Leid der Welt,
Und prescht vom unausweichlichen Tod gejagt über den Globus,
Bis sie altert, verwelkt, verbleicht und abgeliebt ins Feuer gestoßen wird
Hohl ist sie, kaltes Porzellan, außen knitterfrei, innen faltig,
Der Kopf luftig und leer, eine Schale, das Herz aus Gips
Eine chemotherapeutisch verseuchte Gestalt, ausgeliefert einer Batterie
Von Elementarteilchen, Kobalt-60, Neon-20, Argon-40, die das
Innerste zum Brodeln bringen wie ein Fertiggericht in der Mikrowelle
Ein aufgeblähtes formloses Wesen, das sich selbst nicht mehr kennt,
Vom Schicksal grau geschleudert, haarlos, augenbrauenlos, bleich
Eine kahlköpfige Außerirdische, ein Sack Zytostatika, eine Abstraktion
Jeanne Aubert schlachtet ihr Zwergkaninchen und sammelt das Blut für Gott,
Dem gescheiterten Baumeister ihres medizinisch überpickelten Körpers
Mildes brüchiges Licht, infernalisches Rumoren, die Strahlenkanone kreischt
Der Krebs, der große Vereinzeler, frisst die Lunge, wuchert und drängt
Sie aus dem Leben, der große Vereinsamer und Vernichter,
Der Wirrnis und Wahn verwirbelt, der sich die Lippen leckt,
Der obszön schmatzt und rülpst und laut über die eigenen Witze lacht ...
Die geplünderte Brust, Gewebetrümmer, Fettzellenreste
Am Galgen der Beutel mit der gelben Astronautenpampe
Kalorien kleckern tropfenweise über Schläuche in den Magen
Im Schädel entfalten Mohnblüten ihre üppige Pracht
Aus den Eingeweiden blühen Landschaften in Orange
Sprudelnde Schwäne überschwemmen den Kreislauf
Der Echoraum der Angst, kein Mittelpunkt, keine Umlaufbahn
Worte lösen sich in Farben auf, das Gift lässt die Lungen explodieren
Gedanken im letzten Augenblick: Gott ist ein Hund in einem Labyrinth
Sie ist eine läufige Hündin, Gott riecht sie und will sie nehmen
Hin und her springt er durch den Zwinger und kratzt am Maschendraht,
Verloren in den eisigen Zonen des Weltalls wie sie verloren ist ...
Wächter stehen wehrend vor den Toren
Und reißen ihm die Krone aus dem Haar ...

Saboteur

Schwarzer Staub fällt aus den Zeitungen
Steinhaufen brüten wie ausgestopfte Urweltvögel
Nebenstraßen verlaufen wie unendliche Schächte in eine ferne Wüste
Hochhäuser ragen wie Ausrufezeichen der Eintönigkeit in den Himmel
Tugendterror, Unterschichtenfernsehen, stickige Kleinbürgerpathologie
Die bürokratisch legitimierten Ordnungs- und Machtstrukturen,
Die Mathematisierung der Zeit, die Verschubladung der Welt,
Das in Schraubstöcke gepresste Leben, die Abschaffung des Ich,
Die Ausweitung der Kampfzone in die Landschaften der Seele,
Die Angestellten-Herde, die, von Rekord zu Rekord gehetzt, den Aufgaben
Im Turbokapitalismus nachkommt und sich im Yogakurs erholt ...
Die aufgeschäumte Latte-Macchiato-Welt, die Marktstrategen, die den
Oberflächenglanz von Autoblech und Haut entwerfen und die Gehirne
Der Konsumenten überschwemmen, der Rhythmus der Maschinen,
Das schwitzende Proletariat, das am Boden des Niedriglohns klebt ...
Henri Garat, der in einer Metallblechfabrik arbeitet und Klopapierhalter
Aus Edelstahl herstellt, schwirrt wie eine Libelle durch das Zimmer
Schwimmen wie eine Kanalratte oder ersaufen
Der Strom heißt Tod und hat einen bitteren Beigeschmack
Er hat ihn viele Male, bis zu den Hüften im Wasser, durchwatet
Der Fluss, Schluss machen, runter, runter, wie ein Korkenzieher,
Kopf und Schultern im Schlamm wie der Teufel selbst,
Der kopfüber aus dem Himmel in die unterste Hölle stürzte
Rote Springflut in den staubgrauen Gängen des Gehirns!
Umzugstag der Seele! Ausbruch aus der Einzelhaft!
Verschwendung, den Tag mit den Milben im Bett zu teilen!
Zeit, dass sich die Erde aus der Hülle sprengt!
Nicht mehr ohne Haut leben! Der Wahrheit in den Rachen greifen!
Der Laune des Schicksals den Teppich wegziehen!
Attentate auf kahle Wände! Durchhalten an der Front der Dummheit!
Mit der Geduld einer Wanderameise durch den Treibsand ziehen!
Den Anker aus der Zeit ziehen! Ohne Hast! Mit riesigen Lungen!
Gewitter und Stürme einatmen! Die Ozeane glätten!
Die Erde von der Sonne losketten!
Jede Häutung bringt Schmerzen ...
Das Zittern bleibt, das Zucken der Welt ...

Kreisverkehr

Riesige Zahnräder drehen sich unter dem platinweißen Himmel
Die Kathedralen des Kapitals, Chefetage, Demontage, Sabotage
Boulevard-Märtyrer, Boutiquenluder, Lifestyle-Zombies
Flatrate-Prostituierte, Botox-Dealer, Asylsuchende im Kühltransporter
Fuchshaarige Frauen, Sauerkrautsex, Alltag und Apokalypse
Die Wirklichkeit spaltet die Haut und durchtrennt die Nerven
Die Straßen brechen den Raum und dehnen die Zeit
Pierre Larquey, ein autistischer Einzelgänger voller Menschenverachtung,
Der sogar Mühe hat, ein Wort an seinen Hund zu richten,
Glaubt an Hunger und Husten, an Schmerz und Stuhlgang,
An mexikanische Habaneros, gebrochene Därme und Magenkrämpfe
An einer Wand hängt als Gipsabdruck ein Gebärmutterquerschnitt
Auf dem Dachboden baumelt seit fünf Jahren das Skelett seiner Mutter,
Im riesigen Kühlschrank baumeln zwei Schweinehälften
Mit großer Skepsis betrachtet er die Currywurst als handele es sich
Um Hundekot, steckt sie aber dennoch in den Mund ...
Vor ihm staut sich die Zukunft und drückt ihm die Augen ein,
Hinter ihm schwemmt die Vergangenheit heulendes Elend an die Oberfläche
Die Alten, eine traurig sich abarbeitende und abgewirtschaftete Generation,
Die sich die nächste zum unmündigen Untertan, zum Haustier macht
Der arthritische chauvinistische Vater, die hysterisch-religiöse Mutter,
Zwei riesige Kreaturen, die sich in ihrer Höhle beschnupperten,
Zwei monströse Anatomien gekreuzigt auf ihrem hölzernen Bettgestell
Die Kindheit war eine Prügelstrafe, in dunklen Nächten rief der Keller,
Die Schule roch nach Urin und Angst, Schweiß und Speichel,
Nach Barren und Reck, verpassten Liebesnächten, Schlägerei und Suff,
Der Rollschuhstar, der vor versammelter Klasse in den Papierkorb kotete,
Der rußige Schatten des Scheiterhaufen auf dem Sportplatz,
Die Reihen grotesker chemischer Formeln auf der Tafel,
Der Lateinlehrer und seine Freundin auf der Tischtennisplatte ...
Larquey schneidet die Telefonschnur durch, lässt sich die Zähne ziehen
Und schreit, bis seine Raserei am Horizont verschwindet ...
Eine Zeitlang sieht man ihn noch toben und sich in Krämpfen winden
Dann schließt sich über ihm der Augenblick
Die Hunde verlassen die Stadt ...

Hirnpudding

Zementburgen ragen wie abgebrochene Messerklingen aus dem Asphalt
Die dumpf stampfende Techno-Welt, Körperwesen, Sensoren und Aktoren
Wohnmaschinen, Hunde-Maschinen, Transportmaschinen, Arbeitsmaschinen
Hochebenen, Tiefebenen, Geschäftsebenen, die Sonne ist ein rotes Quadrat
Das schmale Oberlicht lässt keinen Gedanken an Flucht zu ...
Gepolsterte Türen, versenkte Steuerkonsolen, ferngesteuerte Gefühle
Katholiken und Karnickel, Kopfschmerztabletten, Koks und Kaugummi
Der Miniaturelefant auf dem Schreibtisch ist eine gentechnische Kreation ...
Das Wasser in der Kloschüssel ist verdunstet, der Kühlschrank brummt ...
Die Fliegen sind klebrige Klumpen und kriegen die Flügel nicht mehr hoch
Mit jedem Jahr setzt sich eine zusätzliche Schicht Kalk im Schädel ab
Das Leben ist der nutzlose Kampf gegen allmählich einsetzende Zahnfäule,
Gegen Hüftsteife, Krampfadern, Libidoatrophie und Impotenz
Am Ende bleibt eine Halbglatze, über die bemutternd eine Hand fährt ...
Jacques Villeret, der aus der bürgerlichen Welt herausgefallen ist,
Weil er seiner Frau einen Kugelschreiber durch ein Auge ins Gehirn drückte,
Ist zu Hause im Dunkel der Kinos, ein blinder Passagier
Auf der Suche nach einer Stunde der wahren Empfindung
Erdnüsse knackend sieht er sich eine Peepshow an, fasziniert von der
Einfachen Magie sich bewegender Mösen entleert er seine Hoden
Alle Süße der Welt findet Platz in einer Brieftasche ...
Villeret war elf, als ihm ein Mädchen zum ersten Mal ihr Geschlecht zeigte
Hellauf begeistert bewunderte er das kleine gespaltene Organ
Lange stand sie mit gespreizten Schenkeln da, zog ihr Höschen weit zur Seite,
Damit er alles sehen konnte, dann bekam sie Angst und lief fort ...
Freunde hat er nicht, Männer leben nebeneinander wie Rinder
Morgens lassen sie sich von ihren Frauen Hemd und Hose rauslegen,
Abends trinken sie schwitzend nach der Sauna eine Flasche Schnaps
Und plaudern leidenschaftlich über die Linienführung eines Autos,
Vom Sex, vom Pfusch am Bau, vom nahen Ende der Welt
Ein paar Schafe beenden ihren Tag, auch sie sind dumm ...
Am letzten Abend ihres Lebens blöken sie vor Aufregung
Ihr Herzrhythmus beschleunigt sich, ihre Beine bewegen sich verzweifelt
Dann fällt ein Schuss aus der Pistole
Das Leben verlässt sie, ihr Körper wird Fleischerware ...

Hirnwelle

Der Himmel ist eine Decke, über der eine Decke liegt,
Bedeckt von einer noch dickeren und feuchteren Decke
Jean Desailly, Grafikdesigner mit dem Habitus eines Schalterbeamten,
Der immer nur nach innen und nach unten schaut, bohrt sich ein Loch
In die Schädeldecke, in den zerebralen Palast, in den Weltinnenraum ...
Verschlungene Flure, anonyme Stimmen, eine Katze huscht vorbei, eine Uhr tickt
Kinderzimmer, Bauklötze, Brummkreisel, im riesigen Bett eines goldenen
Zimmers eine schlafende Prinzessin im historischen Rokoko-Gewand,
Eine Mansarde mit bibliophilen Büchern, ein Schreibtisch und ein Stuhl,
Ein mumifizierter Leichnam mit herabgesunkenem Kopf,
Das ascherne Haar wie Pusteblumen über nie verschickte Briefe verstreut,
Eine heftig frequentierte Bar, Damen in Cocktailfähnchen, die spitzenverzierte
Sonnenschirme und goldene Papageienkäfige in den Händen halten,
Eine Diva im Pelzmantel, die nach einer Schönheitsoperation aussieht,
Als wäre sie in ein Säurebad getaucht worden, kaffeebraune Hausmädchen
Mit Spitzenhäubchen, Staubwedeln, gigantischen Hüften und gewaltigen Busen,
Verschachtelte Räume, zwischen denen Lebende und Tote wandeln,
Eine asphaltierte Straße, die sich über marode Brücken in die Berge schlängelt,
Ein atemberaubend leuchtender Himmel, der zum Sterben einlädt,
Wilde Ströme weiter als der Amazonas, Wiesen mit unbekannter Flora,
Paläste aus rosigem Marmor mit Glockentürmen und glänzenden Fassaden,
Die aus dem blendenden Geflimmer eines grünen Meeres auftauchen,
Lichtdurchflutete Tempel, Kultstätten der Weisheit und des Wahnsinns,
Von den Stirnlappen des Kosmos erdacht oder von dunklen Mächten ...
Wie ein winziges Insekt Desailly selbst mit Haut und Haar,
Das Hirn mit dem Irrsinn darin, die Därme mit den Fäkalien darin,
Die Galle und ihr Gift darin, die Hoden und die Zukunft darin ...
Die Fundamente verschieben sich, im Mauerwerk klaffen bedrohliche Risse
Der Gott des Erdbebens tanzt, der Gott des Frostes verschlingt die Pole,
Der Gott der finsteren Tiefen wirft die Erdkruste in die Luft
Orkane mit Frauennamen stolpern mit nacktem Busen über die Stadt
Die Sonne verschmilzt mit der Erde, Sterne bröckeln, das Licht altert
Der Raum zieht sich zusammen, die Welt schrumpft auf die Größe
Eines Auges, einer Träne, die in den Abgrund tropft, eines Elektrons
Und verschwindet schließlich im Ungeschaffenen ...

Netzhaut

Sturmumtoste Wolkenkratzer, jagende Wolken, erlegte Sonnen
Braune Parolen, vergessene Schuhkartontürme hinter schmierigen
Schaufenstern, geometrisch organisierte Erbärmlichkeit, gebaute Gewalt
Ein Ort, wo man Hunde und Katzen mit Schaufeln erschlägt ...
Die Straßenbahn ruckelt, irgendwer knetet Menschenlehm ...
Ein Windstoß treibt einen Hut vor sich her, über den Asphalt,
Über ein Autodach, hoch über die Stadt, weit in die Zukunft ...
Schwere Wetterfronten, nasse Ungeheuer, schwarzer Regen
Die Straße gleicht einem Gebirgsfluss, der Bordstein ist schaumgerändert
Maurice Chevalier, der mit einer Streichholzfabrik einen bescheidenen
Wohlstand erreichte, bohrt sich wie ein hartnäckiges Insekt in den Sturm
Spiralförmige Regenbänder, tückische Turbolenzen, nachtschwarze Trichter
Päpste und Propheten fliegen durch die Luft wie geflügelte Maulwürfe
Ein tiefgefrorenes Hähnchen hagelt vom Himmel und durchschlägt ein Dach
Der Boden pulsiert, das Hirn knackt, die Zeit springt aus dem Gleis
Die Realität versinkt in einer blauen Urflüssigkeit
Flüsse ändern ihre Richtung, Fische springen aus dem Wasser
Unter den Schuhen knirscht ein lebender Teppich ölig-schwarzer Käfer
Ein Schlange umschlingt seinen Brustkorb bis er das Bewusstsein verliert
Eine hirnelektrische Landschaft blüht auf, schaumüberzogene Wolken,
Berge aus blauem Glas, grüne Bäume, rote Bäche, gelbes Laub,
Blutende Statuen, unterhalb der Scham abgeschnitten, die ihre schweren
Häupter in den Himmel strecken, die ihn fest an sich drücken,
Die seine Knochen in ihren steinernen Armen zum Krachen bringen
Sterne stumpf wie Staub, ein eisiger Mond, eine aufgeblähte Sonne
Die Falten des Geistes, labyrinthische Strukturen, Zeitspeicher,
Lebensfetzen, Erinnerungsfäden, Kontaktexplosionen, Atemstillstand
Sie schleppt ihn in ihre Höhle, die in grauer Vorzeit
Durch Gasblasen in erstarrender Lava entstanden war
Muskelkontraktionen und Orgasmen im Minutentakt
Zwischen Haut und Ewigkeit das Glück der Schamlippen
Zuerst geht er noch aufrecht, dann auf Händen und Knien,
Auf dem Bauch, zuletzt auf dem Zahnfleisch
Einen Augenblick noch hat er ihre Augen auf der Netzhaut ...
Die Straßenbahn löst sich aus ihren Gleisen und fährt in den Himmel

Schalldämpfer

Nichtlineare Systeme, Synergetik, Struktur- und Musterbildung
Kritische Phänomene, Symmetriebrechung, inhomogene Zustände
Turboindividualismus, Informationskapitalismus, digitaler Darwinismus
Dämonische Industrien, Raumkonkurrenz, Räuber-Beute-Beziehungen
Karibische Schließfächer, Wetten auf das Wetter, profitbesoffene Euphorie
Wohlstandshöhlen, Wellnessreisen, Walnuss-Saucen
Dicht unter der Schädeldecke blühen die Neurosen ...
Das Fremdeln im gewöhnlichen Dasein, die Bildstörungen des Gehirns
Das zeitlos Psychotische, die Befreiung von der Autorität des Sinns,
Das Überschreiten der Wirklichkeit, das gelbe Glück des Wahnsinns
Unbesiegbare Irrenhäuser, Türen ohne Klinken, Knatsch auf der Couch
Durch die Gemäuer hallt das Krachen einstürzender Aktensäulen,
Das diabolische Flüstern der Psychiater, das Atmen der Propheten ...
Samuel Labarthe, der immer die gleiche Socken unter einem speckigen
Frottee-Bademantel trägt, rutscht der Oberarmknochen aus der Schulterpfanne
Patrick Desbois, ein Möchtegern-Killer, der zum Zeitvertreib mit dem
Luftgewehr Eichhörnchen abschießt, fällt durch die Zimmerdecke
Gesichtsschimmel, Neuronensumpf, seelischer Harndrang
Dünger fürs ZNS, Wegweiser zur Toilette, am Herd fehlen die Knöpfe
Rhababer-Opium-Saft, chronisches Lächeln, Blut auf der Rorschach-Tafel
Gespaltene Körper in starren Posen, irgendwer spielt mit dem Brummkreisel
Manchmal fährt eine Zunge breit über das Gesicht des Nachbarn ...
Die Seelenbiologen, die Ingenieure der Innenwelt, zeichnen Hirnströme auf
Schmetterlinge legen Eier ins weiche Fleisch der Denkapparate,
Die Gehirne erheben sich zitternd wie Luftballons in die Luft ...
WC-Center, raunende Koffer, der Gestank voller Züge
Verrutschte Oberlippenbärte, Zahnbettschwund, Zelltrümmer
Auf dem Klo das ungelenke Liebesspiel tumb agierender Kleinstadt-Nazis
Rotgesichtig, streng gescheitelt, perfekt gebügelt öffnen sie die Tür ...
Claude Brasseur, ein innerlich auf Grund Gelaufener, schlägt sich durch
Das tägliche Inferno, hinkend, weil ihm eine Kniescheibe fehlt ...
Im Fluss schwimmen die Geschwüre, ein ersoffener Kühlschrank treibt vorbei
Brasseur wirft die Sonne ins Wasser, geht die wolkige Straße hinauf,
Wo Engel durch die Bäume taumeln, sucht sich eine schattige Parkbank
Und sitzt den Nachmittag bei schalem Bier ab
Seine Mütze wirft er den Tauben zu ...

Vénus noire

Graue Innenstadt-Tristesse, ein Ort, der im Bombenhagel des letzten
Kriegswinters sein Gesicht verloren hat, jeder Stein ist ein scharfkantiges
Individuum, undurchdringlich, zur Gemeinsamkeit verdammt, unverbunden
In der U-Bahn liegt ein Toter erwürgt mit einem Draht
Die meisten Menschen haben Zahnfäule und Haarausfall
Sprachloses Unterwasserdasein, absurde Wirklichkeitskonstruktionen
Das kurze Aufschimmern von Bewusstsein in der Zeitspanne des Nichts
Die klogelbe Kirche, latrinenbraune Laternenpfähle, stiernackiges Volk
Eine Hip-Hop-durchwummerte Bar, ein verschämt geduckter Waschsalon
Bernard Blier, der seit dem Tod seiner Mutter das elterliche
Schaufensterpuppengeschäft betreibt, fährt auf seinem Rad in Schlangenlinien
Den Berg hinab, hustet sich durch die Abgaswolken ungezählter Lastwagen,
Kommt im Rinnstein ins Straucheln und stürzt kopfüber auf den Asphalt
Erstaunt betrachtet er die weißen Würmer im Hundekot ...
Der Fleischwolf der Regression, die Utopie der Ungetrenntheit
Die Kindheit, die einzige Zeit, die nicht von der Kindheit überschattet ist ...
Die diabolische Befriedigung, wenn man die Fühler einer Schnecke
Aus dem weichen Fleisch reißt, das Tier auf den Boden knallt
Und erschaudernd beobachtet, wie die schleimige Brühe
Aus dem zerschmetterten Gehäuse quillt, die neu gewonnene Fähigkeit,
Im Gehen zu onanieren, ohne dass die anderen es merken ...
Einst sah er die Zukunft in makelloser Schönheit schimmern
Er war gekommen, das Kreuz, die Hohepriester religiöser Utopien,
Die brokatgeschmückten Gaukler und Seelenschleifer zu vertreiben,
Dem pfaffengeduckten Schafsvolk Lust und Lebenswillen einzuhauchen ...
Dann gab er sich der Sonne hin, der Göttin des Feuers, einer Tochter der Hölle
An ihr war alles dunkel, ihre Haut, ihre Augen, ihre Lippen,
Das Haar, schwarz und verbrannt, auch der Klang ihrer Stimme,
Der kleine verhasste atemberaubende schwarze Hintern,
Die schwarze Blume ihres Geschlechts mit den gekräuselten Blütenblättern
Ihre Seele war ein dunkler Palast mit Ahnentürmen und kopulierenden Dämonen,
Schillernden Käferflügeln, Pottwalzähnen und schwarz versengten Grabstatuetten
Er war ihre Beute, das Fell weggezogen, die Körpersäfte ausgesaugt,
Ins Wasser getrieben, ein ekstatisch-exotischer Tanz, ein Himmel
Ein düsterer Himmel, nun verlassen und geräumt ...

Toskana

Der Geschmack von Rost und Hafenschlamm
Gerippe von Haushaltsgeräten, ein Dreirad ohne Räder,
Ein versteinerter Wecker, ein blau leuchtender radioaktiver Klumpen
Von der Litfaßsäule weht eine Reklame im Wind,
In einer Pfütze treibt ein chemischer Regenbogen …
Einfahrten und Ausfahrten, Durchfahrten und Abfahrten
Stumpfsinnig schiebt sich das Blech vorwärts im Stau
Im Abgas liegt ein ungnädiger Zorn, die Laternen werden zu Galgen
Geisterfahrer, Trittbrettfahrer, Schwarzfahrer, Fahrerflucht
Odile Vuillemin, freischaffende Fotografin auf Kreuzfahrtschiffen,
Zerreißt ihren Führerschein und fährt ihren Wagen gegen die Wand
Red-Bull-Pioniere, Almdudler-Promoter, Alkopops-Kenner
Speed-Dating, Drink & Kiss, Warm-Up-Beer, Apfelschnaps for free
Verdauungssprache und Sadomaso-Geflüster auf dem Aldi-Smartphone
Glucksende Sommer-Skipisten mit Lifts, Rodelbahn und Flutlicht
Learjets mit Nadelstreifen, dicke Hose in Dubai, Trouble in Tahiti
Palmen und Plastikflamingos, die Copacabana aus dem Chemielabor,
Die Salamander und Eidechsen im Unterholz sind ferngesteuert …
Japanische Honeymoon-Pärchen und kalifornische Rentner-Clubs
Oberbayern-Hitmix, Alpenrammler, Dirndl-Wahnsinn, Sockenschuss
Leopardenjäckchen, Schlangenlederstiefel, Luder mit dem Finger im Po
Ausgestopfte Seehunde, Latinobärtchen, Trendsklaven, Mediennutten
Niedriglohnland-Seidenhemden, Nike-Shorts, Frotteesocken
Schulkantinen von McDonald's, Trinkwasser von Coca-Cola
Fleischhühner mit platt gedrückten Kämmen, Salamidunst, Bratwurstatem
Fabien Ermenault, der für Gesellschaft beim Essen nach Feierabend Frauen im
Chat bezahlen muss, taumelt schnäppchenjägerisch durch das Einkaufszentrum
Topflappenhalter, Handtuchhalter, Toilettenbürstenhalter, Büstenhalter
Capri-Hosen, Action-Coats, Baggy-Pants, City-Hemden, Beachwear
Polyacryl, Polyamid, Polypropylen, Polyurethan, Polyester
Der Spiegelschrank „Brigitte", das Komplett-WC „Watergenie"
Die Füße kommen vom Gehweg ab und rutschen auf den Asphalt
Ballwechsel mit Topspin zwischen Linkshirn und Rechtshirn
Das Nervengestränge ist ein Mobile an seidenen Fäden
Der Tag zerrinnt, ohne Schmerzen, ohne Skalp …

Infektionszone

Schwül stinkt der Nachmittag über der Stadt
Der stählerne Weltball, der zerschnittene Himmel, die entmachtete Sonne
Beamtenapparat, Polizeiapparat, Überwachungsapparat, Rasierapparat
Ein blutendes Gehirn sucht die nächste Unfallstation
Auf Autobahnkilometer 213,200 splittert Glas, zerreißt Metall,
Platzen Organe, verlässt das Leben grotesk verrenkte Körper
René Cresté, der seine Traumata durch eine Foltererkarriere in
Guantanamo zu tilgen suchte, tobt wie ein Staubteufel über den Asphalt
Immer wieder muss er den Strom niederkämpfen,
Der aus seinem Herzen zum Gehirn hinaufschäumt
Cresté ist ein Schwein, in das ein kleiner Elefant eingenäht ist
Je ungestümer der Dickhäuter hinausdrängt,
Umso dicker erfrisst er sich die Schwarte, die ihn daran hindert
Die Boutiquen schlucken und spucken Käufer ein und aus
Schnaubend stolpert er über einen ausgemusterten Kinderwagen
Der Schlafsack stinkt wie das Blut geopferter Schafe
Cresté kratzt sich wahnsinnig vor Juckreiz die Füße blutig
Durchnässte Gedanken bis auf die Knochen
Der Atem der Pflastersteine schmeckt nach Einsamkeit
Eine Liebste haben, der man einen versiegelten Brief sendet,
Den sie dann abends mit Herzklopfen öffnet,
Wenn ihre Finger im Traum unter das Schlafgewand finden
Zu einem Unterleib, wert dafür zu bluten …
Er denkt an Nathalie, die ihm das Graue aus dem Schädel zerrte
Und ihm das Herz öffnete, an ihre bronzefarbenen Schenkel,
An ihren goldblonden Busch, der ihm den Atem raubte,
An die daraus hervorquellenden, sanft lachsfarbenen Lippen,
An ihre seidige Haut, die seinen Schweiß getrunken hat,
Eine verblassende Geisterfrau bruchstückhaft wie ein Hologramm …
Keine Liebe schafft den letzten Schritt zur Liebe …
Die Wege auf der Steilwand des Himmels bleiben unbegangen …
Mit scharfen Zähnen beißt er die Schreie der Lust aus seinem Fleisch
Heroisch schiebt er sich den Penis in den Unterleib
Heute Nacht ist billiger Wein seine Frau,
Der Chardonnay schmeckt nass, billig, dünn …

Über-Darwin

Städtegrau bis an die Wolkenränder
Der urbane Lebensraum, xenophobe Hetzer, brennende Häuser, Hass
Der verkokelte Klotz unter dem Postschild war einmal ein Geldautomat
Das Nichts des sinnlosen Lebens sperrt sein gefräßiges Maul auf
Kleinbürgergestank, Kleinhirnschwindel, Küche, Kirche und Klosett
Die geblümte Tischdecke, die Chemie des Spülwassers,
Der Ringkampf im Ehebett, der Neurosensumpf der Kleinfamilie
Auf Knopfdruck donnert alttestamentarischer Groll von der Kanzel
Fünf Minuten religiöse Verzückung in der Erleuchtungskabine für fünf Euro
Die Missionare des Alltäglichen, die Generäle der Banalität,
Traumatisierte Schicksalringer, humanistische Feingeistschwätzer,
Radikale Skeptiker, kalkulierende Zyniker, dauerstimulierte Datenfresser
Feierabendliches Dahindümpeln in der Wohnlandschaft,
Barbarei auf der Mattscheibe, Gedankengestöber, Dunkelhaft, Seelenstau
Der Schädelinhalt besteht aus aus einer Schaumstoffmatratze,
Auf der sich die Milben paaren und Körpersäfte saugen
Rabah Naït Oufella, der sich schwerbewaffnet zwischen Sandsäcken
Im neunten Stockwerk eines Hochhauses verbarrikadiert hat,
Sitzt zu Gericht über die Kakerlaken, die sein Refugium verunreinigen
In Syrien ersäufte er Kinder in Latrinen, schlitzte Bäuche von
Schwangeren auf, stach Augen aus, Grausamkeit mit Kalkül ...
Die piepende Smartphone-Armee, Klodeckelklappern, Wasserspülung
Ein schwer erarbeiteter Samenerguss auf dem ranzigen Sofa ...
Souhila Mallem, seine WG-Mitbewohnerin, die im Bademantel ihrer
Mutter durch die Küche schlurft, klimpert mit den Wimpern ...
Chico, der spanische Köter, beobachtet mit gesträubtem Fell,
Wie draußen seine Artgenossen auf Lastern abtransportiert werden
Der Kanarienvogel ist tot, der gelbe Körper schon kalt
Einmal hat er den Vogel aus dem Käfig geholt,
Zutiefst verängstigt hat das Tier auf das Sofa geschissen
Vögel sind lebendige Farbtupfer, die Eier ausbrüten, Insekten verschlingen
Und stereotyp von einer Stelle zur anderen flattern, ein blödes Leben ...
Er legt den Kadaver in eine Plastiktüte und wirft ihn in den Müll
Für das Fernsehen hat er nicht viel übrig, die Bilder bewegen sich zu schnell
Die Moderne ist eine geschlossene Anstalt ...

Schlagstöcke und Lockenwickler

Tage, an denen die Sonne kotzt, die schräge Utopie des Glücks
Das abgespielte Räderwerk Mensch, Zombietheater, Klamotte
Die Marionetten der Lüge, religiös gesteuert, eisern kontrolliert
Menschenklumpen, Körperhaufen, insektenartige Formationen,
Die an den Fäden der Mechanismen hängen, die ihre Zeit bestimmen ...
Reihenhauskonversation, Schinken, Kohl und Kirchgang
Heulende Hamster, Veilchen mit gebrochenem Genick,
Ein falsches Barockgemälde biedermeierlich beleuchtet
Die Ikea-Möbel strecken schräg die kurzen Beine nach außen
Das Gesicht im gelben Spiegel ist schmal wie eine Klinge
Nichts verbindet einen Menschen mit einem anderen
Außer für eine kurze Zeit die gallertige Nabelschnur ...
Victor Francen, städtischer Beamter im gehobenen Dienst,
Der leidenschaftlich an seinem impotenten Hund hängt,
Beugt sich über seine Frau, betroffen, wie wenig er betroffen ist ...
Aus ihren Eingeweiden kommt ein Stöhnen, ein Rest Atemluft
Francen öffnet das Fenster und stellt den Gasherd ab ...
Bis zum heutigen erfolgreichen Tag hat sie viele Tode gesucht,
Rasierklingen, Tabletten, Quecksilber aus dem Fieberthermometer
Raymond Rouleau, der Bestattungsunternehmer, klatscht in die Hände
Und feiert die Wunder der Seelenwanderung und der Wiedergeburt
Er selbst hat schon in den Gestalten eines Salamanders,
Eines Straßenarbeiters und eines Schweinehirten gehaust
Auch ein Kind mit gelben Zähnen und wässrigen Augen hat er jahrelang
Sein müssen, bis der kleine Körper endlich von einer Klippe gestürzt war
Im Schaufenster stapeln sich Trauer, Schmerz und zarter Verwesungsgeruch
Glänzende Särge mit Klimaanlage, Edelstahlbottiche mit flüssigem Stickstoff
Einäscherung im eigen Garten neben dem Wellensittich oder totales
Entschwinden per Rakete ins All, Krebskranke werden nicht verbrannt,
Nach langer Chemotherapie sind ihre Körper fast feuerfest ...
Wütende Männer messen seinen Hals und formen eine Schlinge
Ein kurzes Gezappel und Gewedel, ein kurzes fremdes Geräusch
Und sanft schaukelt Rouleau in seinem Schaufenster
Eine Gruppe schlotternder Vorstadtmädchen steht abseits
Zusammengedrängt wie Geflügel im Sturm

Mondstille unter der Sonne

Die Wolken schweben auf einem unsichtbaren Glas
Bewusstes und Unbewusstes schieben sich übereinander
Häuser mit verschlossenem Gesichtsausdruck, zu Quadern rasierte Hecken
Verklinkerte Identitäten, gestapelte Farben, zivilisatorisches Eis
Lepröse Gebäude, hinter deren Fassaden verwaiste Rentnerinnen
An der Seite ihrer Katzen dem Tod entgegendämmern ...
Yves Rénier, ein nur von verstohlenen Augenerlebnissen sich nährender
Zaungast der Welt, hebt einen Bunker aus, hortet Konserven, Lüftungsfilter
Und Wassertabletten, hält sich fit und versteckt ein Sturmgewehr in der Garage
Zäune hoch wie die Berliner Mauer, weiße Ruinen mit schwarzem Schweiß,
Embryonale Rasenflächen, im Puderzucker der Geschichte eingekochter Stein,
Preußische Adler aus Marmor und Moos, Löwen mit Moder im Gebiss,
Ein Gipssoldat versunken in schwarz gewordener Bronze,
Pyramiden aus Blechdosen, weißes Fleisch in weißen Socken,
Automaten mit menschlichen Zügen, Augenblicksgewimmel, Bagatellgeschwätz
Der prollige Dosenbier-Tyrann, die hasserfüllten Augen des Speisefettherstellers,
Das verbrauchte Gesicht des Schädlingsbekämpfers, der schmale Schnurrbart
Des Warenhausdetektivs, der gern eine Frau wäre, das von guten Absichten
Triefende Gesicht der Schwangerschaftskonfliktberaterin, die ihr Glück
An der Seite eines Gorillas fand, das traurige Gesicht der Telefonistin,
Die zuschaut, wie ihre amputierte Hand auf dem Tisch tanzt, der rotfleckige Hals
Der Wellnessmanagerin, das allwissende Gesicht des Waschstraßenbetreuers,
Die feiste Visage des Spekulanten, die Sonnenbrille der Solariumfachberaterin,
Die diabolischen Augenbrauen des Störfallbeauftragten, die selbstzufriedene
Miene des Immobilienmaklers, die Totenmaske des Offiziers ...
Stadtnomaden, denen die Welt abhanden gekommen ist ...
Der Wind weht die Klänge eines fernen Akkordeons herbei
Der Teich im Hinterhof glänzt wie dunkles Eisen, von einem Balkon
Tropft es fein herab, eine exterritoriale Zone, eine Kathedrale der
Fantasten, eine Tropfsteinhöhle, die im Wasser zu versinken droht ...
Zerbrochene Gesänge, bizarre Schritte, sanfte Tänze um das Nichts
Zu Milch verflüssigte Wesen, langhaarige Loreleyen in dünnen Stoffen,
Unter die der Wind fährt, galaktische Prinzessinnen, götterschön,
Fassen sich an den Unterarmen, wiegen sich sanft in den Hüften
Und zittern sich leise kokettierend gegenseitig zu Boden ...

Marzipankartoffeln und Sahnehäubchen

Teetantentapete, Häkelgardine, Plüschgewitter, Nachmittagsgeschnatter
Süß bestäubte Maulwurfshaufen, Trümmer-Torte, Joghurt-Schmand
Die Luft ist kaffeebraun und riecht nach Kirschlikör
Deutsches Liedgut platzt aus Dirndl und Lederhose
Dralle Madl, bajuwarische Knuddelwichtel, Gemütsfutter, Wohlfühlgebimmel
Heu im Stadl, sinnfreies Jodeln, Heimeligkeit, bis das Herzblut spritzt ...
Die gerontophile Szene, zähledrige Ladies, faltige Plaudertaschen
Strickwollene Kolosse mit schneeweißem Kurzhaar im Kaffeedunst
Treppenhausflüsterinnen, Weinbrand im Kuchen, Kondensmilch im Hirn
Claire Dougnac, die sich abends zärtlich stöhnend ihren Jesus mit unter
Die Bettdecke nimmt, verscheucht eine Wespe, die sich auf eine Sahnetorte
Verirrt hat, ein bescheidenes Geschöpf eintauchend in Reichtum und Opulenz ...
Premium-Dackel, Schaumzucker, Brausepulver, Rosinen, Korinthen
Blusen mit aufgedruckten Orchideen und Seepferdchen
Nasensekret, Lebersternchen, polierte Zähne, leuchtende Bakterien
Faltige Hälse, junges Make-up, würgende Geborgenheit ...
Knarrende Weiberstimmen, aufgerollte Speckröllchen, knackende Körperfalten
Zänkisches Lärmen, wütendes Gurren, Mottenkugeln, Bohnerwachs
Speiseröhre, Bauchspeicheldrüse, Milz, Mastdarm, Gallenblase
Jede ist wegen eines anderen Leidens operiert ...
Gesichter zerknittert wie Kissen, auf denen man zu viel geschlafen hat
Röhrende Ungeheuer, denen Körpersäfte aus Mund und Nase triefen,
Die unersättlich wie afrikanische Heuschrecken über das Land herfallen,
Leben und Universen vermampfen und hin und wieder Schleim,
Braun durchsetzt von Kaffee und Karies, auf den Boden spucken ...
Geschwätzgespenster versunken im gleichgültigen Schmutz des Alters,
Die in Cappuccino und Cognac getunkte Zeit zu sich nehmen
Fassungslos starrt ihnen der Käsekuchen ins Gesicht ...
Zwischen den Tischen streift eine riesige deutsche Dogge umher
Ein obstkuchensüßes Mädchen sitzt vor einem Becher Schokolade
Das Tier bleibt lange vor ihr stehen und beschnuppert die Tasse
Es wird ihr erlaubt, den Hund zu streicheln
Er ist dick, stinkt und hat Verdauungsbeschwerden
In einer Kaffeekanne ein vergessenes Gebiss ...

Tristesse Deluxe

Gewienerte Limousinen in altgoldener Metallic-Lackierung
Aus der prunkvollen Eingangshalle quillt ein gigantischer roter Teppich
Porzellankronleuchter, Marmorrosen, doppelbödiger Rokoko-Dauerorgasmus
Ein Ölscheich empfängt, nur mit einem Turban bekleidet, seine Gäste ...
Zu massiv aufwallenden großorchestralen Richard-Strauss-Klängen
Schwellen die Penisse, gierig wird in Unterrockgebirgen gewühlt ...
In den Säulenhallen der Grande Galerie Gourmet Lounge die Unschuld
Der Spekulanten, Spieler und Schieber, Spitzbuben und Sirenen
Kellnerbrigaden, Kleider wie Lampenschirme, Salongeschwätz
Nerzpelzbemantelte Grazien und luchspelztragende Diva-Imitate
Wanken die Treppen hinauf, süßliches Eau de Toilette, Küsschenparade
Russische Oligarchen und chinesische Wirtschaftskapitäne warten
Zigarren nuckelnd auf das Ploppen des Veuve Clicquot, auf den Kaviar,
Auf das lauwarme Caprese von Hummer und schwarzem Trüffel
Der gelassene Blick auf die Armut und den Hunger in der Welt ...
Gekauft haben sie Datenbanken, Bomben und Beamte,
Den Montag, den Mond und das Meer, die Brust und den Unterleib
Clovis Cornillac, ein düster-unnahbarer Multimillionär, Chef einer
Fensterreinigungsfirma, deren Mitarbeiter alle wiedererweckte Christen sind,
Setzt sich päderastisch eine Spielzeugpuppe auf das Knie
Auf der Terrasse spielt das Orchester zum Nachmittagstee
Sonnenschutzbedürftige Salonwesen in rauschenden Seidengewändern,
Fleischfasern kauende Gichtpatienten in gestreiften Liegestühlen,
Golfspieler mit pfeifendem Atem, die die letzten Tage ihres Lebens verbringen
Sébastien Chassagne, der Umgang nur mit toten oder eingesperrten Frauen
Pflegt, kaut auf einem gummiartigen Brocken, zieht mit den Fingern
Eine weiße Sehne hervor, die an einem Ende grün schimmert, legt sie am
Tellerrand ab, übergibt sich und verschwindet im Labyrinth der Korridore
Ein geblümter dunkler Teppich schluckt die Schritte
Vor der zementgrauen Wand steht ein Bett mit valiumblauen Kissen
Das Sofa ist bestickt mit paradiesischer Vegetation
Im Rücken das diabolische Geflüster des Fernsehprogramms
Zögernd greift er nach der Schaumweintulpe, sie könnte voll Blut sein ...
Das Gehirn springt aus dem Gleis und Chassagne in den Spiegel
Das Glas klirrt wie aufgescheuchte Frauen schreien ...

Quantenmechanik

Die Sonne brüllt, die Menschen häuten sich
Die Wolken funkeln wie Zahlen, der Himmel hat einen Sprung
Raumzeit, Eigenzeit, Lebenszeit, Wartezeit, Halbzeit, Auszeit, Mahlzeit
Blockierte Sichtachsen, zerstörte Fluchtlinien, Großhirnnebel, Sprachfetzen
Der Menschenkäfig, luftdichte Selbstbezüglichkeit, gesellschaftlicher Autismus
Das Bestiarium des bürgerlichen Lebens, der unausrottbare Untertanengeist
Der ferngesteuerte Intellekt, die standardisierten Gefühle, die Fettschicht,
Die über das Leben der Menschen geschmiert ist, die das Leben verseift ...
Staublungen, Vorhofflimmern, Schläfenbrandung, Pfeifgeräusche
Messerscharfe Kanten, Stolpersteine, hysterisches Überleben
Die Stadt schwitzt, die Hitze kriecht die Beine hoch und verdickt das Blut
Ein aufgedunsener Mann reißt sich das Hemd auf, Knöpfe fliegen ...
Frauengesichter wie Treibsand, Farb- und Formenspeck
Stéphane Audran, der im vergeblichen Liebessehnen zahllose misslungene
Affären mit den falschen Frauen lebte, stülpt sich einen Lampenschirm
Über den Kopf, Lunge und Herz scheuern gegen den Rippenkäfig
Hinter ihm tickt unbeeinflussbar das nichtlineare Wesen der Zeit
Das Ich ist eine instabile Verbindung von Atomen im unendlichen Raum,
Die Zukunft ein schwarzes Loch, ruhelose Lethargie, marternde Normalität,
Ein gedehntes Ungefähr, in dem die Tage und Nächte konturlos zerfließen,
Seine Wohnung ein irrwitziger Bau aus Trödel, Trash und Teppichresten
Eine Tischplatte, glatt genug, um Kokain zu hacken, eine eierschalenfarbene
Porzellanskulptur, ein honiggelber Sessel, in dem man so präzise sitzt
Wie in einem Rennwagen, ein Kühlschränk, der in unerreichbarer Höhe hängt
Im Fernsehen blaues Flimmern, Lichtpunkte, die Möglichkeit Gott zu sein ...
An den Wänden springen Insekten hin und her
In einer Ritze leuchtet eine Sekunde auf, Audran pult sie heraus,
Legt sie auf die Hand und streichelt sie, bis sie ihm von den Fingern springt
Enttäuscht kratzt er eine zweite ungebrauchte Sekunde aus der Luft
Und hängt sie mit einer Reißzwecke an der Zimmerdecke auf
Die Zeit tötet Götter und Waschmaschinen ...
Die Toilettenspülung rauscht wie eine Naturgewalt
Massen verbrauchter Sekunden rasen im Abwasser davon
Für Bruchteile eines Moments sieht er
Ein zweites lächelndes Gesicht auf seine Schultern gelegt ...

Rue du Paradis

Frisch bezogenes Neubau-Vorstadtleben
Gut situierte Nichtraucherfamilien, blonde Möbel, urbane Wohlstandsidylle
Maskerade wie Marmelade, katholische Enge, faschistischer Bodensatz
Steifes Eheglück, alltägliche kleine Sünden, sonntägliche Erlösung
Bockwurst und Bügelfalten, Katzenklo und Kuchenteig
Im Schatten dösende Gartenzwerge hüten den Grill, der fummelige
Aufbau der Ikea-Regale provoziert den obligatorischen Ehekrach
Mutter backt komplizierte Kuchen und hält die Wohnung sauber
Jeden Morgen zieht sie den Staubsauger von Zimmer zu Zimmer,
Saugt Staub in den brüllenden Bauch und Ameisen in den Tod
Vater, Ornamentzeichner in einer Tapetenfabrik, der gern Essiggurken
Aus dem Glas isst, löst seine Verzweiflung in Alkoholschwaden auf
Mathis ist ein Kind des Paradieses, kakaowarm, milchweiß
Hysterische Schreie, geballte Fäuste, klirrendes Familienporzellan
Keine Chance auf Entkommen, der Holzstock tut weh
Die akustische Säuredusche frisst Wunden in die Ohren
Die unerträglich klugscheißernde Schwester steht nackt im schaumig
Geschlagenen Vollbad, Mutter und Vater peitschen mit Gürteln auf sie ein
Der naiv-kindliche Blick auf die Welt zerrinnt wie Schnee in der Sonne
Durch einen Lüftungsschacht gelangt Mathis in die Tiefgarage,
Steigt in den Aufzug und drückt auf den Knopf mit der Sieben
Die Tür klappt zu und der Fahrstuhl, die lebendige Seele des Blocks,
Bahnt sich seinen Weg durch das Betonuniversum
Stock zwei, Stock drei, Stock vier, Stock fünf, Stock sechs
An der Sieben vorbei, an der Acht vorbei, bis zur Neun. Es gibt keine Neun …
Unter Eisengestöhn hält die Kabine an, Mathis öffnet die Tür
Und findet sich in einer unbekannten Welt wieder
Der Fahrstuhl lässt sich nicht nach unten bewegen
Es gibt keine Treppe, weder nach unten noch nach oben
Menschenähnliche Wesen huschen schemenhaft durch den Gang
Sie beachten ihn nicht, die Aufzugstüren schließen sich,
Das Licht fällt aus, mit apokalyptischen Getöse saust die Kabine nach unten …
Das Totenreich liegt im neunten Stock eines achtstöckigen Hochhauses
Auf dem Küchentisch ein Schnellzugwagen und ein Tunnel,
Von der elektrischen Eisenbahn übrig geblieben …

Das Hirn am Nachmittag

Aufgehellte Zähne, aufgestellte Nackenhaare
Gekocht wird nach den Sternen im Jahr des Schweins
Das Telefon wählt Nummern wie von Geisterhand, Schubladen fliegen
Durch die Luft, ein Sturm aus der Unterwelt lässt die Sektgläser klirren ...
Latschen-Missionare, Bürgersteig-Propheten, Sekten im Wohnzimmerformat
Der Messias aus der Taiga, der Frauenflüsterer aus den Anden,
Ambulante Apostel, die ihr Ego in Stadiongröße auswalzen, demonstrieren
Gegen den Neubau des Supermarktes, der ihre Schwingungen stört ...
Das Wassermannzeitalter, die johanneische Epoche der Bruderliebe
Jenseitige Aufenthaltsräume, Polarisationsebenen, universale Erkenntnis
Langes Sitzen, gesammeltes Gehen, würdevolles Wasserlassen
Geführte Reisen zur Seelenentwicklung, Trips zum inneren Idioten
Die Verwandlung am Stillen Ort, der kosmische Vorgang auf der Kloschüssel
Operationen am offenen Unterbewusstsein, Exkursionen in den Uterus
Das Lächeln der weißen Bruderschaft, die grenzenlose Liebe der Lichtgestalten
Der neue Bentley Azure, die Villa in Villefranche-sur-Mer ...
Bernadette Soubirous, Geistheilerin und schillernde Esoterik-Predigerin,
Hält auf dem Parkplatz hof und bricht das Transzendente aus dem Himmel,
Um die Menschheit mit göttlicher Energie zu bestrahlen ...
Soubirous, Expertin für Paarungen und Paare, führt im Schaukasten
Glückselig die öde Begattung von Riesenschildkröten vor ...
Vor Jahren hat sie versucht, ihr lallendes Kind zu vergiften, damit das missratene
Wesen diese Welt ebenso fiebernd verlassen würde, wie es einst unter dem
Schweißüberströmten Gewicht eines Straßenbauarbeiters gezeugt worden war
Sanft zupft sie die Harfe, bis sich der Engel vom magnetischen Dienst offenbart
Spirituelle Sinnsucher bringen ihr das Haar von Gehenkten, die Borsten
Und Klauen unfruchtbarer Tiere, mit Sehnsüchten bekritzelte Briefe ins Nichts
Bereitwillig kaufen sie Hornissensud, Ochsengalle, Drachenblut, Wolfsmilch,
Gekochtes Eulenfett, von einem Exorzisten in Flaschen abgefüllte Seelen,
Pulver aus Krötenhaut und Öl aus der Lampe des Heiligen Grabes,
Stacheln, einem Igel ausgerissen und die Hinterbeinnerven einer Ratte ...
Der Wahnsinn ist eine Wagenladung Polizei:
Zwei Gendarmen springen heraus und verhaften hurtig drei Italiener,
Die friedlich plaudernd an der Ecke stehen ...

Komfortzone

Die Erde rollt in sinnlosen Warteschleifen durch das All
Die Mädchen zwingen ihre Füße in kleine Schuhe, piercen ihren Nabel
Und lassen in drittklassigen Hotels Milben über sich kriechen
Die Armen schlagen sich alles um die Ohren, was der Baumarkt hergibt
Auf dem Schafott werden Schwarzfahrer und Ticketfälscher exekutiert
Die gut gepolsterte Mittelschicht verschanzt sich in schwer bewachten
Wohnfestungen, in Autos mit verdunkelten Scheiben pendelt sie zwischen
Wohnung, Büro, Einkaufszentrum und Vergnügungstempel hin und her
Linksdrehende Supermärkte, Neuromarketing, Vanilleduft
Mammutjäger und Insektensammler zwischen Katzenstreu und Mückenspray
Jean Sylvere, der Supermarktleiter, der sich alljährlich auf dem Betriebsausflug
Eine erotische Familienauszeit nimmt, lauscht der Klimaanlage
Und guckt in den Einkaufswagen, als würde er sich gern dazulegen ...
Rolltreppen, Landebahnen, Brems- und Dekompressionszonen
Anlaufzonen, Rennbahnen, Impulskäufe, Zielkonflikte, Consumer-Confusion
Reck- und Streckzonen, Sichtzonen, Greifzonen, Bückzonen
Hühnersuppe ohne Huhn, Bananensaft ohne Banane
Theaterbeleuchtung für rosa Hähnchenschenkel, die nie verderben
Sieben Männer, deren Leben so langweilig ist wie zusammengefaltete Socken,
Hören auf, ihren Wagen zu schieben, stehen da und starren
Wie hypnotisiert auf die wippenden Brüste einer Vorstadtschönheit
Sieben Männer, vom Anblick der Frau schwer getroffen, stehen da wie
Wachsfiguren, etwas in ihren Augen flackert kurz auf bevor es stirbt
In ihren Gesichtern erwacht Hass, und nur der Hass treibt sie weiter,
Lässt sie ihren Wagen voll Klopapier und Rahmspinat
Weiter zur Kasse fahren, heute, morgen, übermorgen ...
Sieben Ehefrauen mit erschlafften Brüsten, die an ihrem
Gutverdiener hängen, ihr Leben beim Friseur verplempern
Und ihren Männern die graue Paste aus dem Schädel saugen
Vierzehn Füße unter Morgenmänteln mit Herzchendruck
Scheuerlappen, Bohnerwachs, Schmierseife, Schaum
Strahlendes Weiß, fasertiefe Reinheit, intensive Frische
Die Türen glänzen wie Glas, die Kissen sind gelüftet
Bohnen-Eintopf mit Sellerie und Lorbeerblatt
Aus dem Kochlöffel schlagen Blitze ...

Hirnschrittmacher

Das Chaos der Gleichzeitigkeit, die aufgeblähte Wirklichkeit
Die Totalbewirtschaftung des Lebens, der Lifestyle-Kapitalismus
Adrenalin, Affekt und Gier, der kleine Zellhaufen Selbstkontrolle
Das Datenproletariat, das moderne Ich, effizienzorientiert, selbstoptimiert
Überwältigt vom Algorithmus, versunken im elektronischen Sturm
Das Leben ist Kapital, der Körper Rohstoff, Zahlungsmittel, Tauschobjekt
Die Diktatur der Zeit, der alles fressende Verwertungskreislauf,
Der Druck, der sich allen Individuen einprägt und alle Beziehungen deformiert
Der Himmel, das kalkweiße Geheimnis, droht zu bersten ...
Nörgelnde Rentner werfen nörgelnde Kinder aus dem Zugfenster
André Bourvil, Direktor bei Crédit Agricole, der in allen Figuren des
Rorschachtests nur Genitalien erkennt, masturbiert im Schatten einer Eiche ...
Georges Marchal, von Hundesportverein und Frau hinausgeworfen,
Kopiert sein Bewusstsein auf eine Festplatte, um unsterblich zu werden,
Schleicht auf das Gelände einer Schönheitsklinik und leert den Container,
In dem das abgesaugte Bauchfett der Zivilisationsbewohner gelagert wird,
Knetet Sprengmasse daraus, lädt seinen Hund in den gemieteten Opel,
Rast in den Intermarché und sprengt sich zu einem zerfetzten Torso
Die Druckwelle breitet sich aus, schwarzer Rauch kommt die Straßen
Entlanggewalzt, Lieferscheine, Rechnungen, intakte Fetzen Geschäftsleben
Scherben fliegen wie Geschosse umher, Handtaschen und Smartphones,
Cabanossi und Salami, Parma und Mortadella, Bresaola und Culatello,
Eine Rinderhälfte, mit Pflastersteinen vermengt, ein zweites mal verstümmelt
Rote Schleifspuren, blutnasse Strähnen, Lungenflügel, Knochensplitter
Zahlreiche Schwerverletzte rutschen über den Asphalt,
Die Finger abgebrochen oder mit schwarzer Erde gefüllt
Wracks von Bussen, barocke Flechtwerke verglühten Eisens,
Wracks von Menschen, das Herz zerfetzt, das Hirn weggeblasen
Blaulicht in gebrochenen Augen, Polizisten im Racherausch, schussbereit
Hustende Fernsehteams, Geschwader von Krankenwagen,
Blut, das die Seele überschwemmt und den Verstand verdunkelt
Die Sanitäter sitzen mit offenem Mund in Todesstarre in ihren Wagen
Allein die Fliegen nehmen sich der Verletzten und der Toten an ...
Das letzte Wort hat die Kehrmaschine ...

Fingerabdruck

Argus hat tausend Augen und schläft nie Lauschangriff,
Datenjagd, Treibjagd, Hetzjagd, Menschenjagd
Die Mikrophysik der Macht, das Schattenreich der Observation
Die private Gefängnisindustrie, sicheres Business, Milliardenprofite
Das Kartell aus Geld, Medien und Lifestyle weitet die Kampfzone aus
Mit einem metallischen Schmatzen schließt das schwere Eisentor
Preußisch dicke Mauern gekalkt mit geduldigem Licht, der schlackenschwarze
Gefängnishof, das Karussell ziellos um sich selbst kreisender Gefangener,
Moderne Zwangsarbeiter, die zum Autobahnbau geprügelt,
Auf die Plantagen gepeitscht und in die Minen getrieben werden
Scheinwerfer tauchen Jean-Pierre Léaud, einen unglücksgeübten Außenseiter
Mit dürren Beinen, die ihn schlecht durchs Leben tragen, in kaltes Licht
Eine Faust trifft in den Magen, eine Eisenstange zertrümmert ihm die
Kniescheiben, fadenziehend fließt Gelenkflüssigkeit in die Schuhe ...
Die Beamten, die Kampfmaschinen des Staates, schlagen so lange mit der
Peitsche auf ihn ein, bis ein zerfetzter Finger durch die Luft wirbelt ...
Nachdem man ihm das Haar von der Kopfhaut gerissen hat,
Wird er in die letzten vier Wände getragen, Pritsche und Pisseimer,
Gulasch und Exkremente, das Fenster nicht breiter als ein Schädel
Die Zukunft ist der immergleiche gebogene Himmelsausschnitt
Das Licht liegt in schiefen Karos auf dem Boden
Jeder Tag umwickelt den Käfig mit einem neuen Draht
Léaud, bei dem alle Tastversuche in der Menschenwelt traumatisch endeten,
Popelt schutzlos in der Nase, er weiß nicht, ob es ihn gibt, je gab ...
Homogenisierung, Depersonalisation, Dehumanisierung, Kannibalisierung
Anale Vergewaltigung, Waterboarding, Zwangsmedikation, Schmerzagnosie
Köpfe in Säcken, Elektroden an Hoden, vorbeugendes Töten
Der Hunger sitzt wie ein Hund vor dem Teller
Blechnäpfe und Löffel klappern, es gibt eine dünne Suppe aus Rüben
Wabenmuster, Schattenteppiche, vergittertes Licht Tag und Nacht
Léaud isst den Schlaf, wacht auf, isst den nächsten Schlaf, wacht wieder auf
Schweigen deckt ihn zur Nacht zu, Schweigen erweckt ihn am Morgen
Léaud schläft ein, wacht wieder auf, es ist Abend
Léaud schläft wieder ein, es ist Nacht, es ist Tag
Wieder einmal hat sich die Sonne um den Käfig gedreht ...

Babylon Lounge

Klimatisierte Gigantomanie, Casino-Floor, Vegas-Trash, Fahrstuhlmusik
Glitzer und Glücksspiel, Protz und Poker, die Lobby ist eine Bahnhofshalle ...
Gepäckroboter, würgend süße Raumbeduftung, Swan Chairs, Panoramablick
Zimmer mit Whirlpool und Wasserfall, der Schuhschrank ist klimatisiert ...
Indische Service-Knechte und durchgestylte Zofen mit Staubwedeln
Stopfleber mit Kardamombrioche, Wachtelwürstchen, Krabbenklößchen
Aristokratische Anzughengste, die Haarmasse frisch aufgeföhnt,
Schwer atmende Divenwesen und laszive Luxus-Luder mit chirurgisch
Modellierten Kurven, die sich mit der Nagelfeile den letzten Schliff verpassen,
Schaukeln in friedlicher Eintracht vor sich hin und nippen Champagner
Freundliche Spiegel am Eingang verbeugen sich mit traurigem Gesicht
Lüsterartige Lampen schweben wie zarte Mobiles über den Tischen,
Der Rhododendron ist eine Imitation made in Hongkong ...
Ein bürokratengrauer Anzug dumm wie ein Teller sitzt da mit dem
Schweren Lächeln eines Leguans und langweilt die Serviererin
Olivier Rabourdin, erbarmungslos freundlicher Schreibtischarbeiter,
Der ständig Koffer kauft, obwohl er nie auf Reisen geht,
Wollte ins Leben treten und betrat das Großraumbüro
Bei schönem Wetter reist er, verkabelt mit Headset und Mikro
Wie ein Sklave in seinen Fesseln, im Internet über die Landkarten
Seit vierzig Jahren schwitzt er aus demselben Smoking
Léa, die Sonne seiner Bürotage, hat dienstfrei und darf an der Theke sitzen
Mit schmachtenden Hundeaugen blickt er ihr ins respektable Dekolleté
Seine Mutter, die gern ihren gigantischen Busen auf ein fettes Kissen bettete
Und in die leere Straße guckte, ist an Schilddrüsenkrebs gestorben
Sie verbrachte Jahrzehnte an schnurrenden Nähmaschinen,
Zuerst das Nadelöhr, dann die Naht, zuletzt das Licht nicht mehr sehend ...
Sein Vater im Schacht hustete Staub und Blut aus den Lungen
Sein Augenweiß leuchtete wie das der Eingeborenen im Kongo
Wer nicht im Schacht absoff, soff ab in Bier und Doppelkorn
Wen der Schnaps nicht fertigmachte, den machten die Weiber fertig
Es ist verdammt schwierig, sich herauszuhalten
Aus den Schächten, aus den Mädchen, aus dem Schnaps
Die Spätmoderne ist eine Gefriertruhe ...

52

Endzeitcontainer

Trübe Wohnkisten, karge Stapelware von drögen Algorithmen entworfen
Schuhkartons aus Backstein, luftdicht abgepackte Verzweiflung
Lagerhallenarchitektur, Kantinenluft, kariöse Gebisse, Hinterzimmer-Erotik
Markierte Territorien, klaustrophobische Räume, stressbedingter Haarausfall
Die Polizei schmiert die Leber von hunderten Demonstranten auf den Asphalt
Im Kraftfeld zerstörender Ströme der winzige gebrechliche Menschenkörper
Der weiche Fels des Gehirns, Entfremdung, Enthemmung, Entkopplung
Die fragmentierte Gesellschaft, die Gewalt der Gleichgültigkeit
Sozial-Ekel, Ich-Geschepper, Bewusstseinsplunder
Pierre Fresnay, Seismograph für die Bewegungen über und unter
Der Oberfläche, zieht den elenden Karren des Lebens über den Asphalt
U-Bahnschachtgitter, unter denen Maschinen mit leisem Brummen pulsieren
Bröselige Treppen, Stahltüren, versteckte Fahrstühle, Kabelknoten
Fresnay sehnt sich an einen Ort, der ihn nicht kennt,
Greift einen Spaten und hackt ein Loch in die Haut der Stadt
Weich wie ein Wurm bleibt er im Mittelpunkt der Erde stecken,
Dort, wo der Druck ringsum am stärksten ist, in der Hölle,
Im Saal der Wissenden, im Weltbauchraum, in der großen Kaverne ...
Ein kümmerlicher Lagerraum, eine finstere Grotte, ein Schlangenloch,
Ein Röhrensystem aus glitschigen Gängen, verdammte Kreaturen,
Die an sinnlosen Maschinen hantieren und hoffnungslose Botschaften
Nach oben senden, rot aufleuchtende Hornissen, deren Flügel sich in
Dampf verwandeln, eine Vulva, ein Buch, ein Gemälde, ein Gedanke,
Der banale Kern des Weltalls, ein Kugelhaufen Wahn, der verschlungene
Organismus, die wässrige Maschinerie, die unentwegt Leben hervorbringt,
Der Menschenbauplan, das Geheimnis der dunklen Materie der Genetik,
Der unendliche Apparat, das kolossale Hirn, das alle Träume steuert,
Die Träume der Amöbe und des Homo sapiens, das Kaleidoskop,
In dem sich das Universum spiegelt von der Genesis bis zur Apokalypse ...
Rückwärtsgang durch den Gedächtniskorridor, in die Landschaft der Kindheit
Erdbeeren ohne Zäune, Haselnusssträucher ohne Wächter
Hier spielte der struppige Junge, als das Leben noch ein Märchen war ...
Das Gehirn wittert etwas, das nach Zerstörung schreit ...
Fresnay schreitet weiter, ein grünes Messer zwischen den Zähnen,
Zu neuen Schlachtfeldern, zu neuen Siegen und Niederlagen ...

Perpetuum mobile

Tausend Himmel, gestapelte Zeit, technokratische Kälte
Verlorene Hochbahnzüge über babylonischen Wohnungsdächern
Totemartige Betontürme, düster, behäbig, gesichtslos, genormte Langeweile
Erinnerungsschatten, verschobene Symmetrie, geistiger Schüttelfrost
Auf einer öffentlichen Toilette explodiert ein Sprengsatz
Aus einem aufgeplatzten Schuh ragt ein zerfetzter Fuß
Der eindimensionale Mensch, der graue Menschenzoo
Die in die Tiefe ziehenden Bewegungen des Denkens
Die Unendlichkeit sich rastlos spiegelnder Fiktionen
Die unergründlichen Wege des Hirns, die Zukunft lauert in gesichtsloser Maske
Danièle Delorme, der einer Brigade zur Erschießung streunender Hunde
Angehört, wäscht sich die Füße, begräbt seine Toten, steigt durch die
Beklemmende Enge von Treppenhäusern, rast über Brücken, unter denen
Endlose Güterzüge hindurchdonnern, rennt durch leeren Straßen,
Vorbei an den grellen Fratzen der Werbung, schlägt die Scheiben
Eines Supermarktes ein, um sich mit Himbeer Biskuits zu versorgen,
Zersägt eine Telefonzelle, stolpert über einen gelben Hund, stürzt zu Boden,
Sinkt immer tiefer und blickt durch Zeiten und Menschenleben
Das tanzende Synapsenballett, die Flügelschläge ins Leere, das fahle Feuer
Der verkaterte Hirnmuskel, durchsichtiges Gelee, defektes Material
Zeitübersprünge, Zeitvertauschung, Zeitschleifen, Zeitaufhebung
Die Ekstase der Dinge, die sich immer wieder neu erschaffen
Alles wird Gegenwart, niemand stirbt, nichts geht verloren ...
Der Malermeister, der täglich seine Baustelle anbrüllt, die Fliege an der Wand,
Das tägliche Pin-Up-Girl, die tägliche befreiende Darmentleerung,
Die tägliche Ration Trimipramin, das tägliche Radiergummi fürs Gehirn
Das spechtgesichtige Mädchen wird ewig über das Seil springen
Das Seil wird ewig über den Kopf schwingen,
Wird ewig den Bürgersteig unter den Füßen streifen ...
Delorme steckt seinen Kopf zwischen die Knie
Die Wolken ziehen sich in Falten, die Luft verwandelt sich in Glas
Er spürt einen Schrei, der den Rachen erfüllt, der den Schädel vibrieren lässt
Er ballt die Fäuste, doch die Wut fällt in sich zusammen
Leere, und in die Leere fallen Züge, Signale und Hundegebell,
Das eine Straße weiter beantwortet wird ...

Gehirnspülung

Funktionsarchitektur, Käfigkonstruktionen, verbaute Zeit, zerrissener Raum
Lungenhochdruck, Hodenhochstand, Müllcontainer für geprügelte Hunde
Taubenfutter, konfuser Haarwuchs, Männer, die ein Auto zerlegen
Philippe Caroit, ein betrogener Ehemann, sitzt stundenlang auf der Parkbank,
Blickt auf den Balkon seines Nebenbuhlers und bohrt sich schließlich
Angesichts der Sinnleere seines Daseins einen Kugelschreiber in den Hals
Henri Vidal, dem Thalamus und Hypophyse eines Kleinkriminellen,
Der bei einer Messerstecherei ums Leben gekommen ist, verpflanzt wurden,
Verschanzt sich in einer Festung des sozialen Wohnungsbaus
Die Satellitenschüssel bringt die große Welt ins kleine Zimmer
Im Treppenhaus stirbt ab und zu ein Kind, vor der Tür verwest ein Katzenkopf
Draußen tobt die Zeit, vereisen die Gefühle, verbrennt die Welt
Irgendwer stürzt wie eine überreife Sauerkirsche auf den Asphalt
Der Inhalt der Mülltonne geht langsam in den flüssigen Zustand über,
Was tausende Fliegen in Taumel versetzt, in der Badewanne dümpelt
Ein Ziegenbock, mit Valium in einen pränatalen Dämmerzustand versetzt
Die Bettlaken und Decken, Polster vergangener Lieben und trickreicher Ficks,
Sind von Zigarettenglut durchlöchert und unentrinnbar ineinander verwickelt
Der Markt der Begierden, das obskure Drängen und Beben des Körpers
Gynäkologischer Eifer, Schnauzbartsex, Penetrationstheater
An der Wand ein barockes Gewebe, Mädchen bluten aus dem Mund
Das überzuckerte Bild treibt ihm den Schweiß aus den Poren
Vidal sprüht sich Parfum in die Unterhose, hämmert sich gegen die
Primatenbrust und entflammt sich mit einer guten Dosis halluzinogener Pflanzen
Ziel ist die Verwandlung in ein Tier, Geschlechtsakte müssen stattfinden
Mohnrausch und Testosteronwolken, die Ewigkeit als Dauererektion
Unter dem kurzen Hemd hängt ihm ein riesiges runzliges Gemächt hervor
In ständiger Hetze nach Beute schwimmt er die Rinnsteine der Welt hinab
Die Mädchen, stromlinienförmig und silikonverstärkt,
Begnügen sich mit der Gewissheit, dass er in sie einzudringen wünscht,
Öffnen ihre Schenkel und lassen die Schamlippen lachen
Vidal nimmt sich vor, das Glück eines anderen
Von der eigenen Existenz abhängig zu machen:
Er könnte versuchen, ein Kind großzuziehen
Zur Not kauft er sich einen Hund ...

Exzess-Prinzessin

Annie Belle, versnobte Anlageexpertin und Teilzeitprostituierte,
Essgestört und lebenshungrig, flüchtet in die Tempel der käuflichen Liebe,
Lässt sich auspeitschen und schlürft in pelzigen Hausfluren den Urin ihrer Freier
Hundert Männer in ihrer wilden Mähne, in ihrem aufgerissenen Mund
Hundert Köpfe haarlos wie Hühnereier unter ihrem fliegenden Kleid
Streunende Raubtiere auf der Suche nach Beute, hiphoppende Kleinkriminelle,
Arbeitslose Dachdecker, die in vergessenen Industriehallen hausen,
Militante Vegetarier, Räucherstäbchen-Kokler, weltberühmte Architekten und
Wachsgesichtige kirchliche Würdenträger, die ihren Erektionen hinterherjammern
Ein verbogenes Eisenbett, ein kopulierendes Mückenpaar auf der Fensterbank,
Rosentapete, Peniswaschanlage, Seife, ein schwerer Spiegelschrank,
Hundert Flakons aus funkelndem Kristall wie ein bunter Blumenstrauß
Über dem Bett hängt ein Kunstwerk aus Schamhaaren
Belle hockt auf der Matratze, rückt ihren Busen gerade,
Schiebt die Spitze ihrer Zunge im rechten Mundwinkel hin und her,
Setzt sich Kopfhörer auf und flüchtet unter ein Zelt aus Musik
Die Strümpfe verrutscht, die Schenkel gespreizt, hypnotisierend die Brüste,
Kalt und fremd ihr Geschlecht, ein Drachenwald voll Geheimnis
Jean-Paul Guerlain, ein in Brutalität und Geilheit verkapselter
Glühbirnenfabrikant, der Blondinen hasst, die ihm seine Glatze übelnehmen,
Steckt ihr die faltige Zunge in den Hals, wie eine aus dem Holster gerutschte
Waffe hängt sein Zeugungsorgan zwischen ihm und ihr …
Sie packt ein Fläschchen am Hals wie eine Handgranate
Und schmettert es zu Boden, das Parfüm explodiert in tausend Splitter,
Stakst durch die Duftwolke, hebt die Schranktür aus den Angeln,
Wirft nacheinander Slips, T-Shirts, Jeans, teils neu, teils getragen,
Kartons mit Strumpfhosen und geringelten Socken heraus,
Baut einen kunterbunten Kleiderberg daraus, stolpert zum Ofen,
Zieht einen Kanister hervor, übergießt den malerischen Haufen
Mit gelber Flüssigkeit, dreht den Kopf weg, um die Dämpfe nicht einzuatmen,
Besprengt sich selbst, knüllt hysterisch lachend eine Zeitung zusammen,
Kuschelt sich in die parfümierten Klamotten,
Zündet die Zeitung an, hört noch das Knistern der Flammen,
Vergräbt ihren Kopf in den Wogen der betäubenden Stoffe
Und schläft augenblicklich ein …

Nagellack

Die Wolken lassen sich zwei Brüste wachsen
Alltags-Chauvinismus, Testosteron-Spektakel, Eros-Geflatter
Kahle Kontakthöfe, Koitus-Kasernen, sexuelle Nothilfe auf Autositzen
Hochtouriger Gefühlskapitalismus, Monogamie in Serie, Ersatz-Erotik
Business-Girls mit tätowierten Pobacken irren randomisiert durch die Straßen
Sehnsucht nach Sehnsucht, nach Erlösung aus der gefühlsentkernten Welt
Lili Damita, eine Spielerin mit kussverschmiertem Mund, ein Triebwerk,
Das Millionen Lippenstifte in Betrieb hält, peitscht das lange Haar
Manchmal hat sie Freundinnen eingeladen zum Masturbieren
Manchmal ist sie ein biegsames unruhiges Geschöpf,
Ein Kreisel, der sich dreht und schnurrt wie die Männer es wollen
Manchmal steigt sie auf zwei Weinkisten und reckt ihren Hintern auf die
Männliche Genitalhöhe, um das Liebesspiel im Türrahmen zu erleichtern
Manchmal lässt sie den Wasserhahn reparieren, weil Handwerker so grob
Sind mit ihren schweren, nach Drehbankschmiere riechenden Händen
Manchmal liebt sie einen jungen Spanier, der ihre Wunden kaut, manchmal
Einen bretonischen Fischer, mit dem sie in den Sonnenuntergang segelt ...
Sie ist ein General, keine Stellung, kein Graben bleibt unbesetzt
Überall sind ihre Spähtrupps aufgestellt, einen stehenden Phallus
Wittert sie schon, wenn er noch Kilometer entfernt ist ...
Im Sturzflug, mit gespreizten Beinen unter dem wallenden Kleid, greift
Sie ihre Opfer an, stürzt sich auf die Leckerbissen und ist im Nu wieder fort ...
Ihre Legionen marschieren unermüdlich weiter durch alle Ringe des sich
Ständig weitenden Kreises, sie beschwört die Mächte des Himmels,
Weht durch den Wind, rennt nackt durch den Wald, umarmt eine steil
Aufragende Granitnadel, wirft sich auf den Rücken eines riesigen
Fels-Elefanten, um die unbändige Sehnsucht aus dem Körper zu schütteln,
Um die glühende Haut zu kühlen, badet wie eine Himmelskönigin im Licht
Und leckt mit durstiger Zunge, die Augen lustvoll geschlossen, die quarzigen
Adern, ihre Brüste werden länger und und ritzen Muster in die Quader
Der Druck des Gebirges, die Kälte der ungeheuren Masse
Der feuchte Schatten der Wälder, das braune Fell der Bergrücken
Damita tropft durch die Luft, klebt an den Steinen, schluckt den feurigen Saft,
Bis sie schwer wird, transparent und glänzend, und in den Boden sickert
Am Himmel hauchzarte glasige Narben ...

Evolutionsblitz

Weiße Fassaden mit dem Glanz von dritten Zähnen
Kinder still wie die Körperhälften eines Hybridschweins
Die Geister des Marktes, die Metaphysik der Ware, die Abschaffung der Zukunft
Bürokratische Herrschaftsstrukturen, Verordentlichung, Kontrollwut
Optimierte Lebensläufe, Automatenmenschen, Maschinenwesen
Die traumlose Moderne, der trostlose Trost des Alltags, soziales Artensterben
Die hochglänzende Scheinwelt der Werbung, der industrielle Bilderteppich
Glück aus dem Versandhandel, der Schwarzwald verkohlt zur Kirschtorte
Klimagekühlter Urlaub in Antalya, Kreuzzüge mit Frühbucherrabatt,
Massenmenschhaltung mit verbautem Seeblick im Apartmentkomplex,
Die träge Masse westlicher Wohlstandstrampel, ausgediente Häuptlinge
In der Badehose ihres Enkels, Eheweiber, deren String-Tangas unter roten
Fleischbergen begraben sind, hyperventilierende Senioren, die sich am Bufett
Des All-Inclusive-Resorts die Teller vollschaufeln, bis die Hüftprothesen bersten
Wiener Schnitzel, Augenpest, Seelencholera, ein touristischer Hades ...
Eine gelbe Strähne im Haar, ein rotes Lächeln, ein blauer Kuss
Michel Bouquet, der es auch als alternder Softie nicht lassen kann,
Die Frustrationen einer flauen Fassadenehe mit diversen Daueraffären zu
Kompensieren, betrachtet hingerissen einen winzigen durchscheinenden Fuß
Bérénice Marlohe, eine schwerelose Erscheinung, die keine Akrobatik scheut,
Nimmt ihr schaumgefülltes Glas, bückt sich und gibt ihr Innerstes preis
Himmlischen Kaskaden, kosmisches Feuerwerk, das Licht des Ursprungs,
Das Magma der Urgeschichte, der Herzschlag der Schöpfung
Wie die Finger einer Hand tasten erste Sonnenstrahlen durch die Landschaft,
Verwandeln braunes Wasser in blaue und grüne Spiegel, verlieren sich im
Struppigen Gesträuch der Dornbuschsavanne, erhellen die Irrwege im dichten
Unterholz uralter Ebenholzwälder und wo unlängst nur verdorrtes Gras,
Dornige Sträucher und staubiges Buschgeäst in ausgetrockneten Gräben
Zu sehen war, bilden sich nun Pfützen, kleine Seen, Bäche, Flüsse ...
Marlohe und Bouquet durchschreiten die Existenz,
Beißen sich, wie das Feuer beißt, und brennen Tag und Nacht
Zwei Wesen im Zwischenreich, zwei Schatten im Kreislauf ewiger Kräfte
Ein doppelter Organismus mit demselben Stoffwechsel
Zwillinge, die im selben Fruchtwasser schwimmen,
In einem traumhaft schönen Uterus, der keinen Ausgang hat ...

Gelée Royale

Der Himmel hängt schlaff zwischen den Bäumen
Irgendwer schüttet Sonne aus dem Fenster, die Mädchen werden schön
Bikinis flattern von den Balkonen, die Polizei gibt Tipps zur Triebabfuhr
Mystische Schmetterlinge, libanesische Süße, Mondstaub weich wie Schnee
Cannabisqualm, zugeklebte Schläfenlappen, bedröhnte Entspanntheit
Dicht unter der Hirnschale fliegt ein Elefant auf einer Sonnenblume vorbei
 Jacques Dutronc, ein Großinquisitor des Wahnsinns, ein Moses
Des psychedelischen Zeitalters, hockt in seiner Matratzengruft
Und putzt bedächtig mit der Haarnadel seine Pfeife
Odette Joyeux, ein verblühtes Blumenmädchen mit blauer Perücke,
Dreht Pirouetten wie ein Brummkreisel und schmeißt mit Kugelschreibern
Dutronc hört das Wogen ihrer Brüste, wirft ihr einen kleinen runden
Mandelkeks in den offenen Mund, evakuiert behutsam die Spinnentiere,
Die ihren Busen bevölkern, knüpft ihr bunte Fäden ins Schamhaar,
Faltet ihr eine Krone aus feuerrotem Glanzpapier,
Wickelt sie in einen prunkvollen Federmantel, bindet ihr eine Nelke
Ins Haar und übergießt sein Kunstwerk mit lauwarmem Zuckerwasser
Sie lassen sich auf dem Lastwagen im Hinterhof von der Sonne röten,
Küssen die Farben in die Welt zurück, malen Herzen in blanke Fratzen,
Wandeln durch verzauberte Gärten mit Feigen- und Orangenbäumen,
Über deren Stämme smaragdgrüne Eidechsen huschen,
Graben ihre Nasen in feuchte Erde, tanzen mit den Regenwürmern,
Malen Regenbögen in den Himmel, trinken das Abendrot,
Paaren sich mit dem Ozean und schwimmen mit den Schlangen davon …
Joyeux schluckt Pillen aus seinem Hals, schleckt Koks aus seiner Nase,
Verstreicht ihr Blut über den Spiegel und malt ihm eine Lilie auf die Brust
Sie wühlen in ihren Körpern, winden und verwringen sich,
Prügeln sich mit Gürteln, tauchen die Hände in ihr Blut,
Besuchen ihre Geburt, besuchen ihre Stammzelle,
Bis sie klein genug sind, um wiedergeboren zu werden,
Trennen sich küssend, trennen sich schreiend, trennen sich gähnend,
Und besuchen mit zitternden Beinen und blutenden Mundwinkeln
Ihren Tod, bis sie zu lange bleiben …
Die Erde empfängt die winzige Last …
Zurück bleiben die Spatzen auf den Dächern …

Flugapparat

Die Sonne krallt sich mit beiden Händen in der Erde fest
Kubistische Mansarden, undurchlässige Membranen, betonmatte Augen
Alltagsmonster, unentrinnbare Zeitgenossen, bizarr gestylte Modehunde
Liberale Heroen, anarchische Hedonisten, katholische Tragiker
Protestantische Zuchtmeister, rechtspopulistische Clowns, soziale Trance
Krähengesichtige Kinder schießen Frösche mit Raketen in die Luft
Schwere Limousinen, elektrische Blitze, ein brennender Ball ...
Die Seifenfabrik verpestet die Luft mit dem Gestank von ranzigem Fett
Eine surreale Sofalandschaft, Porzellantierchen, Pferdeposter,
Barbie-Puppen, die mit blinden Augen an die Zimmerdecke starren,
Unsortierte Erinnerungsschleifen, die immer wieder zu zerfallen drohen
Eine durchsichtige Larve mit komplizierten Innenleben
Schiebt sich unbemerkt auf den Nachttisch und verschwindet darunter ...
Aurore Clément, die im Blumenladen arbeitet und sich dort gern an
Rosendornen sticht, weil sie sich dann so lebendig fühlt,
Bewegt sich in Zeitlupe durch einen apokalyptischen Traum
Der Teppich, über den sie schreitet, ist sumpftief und lebendig
Mit ihren Stöckelschuhen zieht sie Erde und Wurzelgeflecht aus dem Boden
Unter der auftoupierten Haartolle wächst ihr ein kindskopfgroßer Tumor
Voll schuppender und nässender, einen gelben Saft absondernder Blasen
Mit rudernden Bewegungen drängt ein glasiges Wesen daraus hervor,
Ein Wurm mit Antennen, drachenartigen Stacheln, schwarzen Punktaugen
Vollends ausgeschlüpft klettert die schlauchförmige Kreatur
Auf die verschwitzte Stirn, trinkt ihre Tränen, küsst ihre Lippen,
Pumpt Luft, presst Blut in runzelige Säcke und faltet,
Die Befreiung aus dem Gefängnis des früheren Lebens feiernd,
Flügel mit elektrischblauen Schuppen und gelben Augenflecken auf
Mit gallegrünen Augen verfolgt Clément den Flügelschlag des Falters,
Bis ihre klebrige Zunge plötzlich zuschnappt, den geringelten Körper
Umwickelt und zerdrückt und ihn in den lippenstiftbemalten Mund zieht,
Der ihn sogleich gierig zerkaut ...
Noch lange kleben die trockenen Flügel in ihren Mundwinkeln,
Bis auch sie den Weg in den Hals finden ...
Ihre Augen füllen sich mit wässriger Tusche ...

Elfenbeinturm

Optimierte Körper, aseptische Gesichter, Mittagsentsetzen
Herzflimmern, Hirnflackern, verwinkelte Hinterhofträume, Zeitangst
Draußen krallt sich die Hitze in die Rücken der Hunde
Ein Pickeljunge erkundet die erotischen Möglichkeiten seines Fahrrads
Eine Drossel zerrt einen Regenwurm aus dem gepflegten Vorstadtrasen
Liebe wie Zündhölzer, verklebte Worte, gegenseitige Blutvergiftung
Durch zwei Dachluken fällt gleissendes Sonnenlicht ein
Die Kaffeetasse zittert, der Kartoffelbrei blüht, die Körpertemperatur sinkt
Auf dem Fensterbrett verblassen die Namen der Liebhaber ...
Im Zimmer ist schon Mittag, unabwendbar und starr, ein Auge ...
Charlie, der Kanarienvogel, dümpelt in seiner Vogelbadewanne
Irgendwer repariert das Leck im Gedärm der Toilette ...
Julie Delpy, Moderatorin eines Fernsehmagazins, die wöchentlich mit
Einem anderen für eine Samenspende ins Hotelbett steigt,
Liegt erstarrt in einer elfenbeinfarbenen Ewigkeit unter der Decke
Ihr Haar verteilt sich wie Spinngewebe auf dem Kissen
Zitternd wie ein Insekt eingesperrt zwischen den Federn und
Zahnrädern eines Uhrwerks bewegt sie den Migränekopf
Der Tag liegt stumm, bleischwer, bewegungslos auf der Lauer
Nie erlebt sie die Morgendämmerung, sie ist ewige Dunkelheit
Empfindsam wie der Mond zwischen gewitterschweren Wolken
Sie liebt den Dezember, wenn sie nur wenige Stunden aushalten muss,
Bis das triviale Zwielicht des Tages in die Nacht stürzt ...
Draußen brennt die Sonne aus tausend Spiegeln
Mit einem blauen Lippenstift malt sie sich ihren Namen ins Gesicht,
Der seiner Endlichkeit entgegenrast, der sich selbst verschlingt ...
Mit einem Seidenstrumpf vermummt starrt sie in den Himmel,
Auf der Schulter ein riesiger Schmetterling mit einem samtigen Körper,
Mit Flügeln, die das Zimmer mit einem elektrischen Blau tapezieren
Delpy reibt sich eine Fingerspitze Kokain in die Augenwinkel
Ein langer Faden hängt an ihren Lippen
Sie hustet und betrachtet den Schleim,
Der langsam durch das Abflussloch gleitet
Und wie eine Schnecke eine schimmernde klebrige Spur hinterlässt ...
„Souvenir d'amour"

Hotel La Belle Ginette

Die aufgetrennten Nähte der Lebensoberfläche
Die trüben Tiefen der Zivilisation, das Minenfeld der bürgerlichen Moderne,
Das raue Unterfutter des Augenblicks, endzeitliche Horizonte, Zivilisationstrümmer
Hirn und Hardware, digitale Metamorphose, Internet für die Hosentasche
Scheppernde Kühlschränke, Pelze, Pomaden und Perücken
Sofaterrasse, ein zahngelber Buddha, Teegesellschaftengeschwätz
Stierhodenpastete, Spinneneier, Skorpion-Lollies, Schoko-Mehlwürmer
Drinks werden mit kleinen Regenschirmen serviert ...
Beheizte Klobrille, Fußpilz, Keramik-Krokodile, Nippes-Nilpferde
Der verflossene Liebhaber hängt ausgestopft im Kleiderschrank ...
Jean-Pierre Aumont, ein fromm gescheitelter Pullunderträger,
Der in der französischen Provinz Einbauküchen verkauft, raucht nicht,
Sondern schnappt nach dem Rauch wie ein Erstickender nach Luft
Die Nasszelle ist ein Gewächshaus, ein modriges Mausoleum Föhn,
Waschlappen und Bürsten hängen an Drahtseilen von der Decke
Aumont fährt mit den Fingerspitzen über die lackrot gekachelte Wand,
Auf die ungelenk Geschlechtsorgane und Vereinigungsszenen gemalt sind
Das Klo steht frei im Raum und gibt den Blick auf wuselndes Larvenleben frei
In dichten Netzen lauern reglos und fett Spinnentiere aller Art
Mit buchhalterischer Akribie hängt er Unterhose und Socken über den Stuhl
Ginette Leclerc, tyrannische Chefin eines Pariser Modemagazins, ist kalt
Wie eine Tiefkühltruhe, ein Lollipop-Monster fett wie eine Umkleidekabine
Ihre Brüste quellen wie überkochende Milch aus dem Morgenmantel
Ein Kuss feucht wie frischer Vogelkot stülpt sich über sein Gesicht
Leclerc's Speichel entlädt sich in unendlichen Schüben und ertränkt ihn
Über ihm hängt ausgeleiert ihr Hintern, ihr rosa Schließmuskel
Aumon fürchtet, die Luft ihrer Eingeweide atmen zu müssen
Wie ein abgrundtiefer Tümpel öffnet sich ihr Schoß
Ein paar Stöße im Schraubstock ihrer orgiastisch zuckenden Hüften,
Ein Stochern in ihrem Leib, dann hisst der Saft die weiße Fahne ...
Sie hält die Hand auf, er bleibt, am ganzen Körper von ihrer Bräunungscreme
Beschmiert, noch sitzen und beobachtet die Figuren, die die Kerzen an die
Wände tanzen, zerfetzt einen Zehneuroschein in Teile von je zehn Cent,
Lässt das Konfetti aus dem Fenster rieseln,
Packt seine Hoden in die Tasche und geht ...

Prosecco

Gelb, stumpf und reglos liegt das Wasser in der Bucht
Die Raubtiere dieser Welt kreuzen auf ihren Jachten heran
Mumienschlepper entladen ihre monströse Fracht Fleisch
Gigantische Hoteltürme, Beach-Clubs, Großraumdiskotheken
Wellness-Strände, Nebelduschen, Hundertschaften von Strohsonnenschirmen
Körperhöhlenwolle, Tangas in Nationalfarben, Barbaren mit Taucherschnorchel
Der mitteleuropäische Strandfleischberg, ab und zu bewegt sich ein Finger
Tretboot-Piraten, Strandpingpong, Liegestuhlkrieger, Handtuchmonster,
Frühzeitliche Jäger, die geduckt und zielstrebig durch die Hotelanlage pirschen
Häute aufgespannt wie Zelte, Gelegenheitsnackte mit verbrannten Hintern,
Sonnenmilchverschmierte Faltengebirge, mampfende Seekühe, schorfige Enten
Metrosexuelle Bademeister, aufblasbare Elefanten, Sandwiches, Schafskäse
Ein sonnenverbrannter Penis auf einem Teller Paella, pralle Luftmatratzen,
Fruchtsaft in Dosen, eine schnelle Nummer hinter dem Badehaus ...
Trompeter, Kartenabreißer, Eisverkäufer, geschältes Obst in Plastiktüten
Muschelsucher und Souvenirkäufer, Torpedos und Placebos
Ein wandelnder Bauchladen verkauft Nippes „You want Rolex?"
Teutonische Zuchtmeister in Schaumgummi-Sandalen und Hawaii-Hemd,
Die auf Gaskochern Schnitzel braten und sich das Fett in die Haare reiben
Fischgesichtige Kinder, die Sandburgen mit hinterhältigen Kanälen bauen
Hummerfarbene Engländer, dänische Dauertelefonierer, belgische Botoxfratzen
Zwischen Sonnenhut und Sandspielzeug schnappt ein sterbender Wal nach Luft
Durch den bläulichen Fleischberg geht ein Zittern, er ist an Land gekommen,
Um, was er vom Meer aus gesehen hat, zu verstehen, begreift es aber nicht ...
Wütend schlägt er mit seiner Schwanzflosse um sich und erwischt drei Mädchen
Michèle Mercier, die gern sanft hypochondrisch in Arztwartezimmern sitzt,
Füttert eine Eidechse mit Brotkrümeln, spreizt die Beine und lässt sich von
Der Sonne bescheinen, Wellen mit bräunlich schimmernden Lippen treffen ein
Paar Meter vor ihr gierig auf den Sand, die Kerle schnüffeln wie Hunde an ihr
Man guckt sie weg, mit jedem Atemzug wird sie weniger
Mutmachender Wein wird ihr eingeflößt ...
Kühler Wind schwebt vorbei, probiert mehrere Richtungen,
Bleibt stehen und weiß nicht weiter ...
Der Himmel trägt die Farbe des Wals

Außenweltskeptiker

Das amorphe Rauschen der Dinge, das vereinzelte Ego
Der Strom der Gedanken, das Summen der Sinneseindrücke,
Die Poren der Epidermis, die dünne Membran zwischen innen und außen
Serge Avedikian, ein innerer Emigrant, der dauerrauchend in der Depression
Versinkt, leidet am Darwinismus der neoliberalen Gesellschaft
Wie an den Ekzemen, die ihm den andauernden Juckreiz bescheren
Die Stadt stülpt sich wie eine monströse Knospe aus dem Erdboden
Niedergenagte Industrieanlagen, abgasgebräunte Häuser, Alltagslärm
Klaustrophobische Glashallen, abstrakte Raumklumpen, Terrorakte, Toilettensex
Die Grausamkeit der Gleichgültigkeit, die Einsamkeit der Haut
Die Symphonie der Selbstgespräche, die wetterleuchtenden Endzeitgefühle
Unter einem flachen Stein das Gewusel der Ameisenheere,
Die ihre gelben Eier ins feuchte Innere der Erde schleppen ...
Die geheimen Tunnel zwischen den Gebäuden des Verstandes,
Die verschlungenen Kanäle des Denkens, die Knäuel bunter Kabel,
Das stinkende Abwasser, die giftigen Ausscheidungen des Gehirns
Traum- und Wachzustände, somnambule Verlorenheit, Lethargie
Lodernde Flucht ins Irreale, Reise ins innere Ausland
Sattgrüne Tiefebenen, tintenblaue Hügel, kaum erkaltete Lava
Verdampfte Meere, deren Muschelbänke und Korallenriffe in einem Weltalter
Jenseits der Menschenzeit von einer katastrophalen tektonischen Gewalt
Emporgehoben und den Wolken entgegengestemmt worden sind
Schlammfelder und Tonwüsten, Mangrovenwälder voll Kletterpflanzen,
Glattgeschliffene Kuppen, die wie Quallen über den Wolken schweben,
Die sich allmählich mit knorrig wachsenden Bäumen behaaren
Vergessene Völker, niedrige Kuhfladenhütten, Rinder, Ziegen, Fliegen
Archaische Eingeborene, die ihm den Penis in den Bauch schieben,
Die ihm getrocknetes Baumharz in die Nase blasen, bis er halluziniert ...
Hinter ihm das Gewirr kreuz und quer verlaufender Pfade
Neue Straßen, noch ein Regenbogen, noch ein Wolkenbruch
Noch mehr Schmutz unter den Füßen, noch mehr Staub in den Augen
Sterben möchte er unter dröhnenden Domglocken,
Wenn die schwankenden Straßenbahnen anhalten
Und Wirbelstürme die Barhocker hinwegfegen ...

Ikarus

Verkehrsunfälle im Sonnensystem, kosmisches Granatfeuer, Trümmerschwärme
Die Welten vergehen von Finsternis zu Finsternis, eine nach der anderen ...
Das Überflüssige im Erlebten, das Existenzielle im Versäumten,
Dunkle und helle Splitter, in denen das Vergangene zu Kristall erstarrt,
Hieroglyphen, die im düsteren Ozean der Zeit versinken ...
Louis Jouvet, der in der Gegenwart nur wie im Exil lebt,
Hört das Rauschen des Universums, das Glimmen der himmlischen Kämpfe,
Das Knirschen der Knochen, das Schwirren der Schädeldecke,
Irrt durch das Labyrinth zwischen dem Sichtbaren und dem Unsichtbaren,
Zwischen blühendem Wahnsinn und bleierner Wirklichkeit,
Stolpert hinaus in die Welt, fliegt nach Buenos Aires, um dort aufs Klo zu gehen,
Baut sich ein mehrstöckiges Baumhaus im norwegischen Nichts, richtet sich
Ein Museum ein, für sich selbst, für die Reliquien aus seinem Leben,
In Madrid kauft er sich eine Wohnung, die er zwei Jahre lang nicht verlässt,
In Berlin wird er drogensüchtig, verschwindet in seinen Abgründen und
Torkelt sanft sediert, bei jedem Schritt mit den Füßen im Nichts versinkend,
Durch Stadtparks, Industriebrachen und verlassene Bahnhöfe
Wolken splittern an Baumkronen und zerrinnen zu Schaum
Abgeschabte Finger, das Grinsen trockener Schädel, schwarze Zukunft
Ein Christ, der sich mit Riemen und Schnüren geißelt,
Lallt vom jüngsten Gericht, von Auferstehung und Erlösung
Wundes Land, braunbeschleimte Scholle, Existenz ohne Essenz
Verkrüppelte Birken, verwitterte Kilometersteine, Kaninchenlöcher
Dornige Pflanzen wachsen wie Säulen in die Höhe
Der Himmel überzieht sich mit einem dunkleren Blau
Nichts, woran sich sein Geist klammern könnte ...
Eine grimmige Lichtung, pechschwarze Wiesen, eine zertrümmerte Brücke
Baumfarne und Schachtelhalme schäumen auf
Jouvet steht vor einer tiefen Schlucht, kühle Nebel steigen auf ...
Schwindelnd greift er ins Leere
Sprung ohne Flügel
Sprung in die Nichtigkeit
Sprung in ein nicht gelebtes Leben
Sprung in die Leere
Die einzige Wirklichkeit, die tragen kann ...

Hirnfeld

Zur Ellipse verzerrt sinkt die Sonne in die Dunstbarriere über dem Horizont
Bäume schießen wie Pilze aus dem Boden, Kirchtürme tanzen ...
Umbrabraun, Indischorange, Neapelgelb, Kadmiumgrün, Kobaltblau
Eine giftgrüne Tür, ein Mädchen mit rotem Kleid, ein blauer Hund
Der Stromkreis des Universums, die wütenden Energien des Kosmos
Schäumende Farbkämpfe, Sonnenspritzer, Rostsplitter, Fieberrausch
Jean Marais, ein düster umwölkter Zyniker, ein verrückter Monomane,
Malt mit einem Gewitter von Pinselhieben die unerlöste tragische Welt
Auf seinem Hals glänzt ein seidiger Fliegenkopf, ein Klumpen aus Wimpern,
Lidern, Tränensäcken und Augäpfeln, auf denen eine Kraft wirkt,
Die alle Bilder aus dem Äther zu ihnen herabzieht
Milliarden von Galaxien umgeben seinen Schädel wie eine Aura
Beschleunigung, Verdichtung, Entfesselung, alles strömt, fließt, reißt
Verzweifelt greift er mit seinen Nägeln ins sehende Fleisch
Marais spürt die Eiterbläschen auf der Haut der Welt,
Die Erde, wie sie denkt, wie sie träumt, wie sie verdaut
Er will die kalte Sekunde, den letzten Atem festhalten,
Wenn Himmel und Hölle sich gemeinsam entladen, die stürzenden Farbstürme,
Den Augenrausch, das Fest, wenn Gestalt und Figur zum Farbton schrumpfen,
Die Erschütterung, die Ekstase, die eitrigen Farben der Apokalypse,
Den Feuersturm, der den Himmel erglühen lässt, die Blitze,
Die einstürzenden Häuserfassaden, Türme und Zinnen,
Die brennenden Dörfer, die brüllenden Kühe, die leichenblassen Leiber,
Die Galgenbäume, an denen die Hingerichteten wie Fledermäuse hängen,
Das Schlachtenpanorama, die schwarze Verwesung,
Das wütende Meer, die entflohenen Inseln und Eisberge
Marais ohrfeigt die glühende Leinwand, steckt den Himmel in Brand,
Zündet die Gebirge an, trocknet Seen und Flüsse, verbrennt die Sahara
Das Bild verdunkelt sich und füllt sich mit Schatten ...
Mit allen Augen betrachtet er eine goldgelockte nackte Frau beim Baden
Nur noch für sie hat er Augen, keinen Blick für ihre Wächter
Amüsiert beobachtet sie seinen letzten Kampf gegen ihre Hunde,
Die seine Beine zerreißen, seinen Bauch, sein Geschlecht
Nun ist sie, bekleidet mit seinem Blut wie mit einem Mantel, nicht mehr nackt
Die Farben geben ihren Widerstand auf ...
Die Farbe Weiß fließt ins Weiße ...

Fremdkörper

Regengetränkte Täler, verlassene Moore, arthritisch verkrümmte Birken
Die Erde schwimmt wie eine flache Scheibe auf dem Wasser
Schwarz schillernde Vulkankrater, Granitbrocken ohne Ursprung
Pferde, die feuerrot und reiterlos über die Ebene rasen
Der dünne Rauch verlorener Dörfer, backsteinernes Gemorsch,
Krumme Ziegeldächer, eingesunkene Gräberhügel, verwickelte Alpträume
Auf beiden Seiten des Flussbetts wächst eine Wüste von blauen Wasserlilien
Aus der Unterwelt, deren Staubblätter wie Zungen heraushängen
Baumriesen wiegen sich mit krachendem Ton von einer Seite zur anderen
Die Wolken fliehen in die Ferne, bis sie hinter dem Horizont abstürzen
Regen fällt, fallend ist er Wasser, gefallen ist er Blut ...
Der Mond steigt auf, karmesinrot, zu groß, zu verrunzelt ....
Nebel mit dünnen Gelenken stolpern über den Fluss
Aus dem Wasser erheben sich steinige Bergschultern, reglos, finster
Auf dem Felsen Jean-Claude Brialy, ergraut, gebeugt, mit einer von den
Jahren weichgespülten Silhouette, das Ich ausgehebelt, verstummt,
Im Nichts versunken, tief verirrt im existenziellen Niemandsland,
Allein auf der Welt wie das verwitterte Gestein ...
Weißes Haar kräuselt sich auf der eingefallenen Brust
Über Hals und Arme mäandern grüne Adern wie der Fluss
Auf der rechten Schulter mit roter Tinte gestochen ein Sternenregen
Brialy wirft einen Blick hinab in die Tiefen der Schöpfung,
Blickt hinab in unruhiges Buschwerk, blickt hinauf in die Baumpilze
Unbewusstes und Bewusstes schieben sich übereinander,
Bewegungen von tektonischer Wucht, Schüttelfrost, Fiebervisionen
Ein furchtbarer Sturm, aufbrechende Wut sammelt sich im Himmel,
Zerfetzt unsichtbare Segel und schlägt den Fluss zu Schaum
Die Schatten, die Geister der tiefen Ebene, ertrinken
Die Wasserlilien schreien in ihren Wurzelbetten, der Wald zerbricht
Schlammlawinen und Geröllbrocken stürzen sich in schwarzes Nichts
Der Felsen tanzt in seinem Erdreich, die Luft vibriert
Ein silberner Blitz springt vom Himmel, Brialy wirft die Brust nach vorn,
Atmet scharf ein und saugt ihn in sein Herz ...
Die Götter streichen den Himmel wieder glatt und verschwinden

Regenhaut

Ein Schwertransporter setzt auf dem Bahnübergang auf und wird von
Einem Regionalzug gerammt, zwei Tote, mehrere Schwerverletzte
Jean-Pierre Bouyxou, der seit Jahren im Umkleideraum einer
Turnhalle wohnt, hört, ganz und gar in sein Trommelfell eingewickelt,
Eine zarte Stimme, die in seine Träume hinabklingt, die sich wie Watte
Über die kantige Welt legt, die alle Gesetze des Irdischen außer Kraft setzt,
Eine Musik, deren Sanftheit Wunden in die Haut der Seele ritzt,
Eine kleine Melancholie, die an längst vergangene Geborgenheit erinnert,
Bis der Paukenschlag der Verzweiflung die dünne Membran durchschlug ...
Gezogen von einem Sog großer geheimnisvoller Gefühle schleift er
Sylvie Testud, eine laszive Amazone mit leuchtend erdbeerblonder Mähne,
Die ihn grußlos und mit kussverschmiertem Mund verließ, auf einen Acker,
Verdreht ihr die Arme hinter dem Rücken und zwingt sie in Fesseln
Mit einer Zange packt er die Spitze ihrer Zunge, die sich sträubt,
Und schneidet sie ab mit dem kalten Stahl seines Messers
Zitternd murmelt sie letzte Worte in die blutgeschwärzte Erde ...
Am Himmel hängt Regen, bereit, sich herabzustürzen ...
Gestützt auf einer Astgabel, strauchelnd im Geröll,
Weder einen aufgeschlagenen Knöchel noch eine zum
Zerreißen gespannte Sehne spürend, flüchtet er in die Berge
Lavadome, Felsspalten mit zischenden Fumarolen, Pilze und Bögen aus Tuff
Ein anderer Planet von Eruptionen geformt, von Regen und Wind geschmirgelt,
Ein archaisches Land, mit dem die Schöpfung immer noch nicht fertig ist ...
Bouyxou stolpert in den Schatten einer drohend aufragenden Felswand,
Die sich aus der Tiefe der Erde den Sternen entgegengestemmt,
Die nach oben hin ununterscheidbar wird vom Schwarzblau des Himmels
Der gelbe Dampf einer verlassenen Schwefelmine wird seine letzte Zuflucht
Eine unterirdische Wabe, Schwefeleinsprengsel schimmern,
Gasblasen blubbern, depigmentierte Fledermäuse huschen vorbei ...
Ein Krampf schüttelt ihn und reißt ihm den Mund auf
Erschöpft liegt er in seinem Kot in der Gebärmutterhöhle des Berges,
Aus der vor Millionen Jahren die Menschheit entsprungen war ...
Sein Haar verwächst mit Moosen und Farnen,
Die Nägel werden zu Schiefer, die Augen zu Kalk
Vor der Masse des Gebirges hat nichts Bestand,
Was nicht selbst Fels ist ...

Magnetfeld

Das Krachen und Seufzen der Berge, die bröckelige Haut der Erde
Geröllhalden, die die Spuren des ursprünglichen Chaos in sich tragen,
Ein unbezwingbarer Gipfel, schweigende Wälder, windgesträubte Kiefern,
Windverklebtes Holz, eine Landschaft, die das Gewitter kommen spürt
Illusionen von Weite und Ferne, von Diesseits und Jenseits
Fragmentiert wirkende Gestalten, flächige Farbfelder, surreale Szenarien
Die Sonne blinzelt durch die Baumwipfel und färbt die Wolken orange
Suzanne Bianchetti, vakuumverpackt wie küchenfertiges Wildfleisch,
Sitzt auf der anderen Seite des Feuers, auf der anderen Seite der Welt
Schnaken umschwirren die Flammen, gläserne Flügel brechen in der Hitze
Giftiges Licht, nebelhafte Stille, Farbiges wird fahl, Zartes zäh
Patrick Dewaere, ein Legionär des Augenblicks auf der Suche nach einem
Berauschenden Moment, nach einem Augenblick der wahren Empfindung, sucht
Mit dem ewig hungrigen Blick des Kannibalen ihre Augen, findet Schatten und
Entfesselt einen Waldbrand, um das verschlossene Gesicht sehen zu können
Alles in ihm ist Zärtlichkeit und will hinaus zu ihr, und alles zerrinnt,
Bis es bei ihr ankommt, wie Sand zwischen den Fingern
Bianchetti bleibt im Ozean der Grautöne, in der Selbstverbergung
Das Sperma der Träume, die Tentakel des Fiebers,
Die Adrenalin pumpende Niere, Sinnentaumel, Blutrausch
Von Zornschüben erschüttert greift er nach seiner Waffe
Der Schuss schlägt ihm den Arm hoch, Tannennadeln, in Funken verwandelt,
Stieben zu Hunderten in die Höhe, ein Hund schnellt auf und hetzt davon
Das Krachen reißt am Trommelfell, reißt ihn aus der Erstarrung
Die ausgeworfenen Patronen klingeln über die Steine davon
Er sieht ihren aufgerissenen Mund, die sprachlose Verwunderung,
Ihr Gesicht, das blass wird und zu erlöschen droht
Er will es nicht ins Dunkel fortlassen und drückt zum zweiten Mal ab
Der Schädel platzt wie ein Hühnerei
Aus der Ebene erheben sich erdige Engel
Etwas zerspringt in ihm und zerfließt
Alles Wasser rinnt aus ihm heraus und verdampft
Dann verschwindet er hinter all dem Nass
Die Wälder treiben fort mit den Wassern
Die Hügel steigen fort ins Weiße ...

Helium

Flimmernde Leere, sandiges Schreien, verdorrte Gefühle
Die Sonne ist ein wild gewordener Stern in der Unendlichkeit des Raums
An der Haut springt etwas auf und zerplatzt ...
Die Wüste streut Sand auf Wunden, die tiefer sind als das Gedächtnis
Die Stille ist ein Geräusch außerhalb des Ohres, außerhalb des Bewusstseins
Das Schweigen des Sandmeeres, der stumme Widerstand der Weite
Die unaufhörlich wachsenden, in die Handflächen eindringenden Nägel
Die blutunterlaufenen Blasen, die Zähne, die sich wild in der Zunge verbeißen
Die unter einer sanfteren Sonne zu erwartenden Tränen bleiben hier aus ...
Der nackte Kontinent, schroffe Felswände, drohende Steinkolosse,
Seit abertausenden Jahren von den Winden der Wüste zersägt und zersandet
Kadaver libyscher Panzer, Kamelknochen, Kalaschnikow-Magazine
Vereinzelt Kakteen, kubistische Skulpturen reglos wie Architektur
Zeitdehnung, Zeitraffung, das Denken im Dauerkrampf
Entgrenzung, die an den Rand des Menschseins führt ...
Kosmisches Gas, aggressive Lichtflut, explodierender Schweiß
Das Säurebad der mit ungeheurer Wucht hochsteigenden Hysterie ...
Charles Nicolas Favart, ein fanatischer Messias des reinen Glaubens,
Der sich vor Jahren für Gottes rettende Liebe öffnete,
Indem er sich mit einem Bohrer die Schädeldecke öffnete,
Beginnt, eine Flasche kühl perlendes Bier zu fantasieren ...
Ein riesiger flirrender Salzsee weißer als Schnee, gefrorene Milch
Regen, der aus schwarzquellenden Wolken herunterstürzt, der sich in Luft
Auflöst und nie die Erde erreicht, die Hoffnung kauert erblindet im Licht ...
Ein Baum am Horizont lockt mit Schatten und silberweißen Früchten
Halluzinationen, Schmerzfreiheit, Herzstillstand, Denkstop, Aus
Vor dem All hängt ein durchsichtiger Schleier, das Tageslicht wird dünner
Die Sonne bläht sich rot auf und verschwindet in einem Heliumblitz
In der gleichen Farbe wie der Sand erscheint übergroß der Mond
Gott kriecht auf allen Vieren über das Dach der Welt,
Um Spinnen mit einer Fackel zu verschmoren
Unter dem Jubel seiner Engel taucht er einen Finger ins Sekret,
Das aus den Bäuchen der Tiere hervorkocht
Und malt sich magische Zeichen auf Wangen und Stirn ...

Homo occupatus

Schnellimbiss-Imperialismus, Betonschnäuzigkeit, smogverstärktes Rot
Bahnen und Busse spucken ihre Passagiere im Minutentakt aus
Maskenmenschen, Automatenkörper, gelber Dampf, unterkühltes Dasein
Nadelstreifen-Rassisten, Rosahemdträger, eine Studentin im Flohmarktmantel
Das Räderwerk der Verdrängung, die Eiswüste der Gleichgültigkeit
Analreflexe, Augenringe, Lippenfransen, Tränenklumpen
Die persönliche Staubwolke, der penibel geführte Schmerzkatalog
Der schwitzende, dampfende, menschliche Ameisenhaufen
Die Gestrafften, die Erschlafften, die Tanzenden, die Strauchelnden
Die sinnlos Vereinzelten, die nicht wissen, was sie trennt
Die Beherrschten, die Betrunkenen, die Internierten im Zivilisationskäfig
Die industrielle Glut der Großstadt, die verrottete spätkapitalistische Welt
Die Postdemokratie, das Machtspiel der Apparate, die mechanische Bürokratie
Der neoliberale Profitwahn, der alles fressende Verwertungskreislauf
Der autoritäre Populismus, die neofeudale Show, der Finanzkapitalismus,
Mit Lastwagenladungen voll Steuergeld vor sich selbst gerettet ...
Jean Renoir, Spezialist für das Überleben in erodierenden Systemen,
Lüftet das Geheimnis des Lebens und kauft sich ein halbes Hähnchen
Mit Pommes und Gurkensalat, ein hauchdünner Faden Glück ...
Manchmal schickt ihm seine Kindheit eine Ansichtskarte,
Das rattenfreche Straßenkind, das auf der Müllhalde spielte,
Das in einer verwesenden Wirklichkeit in Schutt und Tierknochen versank
Renoir blickt über die Klippen in die Tiefe auf die feuchtglänzende Ebene
Das Meer ist glatt wie Glas, stahlgraue Oberfläche, leerer Raum darüber
Sein Mantel räkelt sich wie ein haariges Tier
Unter den Schlangen des Ozeans liegt das Land seiner Seele
Durchsichtig wie eine Garnele schwimmt er in eine wässrige Ritze
Wunderkammer am Meeresgrund, lichtlose Tiefe, Muschelfelder
Lange Würmer schieben sich aus weißen Röhren empor
Abstürzende Hänge, tiefe Spalten, abgebrochene Schollen
Wie Schornsteine einer unterirdischen Fabrik ragen bizarre Schlote
Hunderte Meter hoch empor und paffen schwarzen Rauch ins Meer
Renoir schläft ein unter dem Felsvorsprung einer gewaltigen Gebirgskette
Seine Augen werden zu Stein, die Steine zu Wasser, das Wasser zu Schlamm

Ich-Simulation

Die Ameisenhaufen atmen wie narkotisierte Tumore
Hinterhöfe, die nach Kohle, Keller und Kohlsuppe riechen
Ein alter Lastenaufzug, Küchenfenster, Wäsche hängt heraus
Männer, die in Zeitlupe rauchen, die sich hinter den Mauern des Misstrauens
Verschanzt haben, die sich nicht an das Hiersein gewöhnen können,
Die sich in ihr Ich zurückziehen und das Außen als Eindringling empfinden
Georges Guibourg, ein schwarzer Embryo im Bauch der Welt, der den ganzen
Tag im Schlafsack auf dem Sofa liegt und Cola light trinkt, torkelt
Mit verbogenen Schienbeinen aus dem Schatten, aus dem er geboren wurde
Sein Blick hat ein Loch, tiefschwarze Finsternis dringt aus allen Poren
Eingekapselt unter dem tiefgefrorenen Wasser des Spiegels
Lauert taub und erstarrt eine graue Skulptur, der Köter seiner Seele
Guibourg taucht seinen Kopf tief ins Waschbecken
Immer wieder öffnet und schließt er die Augen unter Wasser,
Bis ihm die Atemnot den Blick noch mehr verdunkelt
Eine Gestalt folgt seiner Spur, seinem Geruch, seinen Gedanken
Ein doppeltes Nichts, hundeschnäuzig, katzenäugig, sprachlos, wesenlos
Ein Plagiat, ein Puppenspieler, eine dürre Gestalt in einem schlotternden Mantel
Guibourg geht schneller, hinter ihm klagende Laute und keuchender Atem
Am Bahndamm erschlägt er das flüchtige Ding mit der Schaufel
Eine Maske aus schwarzem Blut löscht das Schattengesicht aus
Erleichtert stößt er den lästigen Verfolger von der Brücke und flüchtet in
Ein verlassenes Abbruchhaus, das seinem Innern entspricht, das Dach
Eingestürzt unter dem Geschrei der Krähen, die Wände von Bäumen gesprengt
Über der Treppe hängt spinnenartig aufgehängt eine riesiges Weib
Mit großen Kieferklauen, mächtigen Brüsten und ungeheuren Schenkeln
Mit jeder Stufe steigt er weiter hinein, in wildbuschiges Schamhaar,
In die Schamlosigkeit der Schamlippen, ins Schattenreich
Ein Blitz kracht ins Dach und reißt einen Giebel weg
Guibourg stürzt die Treppe hinunter und taumelt wie in Trance über den Flur
In der offenen Haustür steht sein Schatten ...
Es gibt eine Hintertür, doch eine Flammensäule verlegt den Weg
Er entscheidet sich für die Treppe, steigt in den Dachstuhl,
Beißt in einen Deckenbalken und verraucht mit der Nacht,
Um in der Morgenkälte als schwarzer Staub zurückzukehren ...

Kühlturm

Die Muskeln, die Autos, die Brüste der Mädchen werden immer größer
Die Bügelfalte auf der Motorhaube reicht bis zum Horizont ...
Der Todestrieb der Moderne, die schwarzen Löcher der Spekulation
Neoliberalismus, Neokolonialismus, Transaktion, Fusion, Konfusion
Das Börsencasino, die geldgetriebene Verdauungsmaschine
Massenfrivolität, Triebschicksal, Gierdynamik, planetarische Apartheid
Die neoliberale Metaphysik, das Endspiel der fossilen Energie
Die Blasen platzen, die Globen rotieren, die Schäume schäumen
Stumpfe Erotiker, Schweinegrippe-Partys, Amüsierfaschismus
Bauchspeck, Bohnensuppe, Blähungen, Insekten auf der Flucht
Die gut gepolsterte Mittelschicht, ein voller Magen, Wohlstandsmöbel,
Eine treue Ehefrau, eine wilde Geliebte, drei Orgasmen pro Woche,
Friedhofsruhe, Gesundheit, später Tod und buntes Fernsehprogramm ...
Das Kind, das hyperaktive Ritalin-Depot, ist im Gemüsefach entsorgt ...
Jean Servais, Tester von Luxusschuhen, stellt der Realität den Strom ab
Und verschwindet spurlos in der kalten Unterwelt seiner Psychose
Endlose Flure in Nichtfarben, Noppenfußböden, fragmentierte Körper
In Gitterbetten, die sich mit jeder Bewegung tiefer eingraben ...
Die Zeiger in den Uhren kollidieren wie verwirrte Rückenschwimmer
Verbales Pingpong, Buntstifte, Bauklötze, der Spiegel ist abgehängt,
Das Klo verstopft, irgendein Verlierer hat zuviel Papier hineingeschmissen
„Es muss aufhören", schreit Servais und verrenkt sich auf dem Steinboden
Ins Kippfenster gleitet blond und fett die Sonne ...
Ein unerwarteter Wind aus dem Süden erinnert ihn an das Elend der Jugend,
An die Tage der Trostlosigkeit im Sommer, an das Geschlecht zwischen
Den Schenkeln, rot geädert von den Erektionen quälender Nächte ...
Ein schlanker Finger, hauchdünn behandschuht, taucht in die Stirn
Wie ein im Flug gestorbener Schmetterling schwebt Musik herab,
Der unirdische Gesang wesensverwandter Geister,
Wenn sie wie Mücken über den Regentonnen kreisen ...
Stimmen bohren sich ins Hirn, durchleuchten es mit einer Sonde
Und teilen es in dünne Schichten, zwischen denen kühle Luft zirkuliert
Die Seele, vom Blutkreislauf getrennt, reißt sich los und treibt davon
In die nicht zugängliche Abwesenheit jeglichen Seins ...

Resonanzkörper

Verwitterte Felsen, dunkle Klippen, gestrandete Wolken groß wie Wale
Das stumme Dasein von Wasser, Land und Verlorenheit
Erbarmungslose Erhabenheit, zeitlose Wahrheit, Vergangenheit
Und Gegenwart sind durch eine verschwommene Zeitmauer getrennt
Der Wind trägt Schwärme bunter Schmetterlinge hinaus auf das Meer
Erschöpft lässt sich einer auf dem anderen nieder,
Beschließend, durch ihre Unzahl den Atlantik zu ersticken …
Im Nichts die Nichtigkeit eines Malers und seine Staffelei
Louis Jourdan, dessen Mantel wie eine zerfetzte Fahne im Wind flattert,
Jagt mit dem Pinsel Wellen und Wolken hinterher …
Manchmal malt er das Meer, manchmal malt das Meer ihn
Auf der Leinwand beginnt ein blauer Tropfen zu leuchten
Ein Rechteck erscheint, die Silhouette einer Tür, ein blinder Fleck,
Ein grell verrätseltes Bild, ein Schlachtfeld der Farben, eine Orgie in Öl
Pigmente, ein scharfer Pinselstrich, jeder Riss, jeder Nagel wird sichtbar,
Tupfer, lasierte Linien, tiefe Strudel, Rotationen, Hirnwindungen
Tiefe Wahrheit offenbart sich, Schicksalsfäden, Sehnsuchtsorte
Das Paradies der Versprechungen, die Temperamente der Liebe,
Der Himmel über den Abgründen, die Knechtschaft der Depression,
Das Böse und Beklemmende des großen Welttheaters, das Exil
Von Leid und Krankheit, die niederschmetternde Wahrheit des Todes …
Eine riesige Tür, knallrot, alt, verquollen, dahinter ein endlos langer Korridor
Jourdan meint die Erdkrümmung zu erkennen, die Böden sind blau,
Feuchte Hitze, unzählige Türen, alle Türen, die jemals geöffnet wurden,
Alle Türen, die in Zukunft noch geöffnet werden würden
Die erste Tür, Muttermund, Blasensprung, Austreibung
Die letzte Tür, der röchelnde Atem der Agonie
Die knarrenden Türen zu jeder Wunde des armseligen Lebens
Die brennenden Türen zwischen den Schenkeln der Frauen
Die Türen, die Spiegel sind, die verzweifelten Türen, die Gedichte sind
Die Türen zwischen den dichtgedrängten Sternen
Die Tür, die das Universum ist, der Übergang von Nichts zu Nichts
Die Falltür ins Nichtsein, die alles, was ist, unsichtbar macht
Die Flut steigt und umspült Maler und Staffelei
Die Sonne taucht ins Meer, nichts wird wahr …

Wassermusik

Tief unten im höllischen Schlund strömt der Feierabendverkehr,
Der die Schluchten aus den Häusermassen herausgekerbt hat
Vögel mit Flugangst, spätantike Wagenrennen mit Airbag und Navi
Kleinstadtfrauen gekrümmt unter der Last riesiger Einkaufstaschen
Brathähnchen-Beauties, Boutiquen, Masken, Mascara, Massagen
Das anonyme Ich, verzweifelt durchtrainiert oder übergewichtig
Straßenkreuzer, absurde Geldgewinnungsapparate, digitale Umluft
Homo oeconomicus, ausgehärtet für die Marktgesellschaft, die keine
Mitwelten, die nur Selbstmanagement und feindliche Umwelten kennt
Ans Ufer dröhnt ohrenbetäubender Krach aus Kellern und Kneipen
Calamares gefüllt in eigener Tinte, See-Schnecken im eigenen Saft
Ein aus der Balance geratenes Kettenkarussell steht schwankend
Vor dem schwefelgrauen Himmel, Achterbahnen mit offenem Ende
Schrauben sich in die Höhe, riesige Stege greifen wie Klauen in den Atlantik
Die Brandung wirft Ölkugeln groß wie Hühnereier auf den Sand
Das Meer zeigt sich einsilbig, am Horizont pflügt eine schwimmende
Marzipantorte mit sechs reihenhausgroßen Diesel-Generatoren den Ozean
Feuchtkalte Luft dringt in die Stadt, ganze Häuserzeilen versinken im Schlick
Lucien Guitry, ein vegetativer Zellhaufen, nur flüchtig verleimt,
Entsteigt um Atem ringend der See, die Luft bricht ihm die Haut,
Millionen verhornter Hautzellen rieseln ihm wie Schneeflocken vom Leib
Unter ihm dreht sich rauchend der Erdball, überall Atem, Blut und Leben,
Das seine haarigen Tentakel wie Schlingen um seinen Hals legt
Geräuschfetzen, Motoren heulen auf, Sirenen, akustischer Abfall
Menschen schieben sich aneinander vorbei wie todestrunkene Insekten
Das Unterholz des Daseins, die steinerne Wüste, die irdische Vorhölle
Das Irgendwo zwischen Industriebrache, Autobahn und Imbiss
Nicht-Orte, surreale Labyrinthe, nicht betretbar, nur durchquerbar
Die Körper und die Maschinen, die Seelen und die Algorithmen,
Das Sein und das Nichts stöhnen auf wie das Universum,
Das sich windet, weil es an sich selbst irre wird ...
Abgeblüht und verdorrt schleicht Guitry zurück in seine Verlorenheit
Das Meer liegt da in einer Stille wie vor der Geburt
Zwischen Treibholz und Tang schreibt er seinen Namen in den Sand
Gott liegt ersoffen in seinem Blut, verdurstet im Schlamm,
Totgehämmert vom eigenen Pulsschlag ...

Schonwaschgang

Kleinbürgerlicher Mittelklasse-Mikrokosmos zwischen Zaun und Zapfhahn
Rot geziegelte Fertighausidylle, klinische Aufgeräumtheit, Bewegungsstarre
Apfelbäckchen-Kinder, Blumenkastenverordnung, Bienenstich
Garagenwände werden gemauert, Maulwurfshügel gesprengt,
Die Rasenmäher-Armada überdröhnt das schreiende Gras ...
Kostümierte Hausfrauen, Hobbyschreiner, brüllende Einsamkeit
Regenwurmexperten, Rosinenkönige, menschliche Wackeldackel
Fitness-Training für die Schildkröte, Galgen für die Tauben
Der TGV bringt die Kaffeekanne auf dem Campingtisch zum Wackeln
Vincent Cassel, der furzende Onkel, Mathematiker bei einem
Versicherungskonzern in Paris, lebt den Garten, atmet den Garten,
Betrachtet entzückt die vor seinen Augen kopulierenden Hasen,
Die perfekt getönte Goldhaarhaube und die nackten Brüste der Nachbarin,
Die mit kühner Verachtung der Schwerkraft zum Himmel aufragen ...
Françoise Hardy, eine beschürzte Matrone, die knusprige Knaben liebt,
Drückt mit schnippischem Gesicht Sauerkirschen in den Kuchenteig
Drei Kubikmeter Käsekuchen, zehn hausgemachte Konfitüren
Die Wunderwelt des Grünkohls, die Symphonie der Bohnen
Das Lächeln weißer Zähne, gepanzerte Freundlichkeit, wächserne Haut
Fasertiefe Biederkeit, katholische Zwangsjacke, geschrumpfte Kinderherzen
Aus dem Schlammbad Familie taucht man spät auf als Idiot ...
Dominique Zardi, ein Träumer unter den Anpassern, der sich manisch
Ins eigene Ich hineinbohrt, kriecht nackt über das rosa Pflaster,
Gleitet durch einen glitschigen Korridor mit braunen Narben
Und schwimmt wie ein Delfin durch gallertartiges Wasser,
Das sich zu gelb und rotbraun pulsierenden Mustern verdichtet
Surreale Bilder erscheinen, blenden und lösen sich wieder auf
Eine Ohrmuschel, ein Augenmuskel, die Schleimdrüse einer Zunge,
Ein zur Grimasse verzogenes Gesicht, das verzweifelt heult,
Eine aufgehende Sonne in langsamer Drehung,
Eine fettige Struktur, eine blutdurchströmte Eidotterkugel
Zardi springt durch die Membran, die Welt explodiert in Licht und Farbe
Nie gab es so viel Leben, Leben, das er körperlich spürt
Leben, das sich in die Welt schleudert ...

crepesculum.

Himmelfahrt

Das postindustrielle Seelenleben, die Sinngebungsindustrie
Outdoor-Bibel, Image-Workshop, Gott fährt Skateboard
Das Lukas-Evangelium schwimmt im Spaßbad, am Beckenrand stehen Palmen
Wahnsysteme, metaphysische Placebos, Erlebnishäppchen, Daseinsknäuel
Spirituelle Brocken, die im Mund scheppern wie leere Coladosen
Verinselte Ichs treiben durch die Welt, Ichs, die leben, weil sie nicht tot sind,
Die aus dem Dunkel kommen, atmen, und ins Dunkel zurückgehen
Menschen mit abgetragener Haut, die an den Gitterstäben der verwalteten Welt
Rütteln, die mit sich ringen, die scheitern, die man fürchtet, um die man Angst hat
Menschen wie Herbstlaub im Winter, das den regenschwarzen Asphalt
Bedeckt, das vor Monaten von den Bäumen gefallen ist und langsam
Von Wind und Kälte zu feinem Staub zerrieben wird ...
Die Existenz lastet schwer wie ein regloses großes Tier auf dem Magen,
Wo die feinen pilzartigen Wurzeln der Seele wuchern ...
Fernand Gravey, Spezialist für Kundenzufriedenheit, betrachtet wie in Trance
Den dünnen gelben Urinstrahl, der sich in der Porzellanschüssel ausbreitet,
Torkelt im Badezimmer herum, lässt seine Hände über den Fensterrahmen gleiten
Und wird plötzlich mit großer Geschwindigkeit vorwärts gerissen, durch das
Fenster, stürzt aber nicht hinunter, sondern beginnt, aufwärts zu schweben
Die Megachurch schleudert ihre Türme in schwindelnde Höhen
Chillen mit Gott, Lichtkegel, Nebelanlage, Traubensaft, Thunfischpizza
Schlohweiße Haare, wehende Kutten, verdrahtete Finger, messianische
Weltbaumeister, prophetische Welterneuerer, anrührender Weltkitsch
Die Legionen Christi in den blutigen Kleidern ihrer Opfer, aus deren Mund
Das reine Evangelium tropft, die Vorboten des Jüngsten Gerichts,
Heilige Schlächter auf den Spuren Gottes, der den ungeliebten Sohn
Erschlug und aus seinem Fleisch ein verzerrtes Abbild der Erde schuf ...
Die Glocken läuten, Tempelmädchen in glitzernden Silberschuhen
Parfümieren sich die Haut, Mönche binden sich Ziegelsteine an die Hoden
Im Namen der Dreifaltigkeit und der heiligen Maria
Wird ein homosexueller Priester ans Holz geschlagen
Höllenhunde und eiserne Stiere speien grüne Flammen
Knirschend erhebt sich eine Heuschreckenwolke
Der Tag verröchelt, die Sonne stürzt in einen reißenden Strom ...

Wodka Orange

Pop im Popcornkino, Sex to go, Sperma aus der Tube
Die Druckverhältnisse der rauen Wirklichkeit, das Dauerfeuer der Medien
Die Spiritualität des Konsums, die Deformation des Individuums
Die Sprache des Geldes, das kalte Auge des globalisierten Kapitalismus
Die Kollektivseele, die verzweifelt das Leben nach Sinn abtastet ...
Vermorschte Fensterkreuze, ein verrußter Herd, Ameisenzüge im Dauerlauf
An der Wand ein Sturmgewehr ausgestellt wie eine wertvolle Plastik,
Gestohlene Mountainbikes, eingemottete Flipperautomaten,
Geruch von Schuhcreme, der an verstorbene Verwandte erinnert ...
Grégory Gadebois, ein ehemaliger Serienkiller, der heimlich die Unterwäsche
Seiner Mutter trägt, stochert hungrig in den Wunden einer schrundigen Leiche
Vorsichtig zieht er das Gehirn mit einem Haken durch die Nase,
Wässert die grauweiße Masse, zieht die Haut ab, entfernt Blut und Adern,
Spült den unförmigen Klumpen ab und beißt mit Appetit hinein
Plötzlich rast eine Straßenbahn durch die Wand ...
Die Luft riecht nach Denkblasen-Schwäche und Leberzirrhose
Bei Chez Maurice hocken sie wie ein Haufen Fliegenschiss zusammen
Wortschaum-Propheten, Kulturpudel und Kneipenphilosophen,
Blutsaufende Banditen, Taktiker, Analytiker und Apokalyptiker
Die Erschöpfungsgesellschaft des 21. Jahrhunderts,
Grau und klein durch die Plackerei in der untersten Steuerklasse
Die farbenblinde Astrologin, die jeden Tag in Whisky und Eselsmilch badet,
Das türkische Mädchen, das unter seinem Kopftuch die Augen einer alten
Frau hat, der Aufreißer, der mit Goldkettchen über der behaarten Brust
Stets zielsicher die falsche Kandidatin anbaggert, der kiffende Althippie,
Hinten Zopf, vorne Glatze, dem alle Reißverschlüsse reißen, der Kahlkopf
Mit Kampfhund, die blutjunge Prostituierte, die sich öffentlich die Scham
Rasiert, die Alte, die ständig Schnalzlaute von sich gibt, der Straßenprediger,
Der wimmernd durch die Geschäfte zieht und Ladenhüter erlöst ...
Menschenklone wie aus Stein gehauen, scharfkantig, herb, undurchdringlich
Marmorne Körper schwer wie der Mond, eine Anhäufung erloschener Vulkane,
Dürrer Bergketten und luftleerer Wüsten, deren Spalten sich wie Krampfadern
Über eine herzbrechende Leere verteilen ...
Der graue Weg ins Paradies, erlöst von dem stinkenden,
Mit Fransen aus Würmern behängten Prozess des organischen Verfalls ...

Gedächtnis-Park

Die Tage ziehen sich von beiden Enden her zusammen
Schwärme von dunklen Vögeln ziehen über den Himmel
Ein Auto segelt glitzernd wie ein Insekt von einer Brücke in den Abgrund
Proteinklumpen, Lebensfunken, zum Dahinwelken bestimmtes Fleisch
Ein brauner Kasten, ein kariöser Zahn inmitten eines makellosen Gebisses
Das immer stinkende Pflegeheim, permanenter Abschied, wunschloses Unglück
Der Saal der Vergangenheit, hünenhafte Pfleger, verkleidete Heizkörper
Gepuzzelte Landschaften, der Aufzug fährt nicht, der Kaffee ist kalt
Pflegeroboter, ausgepresste Hirnkammern, verstopfter Katheter
Das Gebälk in den einst weißen Mauern atmet,
Streckt sich und keucht röchelnde Laute in die Stille
Kleine Fenster verdunkeln die Luft und das Leben
Wenn die S-Bahn vorbeifährt zittern die Scheiben
Marlène Jobert, eine alte Frau mit klaffenden Zahnlücken,
Die durch das Leben geschoben wurde, dem Verderben entgegen,
Beugt sich bitter über ihre Vergangenheit, früher war sie in einer Knopffabrik,
Bis sie verloren ging und wie sie selbst im Zuge der Konkursregelung
An den neuen Besitzer verhökert wurde, zur Begattung ...
Von chemisch erstarrten Fotos blickt die ferne Heimat auf sie herab
Schuhkartons voller Liebesbriefe, Strandgut ihres früheren Lebens
Abgewetztes Linoleum, Speichelfäden, Sprungfedern, Schlauchpilze
Ein Haufen zusammengekehrte Marienkäfer, eine Kommode mit Bettwäsche
Tentakelfingrige Pflanzen, die Streichholzschachtelsammlung, Mundgeruch
Eine Abstellkammer der Welt jenseits der Zeit, eine pelzige Hölle
Des depressiven Muffs, das Sofa durchgesessen, das Bett durchnässt
Bis auf den Rost, das lederne Gesicht vom Kopftuch verschattet,
Die Augen verborgen hinter eng umwulsteten Schlitzen
Morbides Altmaterial, eine Maske aus dem Vorprogramm des Todes
Das Geschwür am Steißbein wächst auf die Größe einer Birne,
Ratten wittern den Eiter und jagen um die Pritsche
Die S-Bahn fährt vorbei und verschwindet hinter den Wolken
Das Haus lichtet den Anker für die große Reise, goldene Flecken
Hüpfen wie von der Sonne geblendete Fledermäuse über die Decke
Im Staub liegt das Bügeleisen und verkündet den ewigen Frieden,
Bis der Minibagger kommt ...

Faltenkammer

Die Fenster sind mit Teppichen verhangen, dunkle Enge, tristes Verlorensein
Ein leer wippender Schaukelstuhl, ein wuchtiger Schrank, ein eisernes Gitterbett
Ein Zimmer, in dem viel Zeit verstrichen ist, in dem die Zeit nun stillsteht
Die vergilbten Landkarten des Begehrens, der Frust eines ungelebten Lebens
Die Hölle der Erinnerungen, die die Lungen verstopfen und die Augen blenden
Die Lieben, die sich ablösen, gegenseitig aufsaugen, kommen und gehen
Eine zerkratzte Schallplatte, über die ein Marienkäfer krabbelt
Versteinerte Fäkalien, vertrocknete Schuhcreme, Geruch nach Urin
Ein vergammeltes Album, zwischen dessen Seiten getrocknet die Zeit liegt
Erstarrte Erinnerungskaskaden, erodierendes Material, ausgelöffelte Lebensreste
Jean Yanne, ein überflüssiger Mensch, vom Leben längst beiseite gestellt
Ein Raubtier, das mit scharfen Zähnen das vertickende Leben
Festhalten will, verliert sich im Netz seiner Lebensspuren
Die Welt zerhackt sich in auseinanderstrebende Szenen,
Die Widersprüche bleiben, die Wunden schließen sich nicht ...
Das Gesicht der großen, weißen Uhr mit den schwarzen Zeigern,
Die die Runden der Zeit abticken und wie Messer durch das Gehirn schneiden
Die schmutzige Stadt, das sterbende Stahlwerk, die Luft, die so voll Ruß hing,
Dass schon mittags Straßenlaternen und Scheinwerfer eingeschaltet wurden
Seine Frau war eine bildungsbürgerliche Schnepfe, die Gefühle von sich
Abzupfte wie Fussel von ihrer Bluse, die Ehe ist verhinderte Romantik ...
Früher reparierte er mechanisches Spielzeug und Modelleisenbahnen
Heute verbringt er die Zeit im Spiel mit ergreifenden Playmobilfiguren ...
Unter ihm zittert die U-Bahn, draußen zittern die ersten Vögel
Yanne sinkt mit eingekotetem Hintern, von oben bis unten mit Zahnpasta
Beschmiert, die Füße kalt wie Schneckenfleisch, in den Schlaf
Vom Blaulicht des schwatzenden Fernsehers durchzuckt steigt er hinab
In die Dunkelheit, in den Schatten, in den tristen Uterus seines Schädels
Immer wieder schließt sich sein Rachen, immer wieder entreißt er sich
Mit krachendem Schnarchen dem Erstickungstod
Nur die Lippen sind lebendig, lebendig wie die Kiemen eines Haifischs,
Der an der Oberfläche eines stillen Meeres Luft schöpft
Selig schnarcht er auf dem Grund der Tiefe vor sich hin
Frei wie die fließenden Fluten der offenen See
Nichts in der Seele, was nach Nahrung schreit ...

Magensäure

Die Welt der Machtsysteme, die Sachzwänge der bürokratischen Maschine
Ozeane aus Schreibtischplatten in Reih und Glied, digitaler Darwinismus,
Soziale Apathie, Kontrollwahn, Verzweckung, Selbstausbeutung
Monotoner Gleichlauf bis alles von einer monströsen Datenwelle überflutet ist ...
Vom Markt geschaffene Illusionen, Selbstaufhebung, Selbstentleibung
Valium und Ritalin, Kaffee und Kollegen, Kantinen und Konferenzen
Der Totalitarismus der Effizienz, Leben ist Mechanik, Atem ist Funktion,
Liebe eine Antiquität im Museum der abendländischen Gefühle
Das Gehirn fängt an, gegen die Schädeldecke zu schwappen ...
An jedem Lichtmast einer endlosen Reihe hängt ein Gekreuzigter
Dornengekrönte mit nassen Tüchern um die Hüften, die mit
Geröteten Augen dem zäh fließenden Verkehr hinterherblicken
Nervengestrüpp, Seelenschrott, Lifestyle-Kitsch, Medienmüll
Antoine Couleau, der nie modern genug werden wird fürs moderne Leben
Und seine Wunden mit Koks pudert, schiebt seinen massigen Körper
Ziellos durch die Stadt, übersättigt von der kalten Logik des Funktionalismus,
Abgestumpft von der entzauberten Welt, die immer in Bewegung ist,
Süchtig nach dem Augenblick, in dem alles anders werden könnte ...
Die Haut von Hoffnungslosigkeit überzogen wie von einem Ekzem
Starrt er sich Risse in die Netzhaut und schreit wie das Licht,
Das sich auf die Dinge senkt, das alles in Safran und Zitrone taucht
Und die Luft vergoldet, bis sie wie Glasprismen zu funkeln beginnt
Über ihm die quecksilberübergossenen Türme der Metropole,
Eine Melange aus Fleisch, Beton, Gehirnflüssigkeit, Stahl und Urin,
Mit allen Fenstern in Flammen, eine alles füllende dichte Helligkeit,
Die Löcher in die Haut brennt, die unter die Schädeldecke dringt,
Die sich pilzförmig im Inneren des Kopfes ausbreitet ...
Neuronen brechen wie Magma aus den Tiefen der Erde hervor
Das Gewebe der Fiktionen, die korrupten Götter des Westens,
Die Fratzen der Moderne, der Geist der Rache, der knirschende Hass,
Die allgegenwärtige Angst, die in alle Lebensritzen sickert,
Die Friedhöfe verlorener Erinnerungen, Spuren, Fäden, Sinnfetzen,
Das Schmerzgesicht, das widerspenstige Ich, das aufgeriebene Ich ...
Der Himmel ist nicht über sondern unter ihm, ein stoffloser Abgrund
Die Blicke füllen sich nicht mit dem Erblickten, Regen fällt durch die Haut
Der Körper bleibt fremdes nasses Fleisch ...

Blutaustausch

Das Licht der Sonne gerinnt zu Klumpen, aus der Straßenbahnleitung
Zucken blau die Blitze, von einer Zigarette fällt die Asche ...
Zufallsmenschen, Möglichkeitsmenschen, Beliebigkeitsmenschen
Das ausgedünnte Dasein, Bewusstseinslabyrinthe, Erfahrungspartikel
Die Unbewohnbarkeit des Lebens, das Schweigen der unendlichen Räume
Das dröhnende Sehnsuchtspochen, der Klimasturz der Wahrnehmung
Der Auftrieb des Verdrängten, das Miauen der Therapiegesellschaft
Jean-Pierre Cassel, ein in kalten Abgasen sich windender Mensch, der
Nirgendwohin geht und nirgendwoher kommt, betrachtet sein Spiegelbild
Im Schaufenster, drückt sich Talg aus dem Gesicht und fragt sich,
Welche Straßen die Würmer durch sein Fleisch graben werden ...
Früher trug er die Tage auf seinem Rücken, brachte sie von einem Ufer
Zum anderen, jetzt sind sie es, die ihn tragen, seine Brust ist ein Schlund,
An dessen Grund, in der Finsternis, ein müdes Herz schlägt ...
Weit hinten die kleine Kindheit, kleine Krisen, kleine Kopfschmerzen,
Kleine Häuser und kleine Bäume in schrumpfenden Straßen
Vater, das riesige monströse Denkmal aus rotem Fleisch,
Mutter, das einst von ihm als König beherrschte Territorium feuchter Haut,
In einer Reihe unglücklicher Schlachten Stück für Stück entrissen,
Anne, seine Frau, eine brave Milchkuh in lila Latzhose, die nach einer
Mandel-Operation starb und traumgleich durch sein Bewusstsein schwebt ...
Ohne sie schürft ihm das Leben die Muskeln bis auf die Knochen ab
Wie ausgedörrte Haut reißt er sein Bild aus dem Schaufenster,
Gießt sich Schnaps in den Kaffee und streift schwermütig durch
Vibrierende Katakomben, stillgelegte U-Bahnhöfe, Schächte und Kanäle
Stimmen, die aus dem Nichts kommen und im Nichts verhallen
Augen ohne Gesicht, ewig frierende Körper, monumentale gotische
Gruften und schwarze Granitklötze, die sich über ihren Schmerz krümmen
Die gelbe Stille des Friedhofs, aus einem Sarg ranken rote Haarsträhnen
Anne's Gesicht ist weich und ruhig, die Augenhöhlen sind mit Dreck verstopft,
Die Sommersprossen gebleicht, aus ihrer Brust windet sich ein Wurm ...
Cassel wackelt an ihren vergilbten Zähne und lässt sich von ihrem kalten
Blut zu ihrem Herzen, ins Innere, ins Kerngebiet ihrer Seele tragen
Etwas, was nur noch mit einem Faden an ihm hängt,
Löst sich, sackt zusammen, fällt nach hinten ...

Bauchfellentzündung

Die Sonne ist ein roter Stern, der sich im Todeskampf aufbläht
Vor langer Zeit gab es einen kindlichen Himmel, ein wildes Karussell,
Das zum Mitfahren einlud, heute ist er abgewetzt wie alte Klamotten
Neoliberale Missionare, industriell produzierte Träume, marktkonforme Wünsche
Sabbernde Börsenjongleure, Prediger von Enthemmung und Exzess,
Geistesgiganten ohne Geist, die den Menschen schinden, bis er glücklich wird ...
Immer mehr Figuren werden auf das Spielfeld geworfen, kreiseln in rasender
Geschwindigkeit um die eigene Achse und werfen andere aus der Bahn ...
Daniel Ceccaldi, ehemaliger Chemiearbeiter, der an der Welt leidet und eine
Knirschschiene tragen muss, sitzt im nikotingeschwängerten Kosmos,
In einer klebrigen Endzeit-Kneipe mit ochsenblutfarbenen Wänden
Bis zur völligen Auflösung in Angst und Schweiß fixiert er ein Sandkorn
Der Fernsehapparat stellt mit einem Fußballspiel die Verbindung
Zum Rest der Welt her, die Luft schmeckt nach geschlucktem Qualm
Irgendwer fällt tot in seinen Teller mit Wiener Schnitzel und Kartoffelsalat
Stühle und Tische umdrängen ihn bitter mit dem Staub des Gestern
Der neurologische Himmel, das aufgeschwollene Gehirn zwischen den Sternen,
Im Zentrum des Universums Ceccaldi selbst, auf dem sich die Stunden,
Die Tage und die Nächte, die Sommer und die Winter ablagern ...
Einst vertrank er Haus und Hof und die Jugend mancher Frau
Gott und er saßen im gleichen Boot, schauten den Mädchen auf den Hintern,
Rauchten Marihuana, hörten die Farben des Feuers und des Eises,
Öffneten das Tor zum Paradies und erfanden Adam und Eva neu ...
Er hat mit ihm gerungen, hat mit ihm getrunken, sich vor ihm in den Staub
Geworfen und vor ihm ausgespuckt, Gott und er, beide waren entfesselte
Naturgewalten, die vergehen mussten im ewig kriechenden Lichtstrom ...
Ein Luftzug durch die offene Klotür wirbelt die rosige Luft durcheinander
Im Urin ertrinkt eine Motte, selig kreisen ihre Flügel im Sog ...
S-Bahnen schusseln im Zwielicht durch die Schatten spinnwebiger Brücken
Das Meer ertastet den Himmel, Hafenlichter blinken
Riesenkräne greifen mit heiserem Geschrei in die Bäuche der Frachter
Die Fischhändlerhalle riecht nach Verwesung, nach Salz, nach Frau ...
Auf einem der mächtigen Quader der Mole klatscht nackte Haut
Zwei Gestalten pressen ihre Körper aneinander und lallen vor Lust
Gott begräbt die Liebenden und schwärzt die Fenster ...

Muskelkontraktion

Maschinenkonformität, Rechnerlogik, Gleichzeitigkeit
Digitale Ameisen, Selbstreduktion, Identität als Rechenaufgabe
Der weltweite Westen, die Hyänen der Macht, die Söldner des Zeitgeists
Die Drogendealer der Warenwelt, die Könige des Kontrollwahns
Das darwinistische Hamsterrad, die Legebatterie für Wahnsinnige
Die Junkies der Normalität, stürzende, schiebende, rutschende Körper
Systemfatalisten, gejagte Jäger, ziellose Nomaden, traurige Hedonisten
Unterworfene Subjekte hypnotisiert vom gleichmäßigen Rauschen,
Verfolgt von dunklen Mächten, die ihr Gesicht nie zeigen
Man spürt das leise Beben der Erde, die zur Sonne getragen wird ...
Charles Vanel, Autor von Glücksratgebern, der sein Lebenstheater mit
Lorazepam bewältigt, taucht wie ein Geist aus den Falten der Stadt auf
Die Zwischenräume der Sehnsucht, entlaubte Stämme, unverdaute Klumpen
Die trostlose mechanische Bewegung der Zeit, das Elend verwarteten Lebens
Die Liebe, ein Name in einem kleinen Notizbuch mit Nichtigkeiten,
Sitzt verloren in einer Telefonzelle und schweigt ...
Die Hände in den Hosentaschen sind zu trocken für feuchte Träume,
Der Körper nur noch Rohstoff für hundert Heuschrecken ...
Das Geschrei der Geburt, das leise Wegrutschen in den Tod
Verwaschen die Idylle aus Lammfell, der Geruch nach erbrochener Milch,
Der große Körper, der ihn fütternd erdrückte, die Hysterie ...
Das Jenseitsgesicht mit seinen Schlangenbergen
Liegt dicht unter der Haut und wartet auf ein Zeichen ...
Blasen platzen und übergießen die Stadt mit feinem Niederschlag
Die Häuser verlieren ihre Unschuld, die Mauern zittern
Man hört, wie die Erde dem Feuer entgegenrollt ...
Am Kai wächst das Seegras zu struppigen Prophetenbärten
Ein lang gezogenes Nebelhorn klingt tief hinab in die Müdigkeit
Ankertaue knirschen, die Luft reißt mit Krallen an der Haut
Vanel kennt den Weg zu den Inseln, wo die Farben der Ewigkeit glühen,
Die den Schleimhautzellen der Luft Durchlässigkeit verleihen
Und die Mikroporen der Zeit so erweitern,
Dass er wie feines Öl in sie einzudringen vermag
Schwere Ruder tauchen ins Wasser
Der zurückgelassene Hund wird mit jedem Ruderschlag kleiner ...
Enttäuschtes Gebell

Elektronenaustausch

Der Tag stemmt sich über den Horizont und springt hinab
Das Licht zieht sich in die Tiefgaragen zurück
Hin und wieder fährt eine Straßenbahn wankend ins Depot
Die Wäscherei, verschmierte Schaufenster, Stapel vergessener T-Shirts
Der riesige Fernsehturm, der erigierte elfenbeinerne Penis der Stadt
Industriell genormte Architektur, geometrisch organisierte Erbärmlichkeit
Auf jeder Etage trägt die Trostlosigkeit eine andere Farbe
Der Konsum der Romantik, das Management von Sexualkapital,
Die Arena der Konkurrenz, das überzogene Gefühlskonto,
Die Fliehkräfte der Liebe, die Magie der Trostlosigkeit, die Lust am Verlust
Die konstante Masse von Traurigkeit, die nie gerecht verteilt wird …
Pascale Arbillot, eine Fieberkranke der Liebe, die den Anblick von Türen
Nicht ertragen kann, weil Türen sie an Menschen erinnern, die sie verlassen
Haben, ist von Sehnsucht verzehrt wie von einem unheilbaren Tumor
Das Zimmer ist kahl, der Lippenstift der einzige farbige Fleck
Die Zigarette verglimmt nicht, die Zeit vergeht nicht …
Vom Restaurant kriecht Gelächter die Wände hoch …
Der Fernseher implodiert mit einem statischen Knall ins Nichts …
Yves Afonso, ein Wurm, ein Darm voll Fäkalien zwischen Gehirn und
Geschlecht, lässt sich hassen und abenteuert von Orgasmus zu Orgasmus
Blutende Wunden lässt er bluten, Vertrauen macht ihn traurig
Seine zerebrale Substanz besteht aus trübem Sperma,
Abgesaugt und hinabgepumt in den grotesken Apparat zwischen den Beinen
Arbillot belauert ihn dabei, wie er Frauenvorräte anlegt
Psychischer Nahkampf, zähnefletschende Hyänenduelle
Sie zickt, er giftet, sie spuckt Galle, er säuft, sie packt ihre Katze,
Reißt sie in Stücke und wirft die zuckenden Fetzen aus dem Fenster …
Olivier Assayas, ein Bettler schmutzig wie das Glasdach einer
Bahnstation, singt ein feuchtkaltes Lied aus dem Sarg …
Langsam wie eine Schildkröte wandert er an den Strom,
Der sich freudlos von der Straßenbeleuchtung in die Dunkelheit wälzt
Aus dem Fluss steigt ein grüne Frau mit roter Mähne
Ein unerwarteter Wind weht sie so plötzlich weg, das ihr Skelett noch
Für einen Augenblick in Stöckelschuhen und Minirock aufrecht steht
Er möchte sie rufen, doch ihr Gesicht ist schon im Gras versickert …

Frostschutz

Die kosmetisch behandelte Wohlstandsgesellschaft
Klaviergenudel, Beautygedöns, Pistazie & Magnolienduft
Fitness-Studios, die Körpersilhouetten am Laufband produzieren
Betaweibchen mit makelloser Schaufensterpuppenhaut,
Mode-Nazis, die in einer stumpfen Endlosschleife kopulieren,
Lifestyle-Zombies, die ihre Körper tauschen wie Aktienpakete,
Ästhetisch gepanzerte Klumpen Fleisch im Frankenstein-Gewand,
Mensch-Mutanten von gottgleicher Vollkommenheit,
Hinter deren makellosen Haut die Würmer kriechen
Der aufgepolsterte Venushügel, die jugendlichen Schamlippen,
Der kahl rasierte Schoß, das zweite Gesicht der infantilisierten Frau,
Der innere Dauerporno, feuchtes Unterholz, Besenkammer, Zugtoilette
Der zerschlissene Deckmantel der Selbsttäuschung,
Psychische Erosion, seelisch abgeräumtes Terrain, Identitäts-Super-Gau
Das Gras wächst, die Fingernägel, die Vergangenheit …
Das Haar auf dem Kopf ist kein Haar, der Himmel über dem Kopf kein Himmel
Frédéric Febvre, ein Standbild aus einem Schwarz-Weiß-Film,
Buchhändler mit Rittermähne, der gern vor seinem Laden sitzt und Tolstoi
Auf Kyrillisch liest, trauert um die Dinge, die beim rasenden Fortschritt
An jeder Biegung des Zeitgeistes aus der Kurve fliegen
Marine Vacth, eine esoterische Fremdgängerin, ist nach Indien
Durchgebrannt, sie konnte nicht mehr ertragen, dass er ins Ehebett
Urinierte, an der Wand hängt ein großes Aktgemälde von Tizian,
Venus, eine Landschaft aus Haut und überbordender Schönheit …
Die Lust reckt ihren Schlangenkopf, Febvre schleicht, wie von Seilen gezogen
Durch die Stadt und folgt einer tätowierten Taxifahrerin, die ihr Gift
In die Welt hinausträgt und alle mit ihren Küssen infiziert, auf die Matratze,
Verliert sich unter ihrer Haut, stürzt ins Labyrinth ihrer Grotten,
Zur fleischfressenden Blume, zur Feuerzisterne des Wahnsinns,
Stürzt durch die Mitte der Welt, fällt aus der Welt, oder die Welt aus ihm,
Die Tierhaut entspannt sich, dann kommt der Regen …
Triumphales vaginales Gelächter, rauh, kalt, erbarmungslos
Aus den Tiefen seiner Lungen bricht ein Hustenanfall
Vor Jahren lag er auf demselben Bett und wartete darauf,
Geboren zu werden, nichts geschah …

Abblendlicht

Die Sonne verübt ihren täglichen Selbstmord
Die Frösche sind grau vom späten November
Der Fluss ist ein Finger, der einen grauen Strich durch die Stadt zieht
Rotklinker-Häuserblocks, Blumengeschäft, Reinigung, Getränkefachhandel
Die urbane Zombiewelt, übereinander gestapelte Menschenklumpen,
Karikaturen, Konsumopfer, Informationsnomaden, die von Stimulus zu
Stimulus hüpfen, die Valium und Xanax mit einem Gemüsesmoothie
Herunterspülen, die unentwegt kommunizieren, obwohl es nichts zu sagen gibt
Stahlguss, Eisenskelettbau, Glasrasterflächen, ein Auto brennt ...
Irgendwer schmeißt eine Waschmaschine aus dem fünften Stock ...
Die unsichtbare Hand des Marktes, das neoliberal verdorbene Humansubjekt,
Das somnambule Treiben der digitalen Geldströme, Systemzwang, Suppenküche
Die alltägliche Bestialisierung, die gescheiterte Entwilderung des Menschen
Léa Drucker, eine verstörte Bibliothekarin, die in Pornokinos schnüffeln geht
Und von André Charlot, einem grinsend-geschmeidigen Multiperversen,
Der seine animalischen Ego-Instinkte feiert, mit der Peitsche misshandelt wird,
Reibt sich die Schultern ein mit dem erinnerten Geruch seiner Haut
Wie eine Katze mit zerrissenen Ohren faucht sie um seine Liebe
Charlot ist ihr Schöpfer und Zerstörer, der dunkle Erdteil der Liebe
Nur auf seinen Zorn ist Verlass, der Zorn eines ewig beleidigten Gottes,
Der unentwegt Tribut fordert, Anerkennung, Unterwerfung oder Abstand
Sie ist der Schatten seines Hundes, kein Mensch, eine blutende Wunde,
Eine Duldungs-Statue, die wie ein Schinken am Fleischerhaken hängt
Sie atmet aus seiner Hand und heult Erdbeeren auf seine Knöchel,
Wenn sie das unerreichbare Gesicht nicht küssen darf
Er ist ihr General, er peitscht die Pferde über ihre Schlachtfelder
Sie ernährt sein Herz und leckt seine Wunden
Er trinkt ihr Blut und saugt ihr die Luft aus den Adern
Unauslöschlich wie die Milchstraße steht er in ihrem Himmel
Hungern wird sie, bis Propheten sie finden
Bluten wird sie, bis Engel sie verbinden
Lieben wird sie, bis sie aufs Rad geflochten wird
Bis sie auf ihre weißen enteigneten Knochen fällt
Bis ihr Fleisch ausgeht in die Galaxien
Und die Seele in die See der Seelen ...

Treibstoff

Monotone Nachkriegsmoderne, Unarchitektur zwischen trüben Wassern
Automobile Anarchie, Orgien aus Blech, Gummi und Benzin
Im Einkaufscenter bei den Waren huscht das Glück vorbei
Nackte Männer, athletisch und kraftstrotzend, bügeln Designerhosen
Das Elend westlicher Arbeitswelten, der Zeitdruck der globalen Zeitlosigkeit
Hochfrequenzhandel, Hochleistungsshopping, Sozialdarwinismus
Vor der Polizeiwache sprengt sich ein Rollschuhfahrer in die Luft ...
Der Geschlechterkampf der späten Moderne, der kalte Krieg der Stellungen
Die sexualisierte Welt der Verlorenen, die Fieberkurven männlicher Defekte
Schnelle Liebe auf Autositzen, Cunnilingus unter regennassen Laternen,
Sentimentaler Hotelsex, bis irgendwer an der Tür klingelt ...
Das Abendlicht hat die gleiche Farbe wie Laura's Nagellack
Michel Valette, ein Erotomane, der das Blutige seiner Gier auf der Zunge
Schmeckt, gießt sich Schnaps in den Kaffee, zieht sich eine Made aus dem Ohr
Und kratzt einen Kuss in die anämische Blässe ihres Gesichts
Laura Smet, eine Schaumgummipuppe mit Zöpfen und einem lutscherroten Kleid
Über dem geblümten Slip, steckt sich Kirsche um Kirsche in den Mund
Sein Blick bohrt sich mit pornografischer Aggressivität in ihre Körperöffnungen
Ein Mund, ein kleiner Busen, wogendes Haar auf dem Kissen
Ihre Haut ist dünn, knisternd, silbern, ölig, ihr Körper nur noch Beute
Ihr Schamhaar, dicht und schmal, verbrennt ihm die Zunge
Schwarzkehlige Gier, Gallenblut, Wundgeschmack, Schattenriss
Der geile Dämon ragt aus ihm, tierköpfig, fauchend, sabbernd
Eine zornige Gestalt mit Glutaugen in halbvermoosten Höhlen
Sein Blut ist aufgewühlt wie das Meer unter Vollmond
Mehr Zunge, mehr Schaum und mehr Speichel!
Sie kniet über seinem Gesicht und zupft ihre Schamlippen auseinander
Seine Worte sind schwarz, seine Hände blitzschnell zuschlagende
Reptilien, die rohes Fleisch aus dem Rumpf reißen
Mehr! schreit er und er zieht ihr die Haut ab
Mehr! schreit er und trägt mit scharfen Messern
Schicht für Schicht das Fleisch des Mädchens ab
Mehr! schreit er und zerraspelt die Knochen
Mehr! schreit er heiser, beinahe wimmernd
Mehr! Bis da nichts mehr ist

Kaninchenhaus

Traktoren-Ungetüme pflügen, fressen und verdauen die Landschaft
Ein Dorf, in dem kahle Bäume menschenleere Straßen säumen
Von Krähen beladene Hochspannungsleitungen, ewiger Herbst
Geruch von Schaf und Gottesfurcht, auf nackter Erde liegen Kinder,
Nicht geboren und nicht begraben, die Fingernägel dünn wie Seidenpapier
Ein mumifizierter Hund, Schweine, die an Verdauungsstörungen leiden,
Kühe, die sich gegenseitig am Hintern riechen, gleichgültiges Gras
Ein erdschwerer erstarrter Ort ohne Ausblick auf das Danach ...
Frédérick Lemaître, ein naturtrüber Lurch, der mit dem Spazierstock
Ins Bett geht und mit Lego die Orte seiner Jugend nachbaut,
Zieht einem Eichhörnchen das Fell ab, zerdrückt den kleinen Schädel
Und lässt sich das rosa zitternde Gehirn auf der Zunge zergehen
Eine Sitzbank aus grauem porösen Stein eingerahmt von zwei Pappeln,
Grobkariertes Hemd unter Hosenträgern, Titanprothese im Kreuz,
Vom Alter herausgemeißelte Gesichtszüge, schlohweißes gelichtetes Haar
Ein Schädel, aus dem sich das Denken schon lange verflüchtigt hat,
Man ahnt den Speichel, der ihm bald aus dem Mund rinnen wird
Jede Zelle hat ein Auge und schaut ihrem Tod ins Antlitz ...
Das Unsichtbare, Fürchterliche, Schauderhafte, es ist da
Es haucht ihm ins Ohr, umspielt die Knöchel, streift die Brust
Lemaître zieht seine Rippen auseinander und zeigt dem Himmel sein Herz
Freigelegt schnappt der pumpende Schlauch nach Luft,
Wie eine Schlammlawine schießt ihm das Blut aus dem Brustkorb
Die Schmetterlinge schlagen langsamer mit ihren Flügeln und fallen zu
Tausenden auf den Boden, wo ihr sülziges Fleisch augenblicklich verwest
Geduldig wartet Lemaître auf die Erkaltung seines Körpers
Ohren, Lippen, Zehen und Fingerspitzen sterben zuerst ab,
Taub werden sie, weiß und weich, dann blaurot, hart und brüchig
In der Bauchmitte erscheint ein grauer Fleck auf der Haut
Wie in einem von Bergen umschlossenen See entstehen Kältelöcher
Das Hirn friert zuletzt ein, es ist robust und wehrt sich,
Schaut bedrückt auf den verlorenen Körper, wähnt sich unabhängig
Von ihm und bereitet die Flucht der Seele vor, das Exil
Plötzlich bricht die Kälte auch dort ein ...
Die Sterne aber funkeln, weit draußen, wo die Nacht anbricht ...

Erdgeschoss

Rot blinken die Warnlichter des Fernsehturms
Der Himmel ist grau von den Geistern vergifteter Tauben
Fliegende Frösche, ein angebissener Apfel, Rettungssanitäter im Einsatz
Mit leeren Fenstern grinsen Spekulantenruinen ins Dunkel
Aufgebrachte Himmelsstürmer klettern die Wände der Hochhäuser
Hinauf und sprühen das Alphabet der Wut an die Fassaden
Nebenstraßen-Machiavellis, Benzinpiraten, Transportparasiten
Vulgär-Esoteriker, Gelegenheits-Sadisten, Kinderschänder im Priesterrock
Von einer Werbetafel starrt bunt der Nazarener herab
Ein Serienmörder sammelt Sklaven für das Jenseits ...
Marmorgetäfelte Konsumtempel im Notlicht voll gieriger Kundenhorden,
Aus dem Leben katapultierte Kaufrauschmenschen, warenfressende Mägen,
Monster aus Bratwurstmasse, die unter der Sonne des Lifestyle verdampfen,
Todgeweihte mit merkwürdig verzerrten Gesichtern, die voll Zorn sind,
Weil sie das Wesentliche ihrer Existenz versäumt haben, die letzten Rinnsale
Gurgeln auf den Rolltreppen, dann versickern sie in unterirdischen Röhren ...
Pierre Malet, der für eine Unternehmensberatung im 17. Stock eines
Gebäudes im Finanzzentrum arbeitet, reich an Traumata und arm an
Bitter vermisster Nähe, geht gern in der Abenddämmerung spazieren
Er liebt die verdorrten Blumen, die verstohlen leisen Schritte,
Das trockene Husten, das grüne und das braune Glas der Bierflaschen,
Die Autounfälle mit ihrem Blutgeruch, die Polizisten, die nach Atem ringen ...
In seinem Kopf summen die Stimmen der Opfer, die nicht mehr zurück können,
Weil die Körper, zu denen sie gehört haben, nicht mehr da ist ...
Die Anatomie der Melancholie, die Immunschwäche der Seele
Die Dunkelkammer der Fiktionen, die Stille der unendlichen Räume
Die Existenz auf dieser Welt, die genauso vergänglich ist
Wie das Stück Anatomie im Gehirn, das sie erträumt ...
Malet springt vom Stuhl in die Schlinge
Zappelnd schlägt er noch einmal an jene Tür,
Die sein Leben lang für ihn verschlossen blieb
Und sich erst auf dieses letzte Klopfen hin endlich auftut,
Schüchtern geöffnet von einem entsetzten Mädchen,
Das über dem Anblick des baumelnden Mannes erstarrt
Die Dachrinne schweigt ...

nox.

Weltenlenker

Eine Uhr ohne Zeiger dreht die Stunden durch den Fleischwolf
Der Schrei einer Eule kündigt den Tod eines Menschen an
Der Feierabendverkehr spuckt wütende Dreckfontänen auf den Asphalt
Die Himmel hängt tief und entleert sich, der Tag begräbt seine Kinder ...
Die Moleküle des Bewusstseins, die Falten des Gedächtnisses
Das irdische Panoptikum, die Modulationen des Wirklichen
Die kosmische Spieluhr, das Gespenst der Religion, das Blutgeld der Kirche,
Der Geruch göttlicher Verwesung, der Schorf der Welt ...
Häuserfronten, Häuserschluchten, Häuserruinen, stumme Zeugen der
Einstigen Pracht des untergegangenen kapitalistischen Imperiums
Novembrigkeit, Atemgeräusche, Feindseligkeit, animalisches Überleben
Verschattete Blicke, versiegelte Lippen, triefende Nasen, klamme Finger
Geschundene Helden, die ihre Schatten von Laterne zu Laterne ziehen
Nebelfürsten, die der eisigen Vernunftdiktatur in dunkle Erlösung entfliehen
Einsilbige Piraten vom Neonlicht entstellt, das von ihren Gesichtern tropft
Nomaden der Seele umweht vom Duft der Immaterialität,
Die im Dunkeln tasten, die Nähe im Staub suchen, die wortlos ihrem
Untergang entgegenträumen, die sich berauscht ins Nichts versenken,
Die sich durchfluten lassen, die sich auflösen in sich auflösenden Bedeutungen
Die Bogenlampen sind verglaste Früchte aus einer anderen Welt,
Die Bäume schwarzgefrorene Flammen, jedes Haus ein Sarg ...
Die Toten mit ihren lippenlosen Mäulern haben einen leichten Schlaf
Wie ausgeströmtes Gas liegt ihr Fluch über den Straßen
Ihre Präsenz verwandelt die Menschen, reißt ihnen die Masken vom Gesicht,
Entblößt ihre Wurzeln aus Angst und Gier, Rohheit und Zynismus
Wind kommt auf, Fensterläden schlagen an die Hauswand,
Die Kleider auf der Leine krachen wie gefrorenes Fleisch gegeneinander
Der Kirchturm richtet sich auf wie ein Galgen
Ein kalter Luftzug bläht die Laken, die Betten treiben dem Hafen zu
Dort stolziert in Sektlaune der Tod als seniler Admiral,
Kindlich vernarrt in seine Flotte aus Spielzeugschiffen,
Die Havanna in der einen, den Champagner in der anderen Hand,
Im Bauch wie eine fette Kröte die Jahrtausende alte Mordlust ...
Im Himmel wartet kein Gott, sondern ein Loch ...

Herzschrittmacher

Der Tag dehnt sich pfeilschnell aus und rast mit Getöse in die Nacht
Das Rauschen der Gehirnströme, die Aggregatzustände des Ich
Dampfende Pappbecher, pinkelndes Geflüster, quadratische Gespräche
Quecksilbriges Treiben, melancholisches Dahinwabern, lautlose Katastrophen
Hautpartikel, Speichelfluss, enthemmte Rindenritzungen auf der Kopfinnenhaut
Gelbe Stürme, die durch die Ventrikel fegen, schillernde Seifenblasen,
Die aus den Poren brechen, die lautlos zerplatzen, die nichts hinterlassen ...
Jean-Francois Sivadier, das Gesicht vom Heroin gebleicht, hängt auf der
Bahnhofstoilette ab und drückt sich Glück und Geborgenheit in die Armbeuge
Der düstere Menschenblock, die Hoffnungslosen, vom Leben ausgekotzt,
Von den Nieren des Weltalls erfasst und aus dem Dasein ausgeschieden,
Die Trostlosen, hinweggeweht ins Niemandsland ihrer Furcht,
Die Blutlosen, die im eisigen Wasser versinken oder durch einen
Panzer aus Leere von der Welt getrennt sind, die Schlaflosen,
Die traumverloren im Delirium ihrer Monologe an den Mauern entlangtaumeln,
Die Freudlosen, die knietief in Galle und Bitternis stecken,
Die Atemlosen, die in die Nacht des digitalen Nichts hineinsprechen ...
Das Geröll der Zeit, die schwarzen Flecken der Vergangenheit,
Das triste Verschwinden der Gegenwart, des Augenblicks ...
Die Seele, die den Schmerz verleugnet, der eingegraben ist
Im Augapfel, im Trommelfell, auf der pelzigen Zunge ...
Wolken wie Böschungen bringen Schatten über die Stadt
Der Mond ist ein Mühlrad, das die Toten aus ihren Gräbern wälzt
Die Teerdecken platzen auf wie spröde Fladen, aus den Gullis steigt
Schlamm empor, Fliegen und Fäkalien quellen aus den Erdspalten,
Mit kräftigen Gebissen klappernd brechen die Toten ihre Särge auf,
Befreien sich aus der stinkenden Unterwelt, wo man sie eingegraben,
Vor Jahren, vor Jahrzehnten, vor Jahrtausenden verscharrt hat
Schädel suchen nach passenden Rümpfen, Oberschenkelknochen
Fügen sich ins Hüftgelenk, frisches Fleisch überzieht kalte Knochen
Untote Tote, die keine Sehnsucht nach den Lebenden haben
Und keine Botschaft, die nichts fürchten, nichts erwarten,
Die sich in einer quälenden Endlosschleife wiederholen,
Die in der Ewigkeit des Vergangenen wandeln und
An ihren Geschichten lecken, bis sie aufgeleckt sind ...

Druckluft

Die Dunkelheit fällt wie ein Donnerschlag auf die Straße
Mondknoten, Sternkugelhaufen, Staubexplosionen, Selbstentzündung
Infernalische Energieausbrüche, Geburtsblasen aus Staub und Gas
Vakuumfluktuation, Tunneleffekte, Massendefekte, Kettenreaktionen
Neutronenüberschuss, spontane Spaltung, rotierende Satelliten
Der Sog der urbanen Seelenlosigkeit, die Getriebenen des Eros,
Die Karawane der testosterondampfenden Nachtschwärmer,
Die um die Lichtquellen schwirren, bis sie erschöpft zu Boden fallen
Der Himmel glänzt im Pulverlicht der Leuchtreklamen
Die Häuser treten aus dem Schatten wie die Rümpfe wilder Schiffe
Die Straße ist eine rote Welle, die Teerdecke weicht auf,
Die Füße versinken und reißen tiefe Wunden in das glänzende Fleisch
Die Gesichter der Uhren brennen, die Lungen füllen sich mit Farbe
Ultraviolettstrahlung, elektromagnetische Wellen, Plasmaentladung
Lichtpfützen, Informationsfetzen, Bäume aus Glas voll glühender Früchte
Giftiges Gelb, scharfes Orange, züngelndes Rot, süßliches Fleisch
Starkstromgeister, Riesenaugen, Tarnkleider, Tentakel, Testikel
Aufwallungen, Vibrationen, Leuchtkugelsonnen, verbrannte Proteine
Ein riesiger psychedelischer Farbtopf, fluoreszierend, phosphoreszierend
Blubberndes Geseife, Gärungsprozesse, Dämpfe, Verpuffungen
Pillen und Pastillen rollen wie goldene Kugeln über die Zungen
Mescalin, Psilocybin, Fraktale, Labyrinthe, Spiralen, Flashbacks
Kosmische Lichtpunkte bewegen sich in Wellen über die Augäpfel
Halluzinationen schießen aufeinander, verprügeln und begatten sich
Erotische Zirkulation, fliegende Wechsel, Gelüste aus dunklen Kellern
Massenhaft zur Verfügung gestelltes Mädchenfleisch,
Blickbeschleunigung, Balztanz, Beischlaf, Brandwunden
Partnerpirsch, gepulste Schreie, Spermien-Konkurrenz, Penisneid
Zerrissene Slips, Schenkelinnenhäute, Zungenkuss, Speichelfluss
Heruntergelassene Hosen, pickelige Hintern, erschöpfte Eierstöcke
Extrakte, Essenzen, Substanzen, Tinkturen, Lungenbläschen
Spiralige Lichtgestalten, pyromanisch, rauschwärts, giergezwungen
Fleischwindungen, aufgebläht, aufgeblasen, aufgeplatzt
Blutig und wild ist die Nacht mit ihren abgehackten Füßen
Die Magensäure schäumt bis in den Rachenraum ...

Hirntrommel

Dauerndes Gleiten hinüber in die Nacht
Die Stadt bäumt sich auf und zerschmettert ihre Tore
Sinnlos scheint der Mond über dem brüllenden Lichtermeer
Der Himmel ist geteert, die Straßen sind mit Fett verschmiert
Der Abendverkehr kriecht dahin wie ein Zug glänzender Insekten
Aus jedem Fenster wirbelt ein Ventilator Musik auf den Asphalt
Der Puls des Urbanen, die Pathologie der Vorstadt, der rußige Rand
Die neofeudale Herrschaftselite, die unsichtbare Hand des Marktes,
Die Dominanz des Gewöhnlichen, die Grausamkeit des Glücksversprechens
Aufgespritzte Lippen, meterlange Fingernägel, angeklebte Haare
Jeder Muskel ist Design, jede Träne ist Chemie ...
Hautlose Existenz, verödete Gaumensegel, inneres Ersticken
Welt ohne Außen, verschorfte Neurosen, kleingehackte Wirklichkeit
Manipulation, Deformation, Derealisation, Depersonalisation
Messerscharfes Licht, fleischfressendes Glas, Wahrheit in Flaschen
Ampullen mit verflüssigter Zeit, halluzinatorische Sekrete, Glukoseströme
Die Ränder des Blickfelds lösen sich auf, verflüssigen sich, schmelzen
Selbsterniedrigte, Selbstverliebte, Selbstzufriedene, Selbstgetriebene
Erfüllungsgehilfen ihrer Biographie, die hilflos in ihrer Entfremdung zappeln
Die Alte im Kiosk, die wie eine Schildkröte im Terrarium den Tagen zusieht,
Wie sie werden und welken, der fragile Fremde, der in einer Bude lebt, wo sich
Unter der nässenden Decke die Nachtfalter begatten, die freche Rothaarige
Mit den zerrissenen Strumpfhosen, die kreischend über die Straße rennt,
Der zermürbte Boxer, der die Zeit totschlägt, indem er Menschen totschlägt,
Der Obdachlose, der mit leerem Blick seine Dose Katzenfutter mit einer Katze
Teilt, die chilenische Wahrsagerin, die traurig in ihr Glas Aprikosenlimonade
Schaut, der Rausschmeißer im Nachtclub, der hinter dem Tresen mit Phantomen
Tanzt, der Korruptionsclown, der sich mit jaulendem Vergnügen an dem Licht
Verbrennt, hinter das er die anderen führt, der Schaukelstuhl-Philosoph,
Der, von der Welt verschmäht, seine Bücher im Kaminfeuer verheizt,
Der Rentner, der von einem großen Hund beschnüffelt schon seit Wochen
Mit gebrochenem Blick vor dem Fernsehkasten sitzt ...
Die Stadt heult und kracht wie eine organische Maschine, löst sich aus
Ihrem Fundament und erhebt sich, Glasfaserkabel und Abwasserleitungen
Wie die Tentakel einer Meduse hinter sich herziehend ...

Luftschutzmelder

Die Nacht zündet ein Auto an
Der Himmel füllt sich mit Fahnen aus blutigem Fleisch
Sippengemeinschaft, Blutreinheit, nordische Rassendominanz
Kleinbürgerliche Du-darfst-Rassisten verklumpen zum grölenden Mob
Zwischen Neon und Nepp werden Barrikaden errichtet, Busse und Bahnen
Gestoppt, syrische Asylsuchende mit Maschinengewehrsalven niedergemäht
Blechmusik, messerscharfe Hosenfalten, der Gleichschritt der Zähne,
Das malmende Geräusch eines in den Untergang marschierenden Heeres
Der wolkenlose Nachthimmel, der Schrei der Sirenen, Christbäume,
Die langsam zu Boden sinken und die Stadt in gleißenden Schein tauchen
Spreng- und Brandbomben, die sich wie riesige Sonnenblumen öffnen
Das Licht flackert, die Kellerdecke bebt, Krachen, Dröhnen, Schreie,
Berstende Mauern, beißender Qualm, Glutflocken groß wie Walnüsse
Feuersäulen und lebende Fackeln, die von einer höllischen Kraft getrieben
In Wirbeln durch die Straßen stürmen, der orkanartige Sturm, der mit
Schrillem Pfeifen nach Sauerstoff lechzt, der Bäume aus dem Boden dreht,
Kinder aus den Armen ihrer Mütter reißt, Gebrechliche ins Feuer weht
Das Schreien der Säuglinge, die im siedenden Löschwasser kochen
Das Mädchen, das singt und tanzt, bis es als Feuersäule verglüht
Der Kirchturm, der hoch und schwarz wie ein Märtyrer in Flammen steht,
Während die Bronze seiner Glocken auf den brodelnden Asphalt fließt
Der zerzauste Junge auf den Trümmern in den blutigen Schuhen,
Der die zu Asche verbrannten Eltern im Eimer zum Friedhof trägt ...
Sieben Kontinente Krieg, ein zuckendes Völkergemisch
Ein Dschungelkrieg, ein Wüstenkrieg, ein Präventivkrieg,
Ein Ölkrieg, ein Religionskrieg, ein Toyota-Krieg, ein Drohnenkrieg
Neue Kinder mit rosigem Fleisch schlüpfen aus der Gebärmutter
Auch ihnen wird irgendein Stalingrad zur Jauchegrube ...
Die Militärs ergötzen sich am prächtigen Panorama des Leidens,
Am flammenden Farbenspiel des Todeskampfes,
An ihrer Symphonie der Bombardements und Verwesungsgerüche
Gott wühlt im Labyrinth der Eingeweide,
Den Sitz der Seele mit dem Messer suchend ...
Kein Kratzer auf der Oberfläche der Erde ...
Das Böse hinterlässt keine Spuren ...

Schlagloch

Die Welt knarrt wie ein alter Stuhl
Die steif gewordenen Knochen des Verstandes, die inneren Lagerhallen,
Das Gestrüpp des Gewesenen, die grabwärts ziehende Zeit ...
Antoine Vitez, der sein Leben vorwiegend unter dunklen Wolken verbringt,
Kam einst mit dem Flüchtlingstreck aus den Schuttwüsten seiner Heimat
September, ein frischer Weltkriegstag, Vitez drehte sich sorglos
Im Kreis einer kleinen Welt zwischen Kirchturm und Erdbeerfeld ...
Plötzlich verschwand sein Dorf unter einer riesigen Sonne, ging unter in
Einem schrecklichen hell leuchtenden Pilz, der sich aus der Tiefe der Erde
In den Himmel entrollte, der sich brodelnd zum Rand der Stratosphäre
Bohrte und hinauszuragen schien bis in die Schwärze des Alls
Tausende Menschen schrumpften zu schwarzen Klumpen zusammen,
Die an Straßen und Brücken klebten, Vögel gingen im Flug in Flammen auf
Seine Mutter war bis zur Unkenntlichkeit verkohlt, er fasste sie kurz
An ihrem Fuß, aber er war sofort wie Sand zerfallen ...
Viele Monate war er durch eingeäscherte Landstriche gezogen
Überall an den Hängen ringsum brannten Bestattungsfeuer
Dreck war er, einsam, einer von vielen Abgebrannten und Richtungslosen
Unter ihnen blutspuckende Kriegskrüppel, Versehrte mit nur einem Arm,
Männer mit verbrannten Gesichtern und ehemalige Panzerfahrer,
Die Löcher in die Welt und ihre Bewohner schossen,
Um dann in die aufgerissenen Abgründe zu starren ...
Generäle in vollgeschissenen Hosen, Lagerkommandanten und
Ärzte in Zivil, das Ehrengesindel, Massenmörder aus gutem Hause,
Die alte konservative Elite, die Handwerker der Hölle,
Die das blöde Fußvolk einst ins Feuer schickten ...
Häuserskelette wie abgebrochene schwarze Zahnreihen, die Rippen
Gefallener, die sich im roten Gras sträubten, die zugige Scheune, in deren
Gebälk leere Vogelnester klebten, die wie zu einem Fest erleuchteten Fenster
Eines brennenden Bahnhofs, die Wracks von Lokomotiven und Viehwaggons,
Aus deren zerschossenen Dächern Sträucher und dünne Birken wuchsen,
Die ausgebrannte Stadt, die dem Himmel ausgeliefert war,
Die verzweifelte Augenblicksliebe im Luftschutzkeller,
Die hungrigen Kinder, die in Handgranaten bissen
Die Menschheit ist ein zäher Brei, der Magen streikt ...

Schmerzpunkt

Das tosende Asphaltmeer, die nervöse Härte des Urbanen
Betonierte Herrschaftsarchitektur, hohe Mauern, wenig Hoffnung
Niederschlag, Hautausschlag, Gehirnschlag, Schlagsahne
Wohnzimmer-Weltherrschaft, Sofarückzug, Fleischbällchen-Rausch
Leben mit Einbauküche, Onanieren nach Dienstschluss
Die domestizierte Ehefrau mit dem Bügelbrett unter dem Arm,
Die ihrem Mitten-im-Leben-Jedermann mit Fettleber und stinkenden Füßen
Das gekochte Ei mit Gummihandschuhen serviert ...
Die Stille der traditionellen Ordnung, das Ersticken in Wohlanständigkeit
Die Penetranz der Pedanterie, das monotone Geplärre kleinbürgerlicher Parolen
Konservative Kreuzritter, katholische Masochisten, christliche Finsternis
Beklemmend sauberes Leben, mühevoll gezähmte Alltagsgeilheit
Nationale Fratzen, röhrende Patrioten, flatternde Fahnenfetzen
Ein Hubschrauber flattert wie eine Fliege über das Gesicht des Mondes
Schwarz angemalt pirschen Schläger durch die violetten Straßen
Monster ohne Körper und Form eingehüllt im braunen Dunst
Brandsätze fliegen, Mülltonnen und ein Opel werden flambiert
Trunken taumelndes Volk, johlende Bäuche, Dosenbier, Urinpfützen
Die Rädelsführer steigen über die Balkone in die Häuser und legen Feuer
Kinder werden aus den Fenstern geworfen, ein paar Anwohner stürmen
Auf die Straße und bringen ihre Autos in Sicherheit, eine stöckelnde
Schnepfe aus besseren Kreisen nickt zufrieden und beruhigt ihren Pudel
Die Sterne blähen sich auf, der Himmel platzt, Abstieg in die Hölle
In einem fensterlosen Keller werden Asylanten mit Giftgas erstickt
Die verbarrikadierte Tür hält dem Ansturm der Todesangst stand
Vergeblich suchen die um Atem ringenden Menschen
In den Fugen und Ritzen der Tür nach einem Hauch Zugluft
Die Starken kriechen auf den Leichen der Schwachen höher und höher
Die Schwaden des Gases steigen ihnen unbarmherzig nach
Und verwandeln schließlich auch sie in Treppenstufen für die Stärksten,
Die sich als Krone dieser Menschenwelle in den Tod quälen,
Zerschunden vom Kampf um einen einzigen Augenblick Leben ...
Der Rotor des Hubschraubers brüllt noch eine Zeitlang am Himmel,
Verwandelt sich in einen schwarzen singenden Punkt und verschwindet ...

Neonlimonade

Ferne Sonnen, kartoffelförmige Kometen, schmutzige Schneebälle
Ein Gasball schleudert eine Serie von imposanten Ausbrüchen ins All
Kosmische Zeitkapseln, Schockwellen, tropfender Stratosphärensaft
Interstellare Blasen, Quark-Gluonen-Plasma, Teilchenschauer
Quadratische Finsternisse, gleißende Kanäle, Gammastrahlen
Vom Mond fällt das Licht wie Puder und Wimperntusche
Funken springen über den Himmel wie hustende Flöhe
Regenbögen in tausend Splittern, Autos mit Schweiß auf dem Blech
Die entzündeten Ränder der Großstadt, die kalte Hitze der letzten Dosis
Glühende Fäden, Licht aus tausend Lichtern, Teiche voller Weißglut
Elektrische Entladungen, nervöses Kokainfieber, surreale Zeitsprünge
Blaulicht, Rotlicht, Gegenlicht, Warnlicht, Schlusslicht
Strohfeuer, Leuchtfeuer, Sperrfeuer, Trommelfeuer, Fegefeuer
Brandbeschleuniger, Armleuchter, Kronleuchter, Feuerpinsel, Stichflammen
Platzender Nagellack, gestörte Zeitgitter, Partikelströme, Drehimpulse
Das Trommelfeuer der Neuronen, der Tanz der Synapsen
Das Flammenmeer der Verheißungen, die Orgien der Disharmonie
Dampfende Treibhausgeschöpfe, grüner Nebel, rot entflammte Bäume
Brennende Augäpfel, unkontrollierbare Obsessionen, sexuelle Panikattacken
Haarspray-getränkte Unterhosen, Pissoirs mit strenger Frauenstimme
Hosenschlitzschnüffler, Mundgeruchproduzenten, Hobbyfetischisten,
Serienflachleger, Heizkissen-Gigolos, Partykeller-Masochisten,
Die Gesichter roh, krustige Landschaften vom Leben durchwühlt,
Von Leidenschaft, Hoffnung und Verzweiflung umgepflügt
Mädchen mit kaffeebraunem Fell, Mädchen in Spinnwebhüllen,
In Zucker erstarrte Mädchen, kleine Reptilien im Staub der Straße …
Weit draußen im Osten steigt dickfleischig der Mond empor
Grégoire Colin, der in einer schäbigen Dreiraum-Bude im
Hochhaus-Himmel wohnt, öffnet das Fenster in eine andere Wirklichkeit,
Schält den Erdtrabanten und schneidet ihn in mundgerechte Stücke
Die Nadel in seinem Blut blinkt silbern wie ein Leuchtturm
Bewusstsein und Bewusstlosigkeit verfolgen einander wie zwei Schweine,
Die sich gegenseitig am Schwanz fressen …
Fische mit bunten Flossen schwimmen aus der Nacht heran,
Stumme Fragen in den Augen …

Nachtinsekt

Der Himmel zittert wie ein Zirkuszelt
Labile Atmosphärenschichtungen, auskondensierte Luftpakete
Zell-Cluster, Böenlinien, zyklonale Rotationen, Superzellengewitter
Raumladungen, Elektronenlawinen, Blitzkanäle, Lichtbögen
Der Äquator rutscht nach oben, die Polkappen springen ab
Der Mond ist eine Scheibe, die sich im Nachthimmel melancholisch dreht
Einmal pro Stunde wird sie rot, Coca-Cola steht dann darauf
Die rothaarige Nacht, das Inselmeer der Rastlosigkeit,
In hellem Wahnsinn leuchten die Ameisenwege ...
Flimmernde Schächte, tanzendes Eisen, taxischwirrender Benzindunst
Das aufgetürmte Schädeldach der Stadt, die gläserne Haut,
Das industrialisierte Geisterreich gestanzter Fiktionen
Netzwerke, Schaltkreise, Knotenpunkte, Schnittstellen
Die geprügelte Welt, totale Gleichzeitigkeit, rasender Stillstand
Grau metallisiert wie Sportwagen wächst das Heer der Köpfe
Fingernagelattrappen, Sockenschweiß, Harndrang, Rachenschleim
Getunte Gesichter drücken ihre Lippen in den Mörtel
Plastikpop, Polyesterhälse, Plexiglasbrüste, steif gesprayte Frisuren,
Warmer Sekt, Zeitgeist-Junkies eingesargt in Fashion & Style,
In die unschälbare zweite Haut, die ihre Träger zu Marken macht
Sektennomaden, Sexualphobiker, Simulanten, Selbstverschleuderer
Restmenschen, vergeblich auf der Flucht vor der Lifestyle-Welt, die ihnen
Dicht auf den Fersen ist, die sie bald einholen und unterpflügen wird ...
Überhitzter Asphalt, gezuckerter Schweiß, pulverisierter Urin
Gieriges Befingern, technisch-melancholische Leibesübungen, Ersatz-Erotik
Die Liebe bekommt Flecken auf der feuchten Straße ...
Selbstverheizung, Austauschbarkeit, die Furie der allseitigen Verkäuflichkeit
Explosionen, Druckwellen, Blähungen, im Kino reißt der Film ...
Man kann in einem Schaufenster liegen wie ein Goldring,
Man kann die Fassade eines Gebäudes erklimmen wie eine Fliege,
Nichts kann den Menschenstrom aufhalten, nicht einmal der Walrossbulle,
Der sich gemächlich zu den Austernbänken aufmacht ...
Kein Auge hält dem Ansturm der Farben stand
In jedem Kopf tyrannisiert sich ein anderer Mensch
Jeder hat seine eigene Schwerkraft, jeder erstickt an jedem

Mondstaub

Der versteinerte Himmel, der ausgedünnte Atem der Sterne
Soziale Nacktheit, gebrochene Gullydeckel, das heiße Blech von Autounfällen
Straßenrandnymphen, drogenschlaffe Nachtfalter, gelbfingrige Nikotinhäschen
Kollektive Tristesse, Räusche des Unglücks, Feuerwerke der Agonie
Olivier Hussenot, ein unter dem Druck des Marktes sich biegender Schwindler
Aus der Investmentbranche, übergießt einen obdachlosen Störer mit Sekt,
Damit auch der was zu trinken hat und setzt sich vor Vergnügen quiekend
In seine schallgedämpfte Limousine mit Falkengesicht und Haifischmaul
Jean Piat, ein ausgeglühter Daseinsdeserteur, der zitternd ein Antidepressivum
Sucht, das ihn einhüllt, wärmt und von der Wirklichkeit distanziert,
Sitzt vor seinem Kot und klaubt die Maden zum Verzehr heraus
Die Einsamkeit weht aus ihm wie ein kalter Luftstrom
Zahnlos lächelnd öffnet er sein Hemd, aus dem Magen wächst
Ihm ein Tumor, ein schmerzhaftes Geschwür groß wie ein Fußball
Die Zeit ist ein herrenloser Köter, der hungrig jaulend um die Welt läuft,
Der die klitzekleinen Augenblicke frisst, das Licht und den Himmel
Das Schweigen des Alls dröhnt im Kopf, Piat ahnt das Nichts,
Das hinter allem steckt und hustet, bis sich ein Gewebeklumpen löst
Er bewundert die Teichfrösche im kalten Wasser,
Die sterben und nicht fürchten, was sie umgibt ...
Wie von einer unsichtbaren Hand geschoben stolpert er
Durch die Nacht auf der Suche nach Deckung,
Nach einem allerletzten Versteck in irgendeinem tiefen Kinosessel
Bei strömendem Regen erbricht er sich in einem Hauseingang,
Bis ein Fenster aufschlägt und eine argwöhnische Stimme ihn verscheucht
Aus jedem Sandkorn, aus jedem Ziegelstein strahlt Feindseligkeit
Er fällt ins Gras, unter dem zerzausten Scheitel zusammengeknüllt
Die Hirnrinde wie ein schmutziger Putzlappen in der Waschmaschine
Der Boden bebt, wenn eine Straßenbahn vorbeifährt,
Als wäre unter dem Erdreich lebendiges empfindsames Fleisch
Eine Bakterie ist er, Stollen bohrend durch ein stinkendes Stück Käse
Parfümierte Lippen, Spritzer schwarzer Schuhcreme, Urinstrahlen
Am Ende der letzten Vorstellung steigen Kinobesucher über ihn hinweg
Ein zotteliger Köter kriecht aus dem Gestrüpp, zerreißt ihm die Plastiktasche
Und verschlingt die Bockwurst ...

Milzlappen

Der Himmel ist rot wie ein blutiges Steak
Die Stadt stinkt wie eine brodelnde Fritteuse
Abdellatif Kechiche, eingeschleuster Afrikaner und miserabel bezahlter Koch
In einem schäbigen Lokal, stochert lustlos in einer Fertigsoße herum
Testosteron-Geröhre, Rausch-Aphasie, Niereninsuffizienz, Neuronenuntergang
Die Luft schmeckt nach Kanister-Wein und Plastik-Bier
Irgendwer wird von der Straßenbahn geköpft ...
Kleinbürgerlicher Exhibitionismus, sexualanarchistischer Wettbewerb
Rudelbums in Itzehoe, Seitensprung auf Ibiza, eimerweise Spaß
Der tägliche Marathon der Alpen-Machos vom Berg in die Bar ins Bett
Kreisklasse-Fußballer, Kegelfreunde mit Klubkasse und altgediente Voyeure,
Die in der sexuellen Hierarchie nichts mehr zu bestellen haben,
Blondierte Wellenreiter aus Florida, Au-Pair Mädchen aus Ohio
Und Russen, die Benzin trinken, wenn sie keinen Schnaps mehr haben
Verstopfte Talgdrüsen, federnde Hirnlappen, freie Nervenendend
Robert Arnoux, der nach vier Monaten Hungern beim Pinkeln seinen
Schwanz wieder sehen kann, kotzt auf den Asphalt und kippt in den Dreck
Sein Mageninhalt hängt ihm im Gesicht, er hat sein Reiseziel erreicht ...
Zuhause versteckt er sich mit einem Baseballschläger in Toreinfahrten,
Um nörgelnde Rentner und plärrende Straßenkinder zu erschlagen ...
Englische Pub-Crawler, Heinecken-Torkler und Kräuterschnaps-Luder
Torkeln betrunken nacheinander aus dem Wasser der Nacht,
Plastikpenisse auf der Mütze, die obligatorische Bierdose in der Hand,
Das unvermeidliche Goldkettchen auf der behaarten Brust
Der Verstand rutscht in den Slip, das Wogen der künstlichen Busen,
Die aufreizenden Hintern, die kleine Kreise in die Luft wirbeln,
Versetzen das Vieh in Raserei, eine Mülltonne brennt, Hirnschalen krachen
Roland Giraud, der sich gern als harter Hund sieht, zerschmettert mit einer
Eisenstange alles, was aus Glas ist, eine ungeheure Kraft reißt an ihm,
Wirft ihn zu Boden und lässt schaumigen Speichel aus dem Maul treten
Erschöpft kriecht er über die Scherbensaat zerschlagener Flaschen,
Schneidet sich tiefe Wunden in Hände und Knie,
Spuckt Blut und brüllt noch mit dem Mund im Schlamm wie ein Bulle
Aus der Schläfe rinnt etwas Weißes wie Milch aus Löwenzahn
Im Fluss treibt ein Kopf und singt weiter ...

Hotel Imperial

Die maulaufreißende Hässlichkeit der Welt, das kapitalistische Babylon
Konsumwürfel und Banken-Tower, an deren Wänden der Blick abrutscht
Die Maschinenräume der Geldvermehrung, die Fleischtöpfe der Macht
Die gelben Pfützen der Fenster, die Gespenster verlorener Zukünfte
Kleine dreckige Kneipen, kleine dreckige Gedanken, kleine dreckige Geschäfte
Gelegenheitsprostituierte, die volltrunken von den Parkbäumen fallen,
Eckensteher, die alle Ecken kontrollieren, Zigarettendiebe in Baubaracken,
Der schlangenhaft gewandte Messerstecher, der sich Koks ins Zahnfleisch
Reibt, der Geldeintreiber aus Zgorzelec, der mit Pfeil und Bogen auf
Flugzeuge schießt, der korrupte Polizist, der auf fette Beute spekuliert
Auf dem Asphalt blüht ein feuchtes Menschenhirn, ein missratener Pudding
Die Welt unter der Schädeldecke, die summende Neuronenaktivität
Die Seifenlaugen des Denkens, das Sägemehl des Geistes
Roger Duchesne, ein Artist des Überlebens, liegt glitzernd wie eine
Zerbrochene Bierflasche im Kellerwinkel eines Bürotreppenhauses
Aus dem herabhängenden Mundwinkel rinnt ihm ein Speichelfaden
Bis in die Knochen spürt er das Brodeln des Verkehrs,
Das Pochen früherer Liebesabenteuer, das Rauschen im Raum,
Die Dunkelheiten des Ungedachten, die Hohlräume des Daseins
Wie eine Larve versinkt er im Summen der sich drehenden Welt
Das Bewusstsein stürzt in die Tiefe, wo sich alles zum
Langsamen Pulsieren des Herzens zusammenzieht,
Rotierende Wolkengebilde, die sich in den Himmel türmen,
Menschenknäuel, die in blutroter Flüssigkeit langsam in die Tiefe sinken,
Traumschöne Sehnsuchtswesen, die in azurblauem Wasser schwimmen
Geschmolzenes Gold, geschmolzene Gedanken, geschmolzenes Gehirn
Licht jenseits des Lichts, Zeit und Raum, Rausch und Traum
Duchesne schießt auf die strahlende Brust eines Lichtgottes zu,
Bohrt sich in die glühende Haut, durchstößt sie mit kreiselnder Bewegung,
Driftet durch das Flammenfleisch und gleitet am Rücken wieder aus
Der Koloss kippt nach links, schlägt mit dem Gesicht nach unten auf
Und wird allmählich kleiner, bis sein Licht schließlich ganz verlischt
Duchesne sitzt wieder verloren im Dunkeln, sucht Anfang und Ende
Ein Straßenköter riecht an der Hose und hebt das Bein
Das Kopfsteinpflaster ist ein Heldenfriedhof ...

Bar L'Absynthe

Bunte Ejakulationen zwischen zögernden Regenwolken
Jaulende Glutbälle, atmosphärische Spiralnebel, synkopische Weltraumtänze
Scheinwerferkegel gleiten aneinander vorüber und kreuzen sich,
Glühende Finger, die in die Nacht greifen, darin versinken,
Und an einer anderen Stelle der Finsternis wieder auftauchen
Martini-Lässigkeit, Cocktail-Harmonie, routinierte Nonchalance
Boulevardschnepfen, Feinschaum-Aphroditen, Phönixe aus gesiebter Asche
Ströme von Gin Tonic und Chanel, der goldene Weingummitraum des Glücks
Eine Stehlampe, die aussieht wie ein Zyklopenauge auf einem Mikrofonständer
Kerzenleuchter, Wachstropfen, ein tintenschwarzes Klavier, ein Ungetüm,
Das Weltkriege und Revolutionen ohne Verstimmung überstanden hat ...
Jean Dujardin, ein unsteuerbarer Selbstverschleuderer, ein rauschhafter
Exhibitionist, der hört, in welcher Tonart eine Stecknadel zu Boden fällt,
Wirft sich mit trockenen Händen in die Schlacht
Der Boden unter dem Flügel beginnt zu schwanken
Dujardin, der Schamane des Jazz, das Genie aus dem Urschlamm,
Spielt sich in einen Rausch, bis alle Gelenke Gummi sind,
Bis alle Formen der Harmonie zertrümmert sind ...
Rauschend beschleunigte Molekülketten, nervös-dramatische Stürme,
Tönende Dämonie, nachtschwarz, furios, elementar, wahnwitzig,
Chaotische Klangzersetzung und hypnotische Klangverschmelzung,
Die in den Röhren der Blutgefäße einen Widerhall erzeugt,
Die im Knochengerüst ihren Resonanzboden findet, die ins Gehirn strömt,
Die in peristaltischen Schüben durch die Halsschlagadern dringt,
Die Lymphgefäße überflutet, die keulenförmigen Muskeln aufschwemmt,
Über die Spiralnerven in die inneren Organe greift, in die Leberlappen,
In die rotbraunen Bohnen der Nieren, ins flatternde Herz,
Die sich ins Becken der Harnblase senkt, bis in die Zehenspitzen,
Die jede Zelle durch einen musikalischen Knoten ersetzt,
Jedes Mitochondrium, jeden Tropfen Nukleinsäure ...
Ein nur mit Schlagsahne bekleidetes Mädchen dreht sich um die
Eigene Achse, um eine Gottheit im eigenen Fleisch zu erschaffen
Wie abgeschaltet hört die Musik plötzlich auf
Die Teller sind gespült, der letzte Bus fährt vorbei
Lautlos schließen die Straßen ...

Zapfsäule

Die silberhäutigen Schornsteinkolosse des Heizkraftwerks
Abgelegene urbane Winkel, Bauzäune, Brandmauern, Klinkerchaos
Matratzen-Center, Schnäppchen-Center, Bräunungs-Center
Taxis, die gähnend vor sich hinstarren, Rentner, die ihr Lungenkrebssputum
Auf die Straße husten, ein Bestattungsinstitut, das diskret mit dem Tod droht ...
Die nikotingraue Eckkneipe, Geborgenheit zwischen Zapfhahn und Klotür
Festgeschraubte Stammkunden, Alkoholschwaden, Darmsaft, Junkfood-Fett
Wampen und Wachtelbeine, das eingerahmte Foto einer Fußballmannschaft
Kneipenraue Stimmen, bierglänzende Lippen, feuchte Gehirngruben
Schlafzimmerpiraten und ihre Weibergeschichten, blasenschwache Beamte,
Sedierte Sofahelden in Jogginghose, lendenschwache Sozialschmarotzer
Intimitätsterror auf RTL, Katastrophenjunkies, Gehirngnome, geistiger Eiter
Denken mit dem Darm, Maden und Meerrettich, Gelächtersalven, Alkoholdunst
Ranzige Socken, ranziges Gerede, phallokratische Grammatik
Wildtrophäen, eine Dose Hundekuchen, Gläser knallen, jemand rülpst
Auf dem Thron seiner Winde federnd Alain Cuny, der König der Verstopften,
Ein fressender, erbrechender, soßennasser, eingespeichelter Esser,
Der zähnefletschend, Drüsensäfte schwitzend, ketchuptriefend
In sein auf- und zuklappbares Gesichtsloch stopft und schüttet
Wie der letzte Fingerzeig eines Ertrinkenden ragt die Wurst aus der Suppe
Ève Francis, sinnlos jung und aus allen Jeansnähten platzend,
Zeigt stolz ihre rosa Unterwäsche und verteilt die ersten Pillen ...
Henry Monnier, rauchdünner Wirtschaftsstudent mit Raubvogelgesicht,
Glaubt ernsthaft, eine Ameisenkönigin verschlungen zu haben
Fortwährend entdeckt er Larven in seinem Speichel ...
Die Sülze auf seinem Teller gleicht einer glibberigen Meduse ...
Jean Gruault, der den Hintern eines Knaben für das Himmelstor hält,
Lacht und brüllt nach dem zweiten Gehirnschlag ...
Eine Alte im Suff versucht sich die Venen mit einer Pinzette herauszuziehen
Die Polizei kommt und zählt die Messer und Gabeln ...
Schwitzende Wände, hustende Heizungsrohre, Köche mit Metzgermessern
Es spuckt und zischt aus allen Pfannen und Töpfen
Auf dem Klo Nasenblut quietschend auf die Fliesen geschmiert
Im Fernsehen das Wort zum Sonntag
Das Leben ist so real wie Eisbein in Aspik ...

Speedline

Schallwellen, Stoßwellen, Druckwellen, der Himmel ejakuliert ...
Magnetische Felder, Molekülschwingungen, Fließbandkörper, Fließbandpop
Karawanen von Autos mit Windschutzscheiben voll Schwärze und Kälte
Schieben sich in sechs Spuren die Stadtautobahn hinauf
Im Regenwasser die Innereien einer Katze in Farben von Blau bis Orange
Über einem Metallgerüst blinkt eine riesige Leuchtreklame,
Ein schreitender LED-Röhren-Mann katapultiert sich in einem Wimpernschlag
Von Ruhe in Bewegung und seinen Phallus von Schlaffheit in Erektion
Auf unzähligen Straßen unzählige Geschöpfe verpackt in Frischhaltefolie
In der Stadt beginnt das leidige Jagen, die Schlacht am Venushügel
Vom Eros gezeichnet wie von einem Gift verlassen die Jäger ihre Höhlen
Der Schweiß der Nacht, die Gletscherspalten des Fleisches, der Samenapparat
Die Arena der Konkurrenz, taumelnde Schaumschläger, phallisches Imponieren
Brunft und Balzgesang, Schwänzeltanz und Flügelschlag
Selektionsdruck, evolutionäre Sackgassen, Chromosomengelächter
Schwarzäugige Mädchen mit blutroten Lippen in weißen Gewändern,
Mit Fingernägeln, die wie Rosenblätter in der Luft schweben,
Moderne Schneewittchen bereit vom Apfel vergiftet zu werden,
Glänzende weibliche Stahlwesen mit metallischen Zungen,
Mit spitzen Brüsten, die im feuchten Spiegel der Schlaglöcher tanzen,
Giftige Glühwürmchen auf hohen Hacken, schmalhüftig, langbeinig,
In brennbaren dünnen Stoffen, unter die der Wind fährt ...
Fischschwänzige Begierden schwer wie hundert Sonnen
Vergoldete Penisse, schaumige Fleischspalten, gepeinigte Brustwarzen
Schmatzende Türen, fettige Hotels, ölige Liebhaber, klebrige Bettlaken
Die Schlachthäuser der Liebe sind die heimlichen Königreiche ...
Hungrige Engel mit verrutschten Strümpfen und flinken Zungen,
Sterne auf den Brustwarzen und Champagner im Bauchnabel
Goldpuderbestäubte Callboys und Brautjungfern in Rosa an der Puffstange
Wird eine Zigarette auf dem Hintern ausgedrückt, gibt es das doppelte Geld
Erotische Tauschobjekte, Sexroboter, Tanzautomaten, Gebrauchtware
Die Liebe ist eine Schleimhaut, die mit ihren Erregern wächst und vergeht ...
Wasserflöhe und Sackmotten besiegen ihren Tod,
Indem sie sich ohne männliche Hilfe fortpflanzen
Sie klonen sich und bleiben ewig jung ...

Zwischen Beischlaf und Busbahnhof

Mallorca-Trinkhalme, Cocktaildegen, Longdrinksticks, Eisschirmchen
Das animalische Dasein, die testosteronsatte Elite, Triebtäter im Blutrausch
Die Fenster sind mit Nacktfotos verklebt, die Barhocker mit Walfischvorhaut
Zombie-Hühner, Playboy-Häschen, Macho-Hirsche mit mächtigen Geweihen
Popindustrieller Lärm, pelzige Tyrannen, Plüschkampfbienen, Penis-Monster
Sexbesessene Hyänen auf Drogen, die den Kopf verwurmen
Vorstadtmädchen mit schmollendem Mund und Giraffenbeinen,
Die ihren Preis an die Türen der Luxushotels schreiben
Schulmädchen mit auftoupierter Pornomähne in großmaschigen Netzstrümpfen
Langbeinige Blondinen in Leopardenbluse und Gurke im Enddarm
Freche Rothaarige mit fliederfarbenen Strümpfen, die über Pferdeäpfeln
Hocken und sich Luftpumpen zwischen die Beine klemmen
Sündhaft teure Diven mit schwarzer Federboa, mit langstieliger Zigarette
Und Glitter auf den Wangen, die unter voranschreitender Zahnfäule leiden
Jean-Yves Berteloot, ein abgekämpftes Walross, wischt sich den Schweiß
Von den Tränensäcken, irgendwer entleert lautstark seinen Darm
Der DJ aus Ruhpolding geht in Stellung, Lautsprecher recken die Köpfe,
Bässe rülpsen, Party-Schlachtgesang zwischen Kuhstall und Cyberworld
Dolly-Buster-Klone mit Straußenfedern am Hintern winden sich um die Stangen
Und schneiden sich stumm mit einer Klinge Sterne in den Bauch ...
Michel Galabru, ein blasierter Wortlutscher auf der Jagd nach dem nächsten
Rock, sucht eine Partnerin, die sich nach dem Beischlaf umgehend in
Einen Kasten Bier verwandelt, Frauen dienen ihm lediglich als Ich-Verstärker ...
Isabelle Carré, liebesuchende Justizvollzugsangestellte, die nach Haarspray
Und zu lange getragenen Slips riecht, öffnet die Bluse, gibt ihm eine Brust,
Reißt sich alle Ringe aus den Ohren und heult, wie es aus einer zerschnittenen
Orange tröpfelt, hält seine Schultern umschlungen, seine Hüften, seine Knie,
Findet keinen Halt und schmilzt auf der Türschwelle ...
Galabru war Handelsvertreter, in jeder Stadt hat er eine Verlobte,
Zuletzt war er Hausmeister in einem Altenheim ...
Einige Monate badet er in seinen Trophäen
Dann muss sich sein Schwanz neue Ziele stecken ...
Irgendwer bläst Luftballons auf in seinem Kopf
Die Gehirnhaut drückt gegen die Schädelwand und entzündet sich
Aus den Ohren fließt Blut warm die Wangen hinab
Das Telefon klingelt acht Mal ...

Dirty Martini

Rotlicht, Schwarzlicht, Blaulicht, die nächtliche Malaria
Intime Schleichwege, kokette Manöver, flüsternde Moleküle
Ranzige Häuser, die wie ein schiefes Gebiss in die Straßen beißen
Dauernd begegnet man sich selbst am Ende der Straße
Auf der Suche nach Sex oder einer Suppe, wie vor hundert Jahren ...
Der Lack der Welt, die Kampfzone der sexuellen Ökonomie
Industriell stimulierte Hypererotisierung, pornografischer Neokolonialismus
Konsumierendes Konsumgut, kollektive Erektion, Kontraktion, Eruption
Weißbezahnte Menschen, die sich auf saftigen Wiesen fläzen,
Grüne Liebespaare eingegraben in den Trümmern ihrer Gefühle,
Die Liebe nur im Schmerz genießend, von einem zum nächsten getrieben,
Durch kleine und große Betten, immer wieder neue Wetten abschließend,
Immer wieder das Parfüm, den Strand, die Stadt wechselnd ...
Bodenständige Kost im „Pussycat", Raffinement im „French Kiss"
Höllen- und Himmelsgrotten gepolstert mit Wogen kirschroter Seide,
Videos von Chantelle, die sich aus immer neuen Kostümen strippt,
Der müde Teppich, der diskret jedes Geräusch verschluckt ...
Zungen wie Zuckerstangen, Wimpern wie in Teer getauchte Zweige
Die Nonne beim Blowjob, die Busendiva im Badewasser,
Der Sadomaso-Tänzer mit Hundemaske, der türkische Macho,
Der mit barbarischer Primitivität die Dinge auf den G-Punkt bringt
Trocken perlend kühlt der Champagner den dampfenden Pool
Das Licht fällt zersplittert durch ein Goldfischglas, überall Sterne,
Auch in den Augen der Nymphen in ihren durchscheinenden Gewändern,
Die langsam tanzen, sehr langsam, die sich im Tanz verspinnen
Mit ihren storchenlangen Beinen, mit ihren schmalen wippenden Hüften
Körper milchweiß wie Kerzen, verliebt-versunken in die eigene Anatomie,
In sich verbissen, sich selbst verschlingend, in sich selbst wühlend
Eine dänische Nofretete steht, in ein rotes Licht getaucht,
Das von einem anderen Planeten auszugehen scheint, auf dem Tisch
Der Vibrator dröhnt wie ein Rasenmäher, sie haucht und keucht,
Hat einen Orgasmus und schaut unbeteiligt auf die unzähligen Augenpaare,
Auf die Herren der Lustschöpfung, die nach Hexerei und Höllenkunst gieren
Die Musik ist diskret und intim, ein flehendes Flüstern ...
Neue Geschlechtsteile sind nicht in Sicht ...

Solarplexus

Blondinen, die in Schokolade baden, Hoden, denen die Liebe fehlt
Tetrapak-Sangria, Rausch-Aphasie, Loopings in Raum und Zeit
Gnadenlose Gesichtskontrolle, Sofas wie Hochsitze, freilaufendes Wild
Plastic Pop, Trockennebel, Tits on Sticks, Teenie-Akne, Trizepsgebirge
Das Stroboskop schneidet die Sekunden in feine Streifen
Projektoren werfen dreidimensionale Farbgerinsel an die Wände
Es glitzert, glamourt, perlt, tropft und saugt in allen Farben
Feuerzungen, die in geschwungenen Bögen hervorschießen,
Flammendes Plasma, glühende Brocken, Splitter brennender Hölle
Hermaphroditisch bodygebuildete Körper, insektenäugige Pubertätsmonster,
Präpotente Würstchen mit gigantischen Turnschuhen und großzügigen
Gel-Portionen, Peitschenprinzessinnen und Rasierklingenmädchen mit wilden
Mähnen, bleiche Sprayer und Kopfnicker mit einem Herz für Lösungsmittel
Goldzähne, chemische Ölfrisuren, Gin Tonic aus dem Blumentopf
Koksnebel, Ecstasy-Bowle, homogen zuckende Zellhaufen
Paarungstanz der Glühwürmchen und Springschwänze
DJ Suff Daddy, der Schallplatten zum Frühstück isst, dreht die Regler hoch
Und lässt die Plattenteller qualmen, die Bässe treffen mit der Wucht eines
Faustschlags auf die Brust und blasen das Hirngewebe aus dem Schädel
Gogos in Stahlkäfigen, kostümiert mit Engelsflügeln und Tiermasken, lassen
Ihre Glieder zucken und drehen ihre eingeölten Körper in absurde Posen
Sonia Rolland, Sozialarbeiterin in der Familienhilfe, sprüht sich Haarspray
In die Locken und tobt, weil sie nur Sexdates hat und keine Beziehung
Paul Verdier, ein Unterdruckvampir, der seine Mädchen nicht berührt,
Sondern mit einem Zug aussaugt, schaut sie mit einem Raubtierblick
Von unten herauf an, bereit, ihr ein Messer in den Bauchnabel zu treiben,
Sie bis zu den Brüsten aufzuschlitzen und in zwei Hälften zu teilen ...
Geruch nach Duftstein, Urin und junger Weiblichkeit auf der Damentoilette
Verdier reißt ihr das Kleid hoch, zieht den Slip herab, und nagt,
Während sie seinen Kopf zerwühlt, an ihrem Schamhaar
Von der Decke rieselt Wasser und erstarrt zu armlangen Eiszapfen
Sein Gesicht ist aus hauchdünnem Porzellan
Ihr Schlag mit der Handtasche zertrümmert es in tausend Teile
Sie nimmt ihre Schuhe, reißt die Absätze ab, wirft sie weg und geht
Die Stille rinnt herab wie etwas Flüssiges, Kaltes ...

Funky Buddha

Das postindustrielle Stahl- und Glaszentrum der Stadt,
Ein Ungetüm, das sein antennensträubendes Haupt in die Wolken reckt,
Ein Organismus, durch den von Zeit zu Zeit kurze Stromstöße zucken
Jacques Jouanneau, der in verrotteten Industriehallen nach Elektroschrott
Sucht, betrachtet die Reflexe in Grün, Braun und Orange,
Die das Licht den Scherben zerschlagener Flaschen entreißt
Ein frühzeitig gealtertes Plakat kündigt einen Boxkampf an
Zwischen Dosenbier und Weltrevolution singt Maxime Godart,
Ein Altlinker der ungefügigen Sorte, ein melancholisches Lied über
Die Klagen eines Wolgaschiffers, der die ganze Nacht am Ruder steht ...
Der Schmerz der Welt ist ein schmarotzendes Wesen,
Das die Wärme der menschlichen Seele sucht, um dort zu nisten ...
Der Missbrauch der Gegenwart, der monotone Tanz der Scheibenwischer
Jouanneau taumelt, Sirengeheul und Regenwasser im Schädel,
Wie durch Watte, tastet die Wände ab und die Dächer der Autos,
Bis er im Krach der umherfliegenden Staubkörner untergeht
Ein abgeschnittenes Ohr liegt im Weg, eine Mahlzeit für die Fliegen
Mainstream-Gesichter mit Sonnenbank-Teint kommen vorbei,
Die Augen glasig vom Fernsehen, gerötet vom Ehekrach,
Verheult vom Drama enttäuschter Nähe im Schlafzimmer
Vier Stockwerke geht es ins Dunkle des Erdreichs hinab
Mit jedem Schritt fällt das Atmen schwerer, es riecht nach Raubtierhaus
Der eiserne Vorhang, die schwere Hadespforte, von zwei Hünen
Mit pelzigen Armen bewacht wie von zwei Chimären, knarrt bissig auf
Qualm quillt nach draußen, drinnen zucken farbige Lichtstrahlen
Kühlschrankgroße Boxen, 106 db, popindustrielle Elektrobeats
Hooliganeske Briten, insektoide Teutonen, technoide Disco-Monster
Machohirsche mit mächtigen Geweihen, hoppelnde Playboy-Häschen,
Horden von Jennifers schlankgehungert und bis zur Entstellung gebräunt
Mandy, Sandy und Wendy, die sich halb Kolumbien durch die Nase ziehen
Silikongehirne, bonbonbuntes Augenfutter, Flirtmaterial
Vakuumverpacktes Fleisch, das ertanzt und erschwätzt werden will
An der Stange aalt sich ein Langhalsedeltier mit botoxsteifer Stirn
Und gießt sich Sekt in den Mund, bis er auf die Brüste spritzt
Der Mob, Schaum vor dem Mund, bricht in Jubel aus ...

Vibrationszone

Der Treibhauseffekt haucht ein Loch in die Nacht
Der Himmel brüllt und atmet, die Luft ist rot, feucht, fett
Das Bermudadreieck des Suffs, der sexuelle Schmelztiegel
Warm pulsierendes Fleisch, flirrende Üppigkeit, fröhliche Debilität
Das nackte Ich im Taumel der kollektiven Ekstase, die Stadt treibt wie
Ein leck geschlagener Tanker den Klippen der Sinnlosigkeit entgegen
Kuschel-Monster, Porno-Rapper, Party-Patrioten, Hakenkreuz-Idioten
Erotische Aggression, Partymotorik, Triebabfuhr, Spermienregen
Schenkeltiere, Zitteraale, Vögel, die wie exotische Blumen leuchten
Epileptisch zuckende Schwärme in cremefarbenen Lackmänteln,
Geblendet von der Hitze, die aus unzähligen schwitzenden Körpern weicht,
Geschoben und gestoßen im Strudel erhitzten Fleisches,
Eingehüllt in vulgäres Parfum wie in einem Kokon
Proseccotrunkene Morphiumbienen mit gelbschwarzen Streifen,
Asiatinnen, die sich lächelnd Zigarettenrauch ins Dekolleté pusten lassen,
L'Oreal-Mädchen mit blonder Stahlfrisur und gefälschtem Versace-Schmuck,
Nataschas auf Männerfang, die an ihren Stringtangabikinis zupfen,
Spargelbeinige Kerle in Boxershorts rasiert bis auf die Knochen,
Kopulationsfreudige Mittdreißiger mit Speichel in den Mundwinkeln,
Ausgebrannte Vierzigjährige mit Trockeneis auf der Zunge,
Wohlstandsdepressive Langweiler zu schüchtern für das große Abenteuer,
Ein Frank Sinatra in Jogginghose, der auf der Clubtoilette zusammenbricht,
Goldzahn-Gangster, die aus Damenschuhen Moët & Chandon saufen,
Zigarrenbewehrte Geschäftemacher mit einer Schüssel Kaviar vor der Nase,
Magerkeits-Prinzessinnen mit kühler Eidechsenhaut, sinnliche Münder,
Die mit langen rosa Zungen zuckrige Kristalle über den Spiegel schieben
Augen unter schuppigen Schichten von metallischem Lidschatten
Alberne Hip-Hop-Gesten, Lolita-Posen, Trashpop und knüppelnde Beats,
Bis sich die Bohlen biegen unter den tanzenden Stöckelschuhen
Nasenkönige, Eros-Engel, winselnde Lutscher und wilde Hornissen,
Die sich gegenseitig Stücke aus dem Rücken beißen
Lippen, die zittern, die betteln, die winseln, die flehen
Trockene, heiße, hungrige Lippen, die andere Lippen zerbeißen
Die Musik kriecht dahin wie eine bezahlte Hure und stirbt
Draußen kotzen Menschen, die Sekunden vorher glücklich waren ...

Liebescontainer

Die schlummernde Venus, schaumgeboren, ans Ufer geweht, hingegossen
Sehnsucht dringt in tausend Verästelungen tief hinab ins Herz ...
Telefonnummern wie Flöhe, elektronische Hinterzimmer, innerer Dauerporno
Körperliche Aufrüstung, barbarische Unterwerfung, haarige Regression
Orgasmen, die sich nach und nach in melancholischen Wellen auflösen ...
Schmierige Schaufenster, ein Bus in Rente wild mit Graffiti besprüht,
Ein Kindergarten für Immigranten, eine Ambulanz für Geschlechtskrankheiten,
Ein thailandisches Mädchen, das seine Brüste für Trinkgeld entblößt,
Eine Feministin, die Fritten in ihren geschminkten Mund stopft,
Ein Sterbender, der sich das Blut seiner Hämorrhoiden von den Fingern leckt,
Liebespaare in gläsernen Schaukästen, die sich gegen Stundenlohn begatten
Grell geschminkte Lippen bearbeiten das andere Geschlecht im Close-up
Skinny Schoolgirls algorithmisch vorsortiert, angeklickt und bestellt
Geld gegen Foto, gegen das noch feuchte Unikat, das Ejakulat des Fotoapparats
Omnipotente Pornorapper, politoxikomane Phallusprotzer, Pullermusik
Zwei-Meter-Bullen mit Millimeterbolzen, Athleten mit elegantem Degen,
Dauerverschwitzte Spartaner mit kühlschrankgroßen Brustkörben,
Teutonische Triebtrottel und zottige Primaten, die an den Stäben rütteln,
Eine Nackte im Kühlschrank, Inzest im Beichtstuhl, balzende Skorpione
Überall stöhnt und keucht und schleckt und sabbert es
Miss Valerie werden vor dem Verkehr nicht nur die Schuhe geleckt
Lady Violette lässt ihren Gebärmutterhals mittels Spekulum studieren
Madame Charlotte wird von Sadisten angegriffen und vergewaltigt
Sie kann noch so zappeln und ihre Krallen ausfahren,
Am Ende wird ihre Vagina von zwei Männern verstümmelt,
Während sie auf dem Rücken eines dritten gefesselt ist
Bei Erschöpfung wird abgelöst, bei Kälte sind die Schaukästen beheizt ...
Liebe, vom ersten Hauch entfacht, vom zweiten Hauch gelöscht,
Ein überholter Mechanismus kurios wie die Fortbewegung mit Dampfkraft,
Ein Abfallprodukt eingewickelt in eisiges Papier ...
Das Universum basiert auf Trennung ...
Niemand beachtet die Einsamen, die um einen Tropfen Liebe betteln
Sie wälzen sich auf den Straßen und schneiden sich die Adern auf,
Von der Welt getrennt durch einen transparenten unverletzbaren Film
Kinder werfen mit Steinen nach ihnen ...

Chez Angélique

Verwinkelte Kellergewölbe, unverputzte Steine, eine schwere Eisentür
Fensterlose Zellen mit hölzernen Pritschen, Lacktische, tiefe Orgelakkorde
Unter der Decke schwingt eine enthäutete Rinderhälfte hin und her ...
Gegrillte Nackthunde, Leckmuscheln, Schweineohren, gequälte Brötchen
Melkmaschine, Gynäkologenstuhl, der Skalp eines Schimpansen
Männer in Strampelanzügen, strenge Lehrerinnen, tüchtige Sekretärinnen
Dressur, Sklavenabrichtung, Rohrstockerziehung, Mumifizierung
Ein Lederkerl mit Gasmaske winselt angekettet am Pissoir
Unterspritzungen, Injektionen, Nähen, Zwangsenthaarung
Rosetten sprengender Analsex, Hodenanalyse, Harnröhrenstimulation
Gekonnt wird das Klistier eingeführt und dem Patienten
Per Katheter die Flüssigkeit aus der Blase gezogen ...
Bei Bedarf wird via Zwangsernährung Natursaft zugeführt ...
Masken und Mundschleimhaut, Kot und Kaugummi
Brandeisen, Speckgeruch, abgerissene Hoden, faulende Kartoffeln
Enthemmung bis zum Blutsturz, bebende Bauchdecken, Brechreiz
Marc Dorcel, ein tumber kraftstrotzender Elektroinstallateur,
Der frühkindliche Traumata ausagiert, indem er Frauen misshandelt,
Wird ein unschuldweißes Mädchen mit rosigem Hintern serviert
Dumpf regredierte Frauenschlitzer knüpfen sich ein College-Girl vor,
Das sich selig nach ihren Schändern sehnt und wollüstig verröchelt ...
Léa Seydoux, die von einer Aushilfskraft in einer Bäckerei zur
Gummimaskierten Domina umschulte, führt als blond bezopfte KZ-Wärterin
Einen verzappelten Machtkaspar mit nacktem Hintern an der Leine
Über die Bretter, sticht ihm Nähmaschinennadeln in die Eichel, hakt ihm
Angelhaken in den Hodensack und peitscht ihm die Geschlechtsteile aus ...
Teigige Frauenkörper, vom Kopf bis zum Nabel entzweigesägt,
Abgeschnittene Brüste auf goldenen Tellern, klaffende Bäuche,
Tropfende Eingeweide herausgezerrt und auf Spulen gewickelt ...
Der Fahrgastraum im Zug ist dreiviertel leer
Fußtritte, Ohrfeigen, Hiebe mit der Fahrradluftpumpe ins Gesicht
Vier Kerle beschimpfen ein Mädchen, dringen mit Gewalt
Durch alle Körperöffnungen in sie ein, spucken und pissen sie an
Der Zug hält mehrmals, Fahrgäste steigen aus oder wechseln das Abteil
Gott sitzt in seinem Zimmer und drückt sich Reißzwecken in die Hände ...

Glasfinger

Ein riesiger Mond kriecht über die Dächer
Häuser mit abgeblätterten Fassaden, ausgeweidete Autos
Dunkle Torbögen, hohe Mauern, Katzen streunen um Müllsäcke
Eine Uhrzeit, wo nur noch die über die verdorrten Straßen wandeln,
Die für nichts mehr Zeit haben und jene, die über die Zeit herrschen,
Dünne Gestalten im Zwielicht der Straßenlaternen, hüftwackelnde Mädchen,
Albanische Bauchaufschneider, ukrainische Frauenverschlepper
Ein illegales Bordell, Bushaltestellen, Bars, Alkoholdunst
Schwankende Kellner, weiße Tischdecken, gelbes Schweigen
Provinz-Intellektuelle, Kaffeesatzleser und Weltendesigner beim Cognac
Ranzige Bildungsbürgerfüße, Weltanschauungsrandale, Liedermachermuff
Defekte Schleimhäute, pochende Zellwände, neurochemische Erschütterungen
Irrende und sich im Leben Verirrende, der Verdauungsapparat kapituliert
Maurice Chevit, ein glatter Geschäftsmann, der seit dem Tod seiner Mutter
Das elterliche Schaufensterpuppengeschäft betreibt, schiebt lustlos
Die Hühnerbrust mit der Gabel auf dem Teller hin und her
Am Tischrand begatten sich zuckend zwei Stubenfliegen
Die Mechanik des Gehirns, der Gesang der Neurosen
Denken und Gedanken über die Gedanken und das Denken
Jeden Tag gebärt er sich neu, jeden Abend bringt er sich um
Jeden Morgen wickelt er sich die Zeit wie einen Strick um den Hals
Nur seine Eingeweide begreifen etwas, er hat fortlaufend Durchfall ...
An der Wand hängt ein Bild rund wie eine Uhr, in der Mitte ein Wort
Gemalt mit Buchstaben, die an Gelatine erinnern: Angst
Das Licht, das ins Zimmer fällt, färbt sich aschgrau
Chevit schaut so lange in den Fernseher, bis das Gerät zu ihm spricht
Eine Frau mit weißem Gesicht sagt ihm, dass er sterben wird
Und lächelt, bis sich ihr Gesicht zu einer Grimasse verzerrt
Chevit rennt auf die Toilette und stürzt durch die Mitte der Welt
Mit einem Grauen, das in die Haarwurzeln greift, sieht er auf die Uhr
Mit zunehmender Geschwindigkeit umkreisen die Zeiger das Zifferblatt
Die Tresore der Ewigkeit, um deren Kombination die Weisen der Welt
Sich vergeblich mühten, sind aufgeschweißt und ausgeräumt ...
Die anämische Moderatorin im Fernsehen ritzt sich mit einer Rasierklinge
Einen fünfzackigen Stern in den Bauch und verröchelt ...

Zeitlappen

Das Schlachtfeld des Bewussten, die Grammatik des Unbewussten
Das Unheimliche im Vertrauten, die Wiederkehr des Verdrängten
Die gefräßige Stille der Moderne, urbane Dunkelheit, schwankende Bretter
Plüschige Ruhe vor dem Sturm, die Bühne ist weit aufgerissen
Schrundig monumentale Klanglandschaften, archaische Blechbläser
Fletschen die Zähne und schießen sich den Weg zu den Ohren der Hörer frei
Blutbenetzte Felsen, vermüllte Tempelreste, ein düster glänzendes Riff
Gischt aus dem tosenden Meer, ein schwarzer Faden gefrorene Zeit
Liina Brunelle, vom Schaum geboren, der sich um ihren Körper verdichtet,
Entsteigt, von blondem Haar umflossen, die Hand auf die weibliche Blöße gelegt,
Den Fluten, tankt das Licht der Sonne und lässt es von ihrem Körper tropfen
Einen Augenblick lang räkelt sie sich in ihrer Muschelschale, fegt vom
Hungern müde Fliegen von ihrem Schoß, wirft sich die Haare über die
Schultern und gleitet durch einen Schwarm flatternder Schmetterlingsflügel
Kathedralische Klanggebirge entfalten einen unheimlichen Sog
Streicher mit spitzen Bogenstrichen und schnappenden Atemzügen,
Schreiende Akkorde, gefährliche Wirbel, sturmgepeitschte Wolkenfetzen
Die Wände rücken zusammen und verflechten sich zu einem Labyrinth,
Das sich windet und verformt, in dem es webt und wuselt
Michel Gondry, ein stierköpfiger Menschenschänder, ein blickloser Koloss,
Verspürt den Drang, Tiere und Menschen in Teile zu zerlegen,
Durchstreift seine Jagdgründe und haucht ihr seinen heißen Atem ins Gesicht
Kontrabässe grummeln, Schlagwerksalven dröhnen, Clusterklänge detonieren
Brunelle schreit, bis den Mauern der Schweiß ausbricht
Und erschlägt das Ungeheuer mit solcher Wucht,
Dass ihr Hammer bis zum Schaft im Schädel stecken bleibt
Triumphierend wie ein Gladiator wischt sie sich die blutigen Hände
Am Schenkel ab und greift in einen staubigen Sack
Teuflisch auflachend zieht sie die blutigen Köpfe der wirtschaftsliberalen Elite
Dieser Welt hervor, sie hat alle Götter des Spätkapitalismus enthauptet
Und die Fesseln ihrer Fremdbestimmtheit gekappt
Jetzt ist sie frei, ein Donnerschlag löscht alle Lichter
Regen peitscht vom Bühnenhimmel, Hysterie, kreischender Tumult, Getöse
Die letzten Hände applaudieren und entfernen sich
Zeitkrank, blind und schwankend treten sie ins Freie ...

Luftraum

Die Nacht ist eine Schlange, die sich immer wieder häutet
Thierry Fortineau, ein geborener Davonkommer, der sich aus der
Abgehetzten Konkurrenzgesellschaft, aus dem Kampf um Status und Güter,
Heraushält, durchrast die leeren Labyrinthe der Welt, klettert die Fassade
Eines sehr hohen Hauses hinauf, durchstößt das Jungfernhäutchen
Des Himmels und spannt goldene Ketten von Stern zu Stern ...
Uralte Märchen erwachen, Budenzauber aus Orient und Okzident,
Zauberkarossen gezogen von schnurrenden Katzen im gestreckten Galopp,
Winzige Häuser aus Kristall, die auf unsichtbaren Schienen gleiten,
Löwengebrüll und Sirenengesang, Gummibärchenschnaps und Leierspiel
Flohzirkusdirektoren, Jungfrauenzersäger, Eremiten unter Plexiglashauben
Ein rauchender Orang-Utan, Tenöre mit drei Köpfen, Sklaven mit Hängebrüsten
Dürre Schimpansen, die sich von Wäscheleine zu Wäscheleine hangeln,
Ein Clown, der sich ein zappelndes weißes Kaninchen aus dem Hirn zieht
Und ihm kurzerhand den Kopf abbeißt, ein Märchenerzähler, der sich
Von einem Python hypnotisieren, umschlingen und verspeisen lässt,
Ein Wüstenkamel, das einen Verdurstenden verhöhnt, Liebende,
Die sich in den klebrigen Fäden eines riesigen Kaugummis verspinnen,
Drei teigige Weiber, die sich einen farbigen Knaben hin und her reichen,
Ein nacktes Mädchen, das unter das Gewand des Geistlichen krabbelt,
Ein Gaukler, der mit einem Fingerschnippen die Zeit anhält,
Um einer Prinzessin den Slip auszuziehen, das Einhorn, das seinen
Verwunschenen Kopf einer Jungfrau in den Schoß legt,
Der Mönch, der seinen rechten Arm für einen größeren Penis opfert,
Die Schamanin, die sich lustlos das Schamhaar zupft,
Die Trompete, die sich als männerverschlingende Vagina entpuppt,
Der Totengräber, der zum Spaten greift und Erde von einem Haufen schaufelt,
Bis sich darunter eine fette Frau rührt, die ihm ihre Brüste gibt,
Bis die Milch in Bächen rinnt, verrückt aufspielenden Musiker,
Die im glitzernden Staub verschwimmen wie die Schlachtrosse eines
Wildgewordenen Karussells, stierende Monster, ungelenk winkende Skelette,
Sensenmänner und Feuerschlucker, die schließlich das Zelt in Brand setzen ...
Der Clown reißt sich die Nase ab, die Seiltänzer nehmen den Nachtzug ...
Gott heult seinen Traum durch die Nacht,
Singt sein ewiges blödes Lied und verärgert den Himmel ...

Seismograf

Konturlose Nacht, Inexistenz, kortikale Blindheit
Weißes Rauschen, wiedergekäutes Junk-Food, hinterhältiges Nass
Die bleich gewordene Moderne, die totale Machtergreifung der Märkte
Warenverbrauch, Körperverbrauch, kommunikatives Delirium
Das neoliberale Ich, die Kolonisierung der Gefühle und Gedanken
Die Ausweitung der Kampfzone ins Private, Körperliche, Intime
Hornbrillenträger, algorithmisch kontrolliert, gestrandet im Getriebe des Systems
Bürosklaven, im Konkurrenzkampf fertiggemacht und weggebissen
Der Fondsmanager, der mit offener Hose im Kindergitterbett liegt, an seinem
Penis zerrt, als wolle er ihn ausreißen und nach seiner Mutter schreit
Flackernd leuchtende Straßen, die sich von heute auf morgen verändern,
Die sich von links nach rechts verschieben, nach oben oder unten
Die Spuren der Verirrten, die im eigenen Atem ertrinken,
Die Hinterhöfe, wo das Rauschen der Welt nur nuschelnd durchhallt,
Die Zweige der kranken Bäume, die sich vergeblich ins Nichts recken,
Die Strichmädchen, die an der riesigen Neonröhre um ihr Leben flattern,
Die Frauen mit den vernähten Gesichtern, die aus der Damentoilette torkeln,
Die Nazischläger, die das Institut für Sexualwissenschaften plündern,
Die wurmstichigen Seelen, die anästhesiert an der Tankstelle abhängen
Und ab und an einen Faden Spucke zu Boden fallen lassen,
Die Exilanten der letzten Stunde, die, von den driftenden Erdplatten
An die Wand gedrückt, rauchend in die Dunkelheit starren
Der Dom ragt hinauf in schwere Gewitterwolken, einst glückliche Wilde,
Mit Feuer und Schwert zu Christen geprügelt, hängen an ihren Kreuzen,
Bis sie nach ihrer Verwesung vom Holz fallen, Moses schlurft mit seinen
Gesetzestafeln über den Platz, verliert eine, lässt sie liegen, vergisst sie ...
Daniel Gélin, angstschwitzender Personalberater bei EDF, durch die
Anforderungen der Arbeitswelt zum Alkoholiker ausgewalzt, das Gesicht
Eine Kraterlandschaft aus Furunkeln, Barthaaren und geplatzten Adern,
Stößt mit der Hand an eine unsichtbare schwebende Wand
Er blickt in den Himmel, Regen klatscht ihm ins Gesicht
Irgendwer in der Ferne singt Lieder für einst bedeutungsvolle Orte ...
Der Wahnsinn sammelt sich und bildet schwarze Pfützen
Das Leben ist ein vergessener Koffer auf einem Bahnhof
Alle Taxis sind besetzt, die Hoffnung wird zu Wasser ...

Kältepol

Der Mond schwimmt in einem Meer aus erstarrtem Fett
Auf der anderen Straßenseite öffnet sich summend ein Mund
Enthäutete Pferdeschädel, pilsgelbes Licht, biergurgelnde Patrioten
Verrohtes Unterschichten-TV, Kichererbsenpüree, Stammtisch-Brutalitäten
Fast-Food-Bomber, Präriestaub, drei Zentner Texas-Fleisch, von der
Decke baumeln Boxhandschuhe, ein ausgestopftes Krokodil, Spinnweben
Der gusseiserne Ofen atmet wie ein geprügelter Hund, ein Cowboy mit
Pimmel und eine Indianerin mit Brüsten weisen den Weg zur Toilette
Die viehtreibende Arbeiterklasse trinkt sich um Haus und Hof, Hirn und Hose
Geruch nach Kalb und Kuhdreck, Schnaps und Leberschaden,
Der beglückende Mief eines unbewussten Lebens ...
Georges Méliès, ein hartköpfiger Bauer gefangen in seinem Misthaufen,
Schwärmt von Perlhühnern und einer Pfirsichfarm in Portugal
Thierry Neuvic, der sich als Haustierkidnapper ein Zubrot verdient,
Macht sich in die Hose und reckt die rechte Hand nach oben
Seine Brust ist tätowiert, eine Faust zeigt den Stinkefinger als erigierten Penis
Noël Roquevert, der die Welt nur noch im Weichzeichner des Alkohols erträgt,
Setzt sich an den Flipperautomaten und genießt den Schwindel ...
Durch die offene Tür dringt ein wenig Nacht, im Spiegelbild einer Fensterfront
Geparkt eine Bohnermaschine wie eine Kreuzung aus Schwein und Bulldogge,
Eine schöne Frau im verblissenen blauen Kittel einer Reinigungsfirma
Schwebt schwerelos am Himmel wie eine gefälschte Fotografie
Und sendet Botschaften aus der eisigen Zone der Leidenschaft ...
Aus dem Dunkel springt eine Straßenlaterne, vom Turm ertönt die Uhr,
Die Kirche ist weiß gegen die schwarze Nacht gestellt, voll Glaubensqualm
Und mit hundert Särgen unter dem Dach, an der Wand lehnt ein Hundeskelett
Ein junger Mann verbrennt eine Frau, die ein Kind von ihm erwartet
Über eine mächtige Brücke führt die Straße ins Leere
Lange steht Roquevert am Geländer, betrachtet mit bellender Lunge
Das Ende seiner Zigarre und starrt hinunter in den Fluss, der sich
An den Pfeilern bricht, kristalline Verwirbelungen und Strudel erzeugt
Und unaufhaltsam wie die Zeit in spiegelnder Glätte dahingleitet
Zusammengedrückte Stille, verdichtete Finsternis
Unheilvoll dunkel klagen die Stimmen der Sirenen ...
Loslassende Hände und das Wasser ist seine Zukunft ...

Rohmaterial

Die erotisch entzauberte Gegenwart, die Träume verschwiegener Nächte
Geöffnete Hosen, gehobene Röcke, verrutschte Unterwäsche
Der siedende Geschlechtskessel, der archaische Kampfplatz
Abenteuerfreie Affären, melancholische Leibesübungen, Schmerzmittelrausch
Körpertauschgeschäfte, Säugetier-Schaltkreise, vertrödelte Lebensläufe
Sara Forestier, eine nutzlose Ziervase und Fabrice Luchini,
Ein haltlos von Verkehr zu Verkehr driftender Sekretärinnen-Vernascher,
Toben durch den Raumkokon, in den sie sich eingesponnen haben
Zwei Marionetten ineinander verirrt im Spiegelkabinett des Jahrmarkts,
Zwei Fische, die einen dünnen Exkrementefaden hinter sich herziehen
Die Stühle sind festgeschraubt, die Krawatten im Kleiderschrank kastriert,
Der Teppich so dick wie die Matratze, das Radio im Chaos abgesoffen,
Der bürgerliche Schutzmantel zerrissen, die Kinder im Gemüsefach entsorgt
Hinter den Fensterscheiben schäumt der Regen, ein Auto schmiert ab
Totenstill wird es zwischen den zähnefletschenden Kontrahenten
Das Klingeln und Rascheln der Bewaffnung ist vorüber, vor ihnen liegt das
Kahle Schlachtfeld, der rotflaumige, mit zwei Eiern geschmückte Hintern,
Die violettrote Eichel aus Gummi, die Schwellkörper des Wurms,
Die feuchten Abgründe zwischen den Schenkeln, der mit Drüsen prall
Gefüllte Bauch, die untergehende Sonne der Eierstöcke, das Epithelgewebe,
Die Schleimhäute, die fermentierten Fäkalien, Magensäfte, Galle und Insulin
Kehliges Kriegsgeschrei, klatschnasser Kampf, animalische Vernichtung
Blutverschmierte Lippen, durchbohrte Arterien, gierige Saugbewegungen
Feuchtsatte Wutattacken, aufbrechende Erde, dumpfe Gewitter
Zerprügelte Gesichter, fünf Minuten Sex, ein Kaffeelöffel Sperma ...
Die Nacht regnet in schweren Klumpen herunter,
Mit ihr all die Plagegeister, die sich lautlos im Dunkeln bewegen
Das Denken bohrt sich ins schwarze Nichts
Draußen herrscht das atemlose Schweigen der Höhlenwelt,
Die durch Jahrhunderte ununterbrochener Gewalt erschöpfte Welt,
Die Welt der Menschen, die das Licht des Himmels mit Blut löschen
Das Draußen
Das blutbefleckte Häutchen
Die Heldenwelt der Wahnsinnigen
Das gespenstische Reich der Hysterie

Ich-Knoten

Trockener Beton, klebriger Schweiß, desperater Nihilismus
Der Geruch der Straße, das steinerne Meer der Schlafwandler
Einsamkeitsverliebte Körper ohne Schatten im Treibsand ihrer Erinnerungen
Schwarze Seelenwinkel, paranoide Blickverengung, weißes Rauschen
Die bittere Kälte des interstellaren Raumes, grüne Frauen mit blauen Beinen,
Busse, die sich rot und schwerfällig wie Maikäfer durch die Stadt bewegen,
Gelbe Bäume am Straßenrand, die auf Hunde und Winde warten,
Eine Handvoll Kiffer, die delirierend über den Parkplatz schwanken ...
Die Körper und die Maschinen, die Seelen und die Algorithmen, das Sein
Und das Nichts stöhnen auf wie das Universum, das an sich selbst irre wird ...
Sacha Guitry, ein Hirnvampir, der sich selbst den Lebenssaft aussaugt,
Schiebt sich wie ein Wurm durch die Häuserschluchten
Ein zerzaustes Straßenmädchen reicht ihm ein blutiges Kruzifix ...
Die Nacht ist rücksichtslos, Guitry kennt die Zähne der Straßenköter
Wadenkrämpfe, Blutgerinnsel, Seelengülle, Tränensäcke
Der Sog der urbanen Seelenlosigkeit, die Geometrie der Gefühle
Hirnakrobatik der dritten Art, substanzlose Substanz, Zeitschutt
Das große Plappern und Plärren, die Komödie der Normalität
Das unablässige Weben und Quellen der Gedanken
Das eigentümliche Sirren, das sich körperlos ins Ohr bohrt
Die Stimmen, die so fein sind wie ein Pinsel mit nur einem Haar
Der zerbrechliche Schädel, von dem Kalkschicht um Kalkschicht blättert
Die zerfurchte Landschaft des Gehirns, das strahlend weiße Marklager,
Die Köpfe der Schweifkerne, die Sehhügel, die innere Kapsel,
Knie und Bauch vom Balken, die Gewölbepfeiler, die Gürtelwindung,
Die Insel und die Hörner der Ventrikel, die Denkmaschine, die knirscht
Und keucht mit Millionen von magischen Scheiben, die schwirren
Und sich drehen, die Hypophyse, die wie ein Saphirkörnchen glüht
Guitry steigt die Schneckentreppe zum Selbst hinab,
Kriecht unter die Pia Mater, durch die Neocortex-Schichten,
Taumelt durch das limbische System, durch das Mesencephalon,
Greift hinein in seinen tiefsten Abgrund, steigt immer tiefer hinab,
Grapscht den Schließmuskel, zieht die Eingeweide nach außen
Wie ein Kaninchen, dem man das Fell abzieht, und schreit aus dem After,
Bis er in plötzlichen Blitzen erstarrt und wie eine Glühbirne erlöscht ...

Schleudergang

Kubistische Mansarden, undurchlässige Membranen, betonmatte Augen
Die Straßenschluchten sind tiefer als der Marianengraben
Kreditkarten und Reiseschecks segeln durch die Luft, Aufzüge steigen und
Fallen in ihren Schächten, büromüde Gesichter lauschen der Klimaanlage
Die langen Gänge der Macht, das Diktat der Zahlen, der Verwaltungswasserkopf
Die Spinnen der Korruptionsherrschaft, eiserne Buchhaltergesicher, Archivratten
Die Nacht ist ein Teerblock, ein schwarzer Nebel, der alles verschlingt
Irgendwer holt seinen Wurm aus der Hose und pinkelt
Dickstrahlig wie ein Pferd an den Pfeiler der S-Bahnbrücke
Ein dralles Mädchen mit ingwerroten Haaren kaut Chips
Die Polizei nimmt eine Feuersbrunst zum Anlass, hunderte Raucher zu
Massakrieren, fünf Straßen weiter schlagen die Armen auf die Ärmsten ein
Michel Auclair, der aus der Kindheit ins Irgendwo gefallenen ist,
Taumelt über nächtliche Schlittschuhbahnen und Karussells,
Durch trostlose Hinterhöfe und verschneite Bahnüberführungen
Auf der Oberlippe das vertraute Aroma von Regen und Kälte,
Der Geruch feuchter Schuhsohlen, der Geschmack von getrocknetem Rotz,
Die schweren Düfte der Frauen hinter den Jalousien, die Cocktailgerüche
In den Bars, der Herbstmuff nasser Hunde, die Gerüche alter Mauern und
Druckfrischer Tageszeitungen, der Gestank der toten Ratten im Rinnstein ...
Melancholisch betrachtet er die Pillendose, in der sich ein kleiner
Rest Kokain befindet und steigt hinab in die vestibulären Schluchten,
Stakst durch blasenförmige Gebilde, watet durch das siedende Pech,
In dem die Erinnerungen schmelzen und schreien, steigt, von zähnebewehrten
Vögeln umschwirrt, empor ins Mittelhirn, stürmt durch einen Feuerregen,
Verirrt sich unter baumartigen Farnen, betrachtet extatisch berauscht
Sein Gesicht im Neocortex, fötusförmig entstellt mit flacher Stirn und
Dicklippigem Mund, die Zunge viel zu groß, der Körper winzig, die Finger
Grotesk gespreizt und groß wie der ganze Leib, in einem Labyrinth
Silbrig schimmernder Grotten Würmer, Insekten, Reptilien, Säugetiere,
Australopithecus, Homo rudolfensis, Homo habilis, Homo erectus,
Die Urgroßeltern und die Großeltern, Eltern, Verwandte und Freunde,
Er selbst, die kleinen neuen Finger betrachtend, deren Nägel sich schälen,
Das neue, rosa kauernde Wesen, das dort wächst, das sich ausdehnt
Unter einem Himmel voller Sternenfeuer, das geblendet
Zu den Sternen steigt und in ihrer Mitte ein Sternenleben lebt ...

Sehnsuchtsschacht

Der Mond zeigt sich als riesiger Eisklumpen
Tiefkühlhähnchen auf Speed wirbeln durch die Stratosphäre
Toilettenspülung, kichernde Bakterien, Kleinbürgerpathologie
Charles Boyer, der ständig über Abgründen und Kloschüsseln hängt,
Erbricht ein glibbriges Eisbein, im Kindheitsnebel die Seele mit ihren
Wunden Flügeln, die dämonische und zu jeder Verletzung fähige
Erwachsenenwelt, die erste Heimat, das despotische Mutterreich
Aus Möbelmonstern und Polstertürmen, die neurosestarre Frau,
Die ihm mit krummen Fingern das Hirn aus dem Schädel löffelte
Rot und zart schaukelte er in ihrem Wasser, Folge eines verunglückten
Geschlechtsverkehrs, benommen vom Druck in der engen Kapsel,
Die sich vibrierend drehte, deren drüsenreiche Schleimhaut wie eine
Membran schwingte, betäubt vom Augenblick, der sie endlich sprengte ...
Dem obzönen Bauch entschlüpft schraubte er sich, Streifen aus Tränen,
Lymphe und Blut hinter sich herziehend, mit kreisenden Bewegungen in die Welt
Die Liebe war trügerisch, ein Geschwür in der Seele, das Strampeln vergeblich
Das festgefrorene Zuhause, der bitterkalte Hauch der feuchten Küchenwand,
Die Eisblumen in erfrorenen Farben auf den Fensterscheiben, die
Waschmaschine, in der die Jeans zu Klumpen froren, die Fehlgeburten,
Die in Einkochgläsern in der Speisekammer zwischen Erdbeermarmelade
Und Kirschkompott standen, die pubertierenden Pausenhofschläger
Auf der Schultoilette, die ständig ihre Geschlechtsteile verglichen,
Der ekelerregende Onkelgeruch, das Sperma auf den Plüschtieren ...
Vater, der einen Obst- und Gemüsegroßhandel hatte, bis er sich
Von einem Zug enthaupten ließ, ein aufgeblasener Sitzsack,
Rundbäuchig, kopfhaararm, eine Krämerseele mit Bleistift hinter dem Ohr,
Der mit Rasierklingen Zahlen aus den Kassenbüchern kratzte ...
In seinem Stuhl glich er einem vor und zurück schaukelndem Insekt
Unerkannt im Dampf der Straßenschluchten streift Boyer durch die Stadt
Immer höher werden die Mauern, immer gewaltiger die Architektur,
Bis der Himmel über ihm ein Gewirr blasser Streifen ist,
Bis er erkennt, dass der labyrinthische Bau, der ihn einschließt,
Aus versteinerten Köpfen, Armen und Beinen gemauert ist,
Aus den erstarrten Körpern der Menschen,
Die er einst in seinem Leben fürchtete ...

Automat

Dröhnende Busse in steinernen Schluchten, klebriger Sprühregen,
Zerquetschtes Chitin, seelische Leerstellen, Architekturfaschismus
Das Knochengerüst des Himmels, das kalte Gedärm der Tage
Die Hohl- und Zwischenräume des Daseins, die brüchige Gegenwart
Die Nacht im zerebralen Gewebe, die Korridore unter der Schädeldecke,
Die kalten zentralbeheizten Endlostrakte, Leitungen, die sich wie ein Pilzgeflecht
In der Dunkelheit verlieren, Infrarotkameras, der Regieraum, in dem die Techniker
Der Seele Kabelrollen stemmen und Scheinwerfer schleppen, wo die
Schamanen der Synapsen an monströsen Mischpulten unter Kopfhörern sitzen,
Ort des Über-Ichs, in dem das Leben gemischt und geschnitten wird ...
Robert Lamoureux, der Versicherungen für Versicherungen erfindet und seine
Kinder auf teure Internate schickt, schwankt durch die Dunkelzonen der
Wuchernden Stadt, in der Nase gläserne Röhrchen wie exotische Parasiten,
Ein moderner Sisyphos, der im Unzusammenhängenden umherirrt,
Tag für Tag ausgewalzt, die Fäuste zu Fleisch aufgeschunden,
Immer wieder geködert und roh in den Alltag verschleppt,
Zuerst hypnotisiert, dann verschlungen, zerkaut, schließlich verdaut
Gehirngewaschen, blitzblank, adrett, katholisch kopfoperiert
Desinfiziert, sterilisiert, sediert, narkotisiert, annektiert, entmündigt
Jeder frisst den anderen auf, jeder Biss ist ein Mord ...
Die eskalierende Moderne, die Elementarteilchen von Geld und Macht
Der Lavastrom der Marken und Moden, die dehumanisierte Sprache
Die permanente Verwechslung von Information und Sein ...
Das Gehirn liegt wie zähflüssiger Matsch auf der Schädelbasis,
Ein missratener Pudding, der sich zu einem flachen Fladen verformt ...
Rückzug in den Hinterhof der Kindheit, das Leben am Rand des Unbekannten,
Der riesige blaue Himmel, die endlosen Felder, die schweigenden Wälder,
Der kleine Junge mit den großen Segelohren, der auf umgedrehten
Tischen zu den Pyramiden flog, der furchtlos im stillgelegten Steinbruch
Kletterte und vergnügt an den Zweigen baumelte, der zwischen
Teppichstangen Fußball spielte, im Mohnfeld Purzelbäume schlug
Und lächelnd für ein paar Cent Schnecken und Regenwürmer aß,
Der Papierkugeln ins Haar der Lehrer schoss, über die Küssenden lachte
Und sich von kichernden Mädchen Bleistifte in den Hintern stecken ließ
Dann trug ihn die erste Liebe hinaus über das Ende der Welt
Dort war er wieder allein ...

Raumkapsel

Das fragmentierte Gefüge der Realität, das undurchdringliche Weltgefängnis
Die grauen Aschenbechergesichter der spätkapitalistischen Tage
Konspiratives Licht, pickelige Literaten, Gefäßknäuel mit stinkendem Schweiß
Im bildungsgepolsterten Salon wird zart ein Klavier bespielt,
Eine mit Pelzen überladene Diva haucht hochhackig ein paar laszive Verse
Der Karpfen im Aquarium ist so groß, dass er sich nicht umdrehen kann
Ekstatiker und Zyniker, Pyromanen und Misanthropen beim Languedoc
Die Theorie-Schickeria, der elitäre Kulturmob, die Glühbirnen des Geistes,
Sitzriesen mit philosophischen Ringen unter den Augen, dionysische Schwärmer,
Verbissene Utopisten, akademische Papiertiger, verkopfte Helden,
Vergrübelte Worterotiker, literarische Phallokraten, Penisse mit Wörterbuch,
Gehirnfleischer, Klassenkampfbärte, rhetorische Flakhelfer, Mundgeruch
Marin Gerrier, ein Bildungsschmock, der weit über seine Verhältnisse denkt,
Blättert durch den Ikea-Katalog und fragt sich, welches Geschirr ihn als
Person definieren könnte, Paul Meurisse, ein von der Welt verschmähter
Schattenintellektueller, betrachtet, in Denkerpose über das Schicksal
Der Menschheit sinnend, sein verpickeltes Gesicht im Spiegel
Gérard Houry, der Werbetexte für Beauty-Produkte verfasst,
Lässt seinen Kugelschreiber klicken, als spanne er einen Revolver
Isabelle Nelisse, die tapfer den schleichenden Niedergang ihrer Ehe erträgt,
Zieht ihren Lippenstift nach, bevor sie ihren Mann betrügt
Gedanken-Gulasch, Metaphern-Salat, punktierte Hirnflüssigkeit
Intellektuell geknüpfte Bombenteppiche, verrutschte Hintergründe
Für verrutschte Leben, der Sprachmüll der Kulturbourgeoisie ...
Unter dem Tisch der schwelende Scheiterhaufen der Zungen ...
Die Bahn stinkt nach Spirituosen und Süchtigenschweiß
Die Straße ist ein mit dem Bauch nach oben verendeter Wal
Zu beiden Seiten heben und senken sich regenfinster die Häuser
Die Stille klebt wie ein Autoreifen um den Hals
Jeden Abend sitzt Anne Parillaud, eine nicht vom Fleck kommende
Weltreisende, mit einem Strauß lachsroter Rosen an der Haltestelle
Winzige Fische nagen an ihrem Fleisch und trinken ihr die Farbe aus dem Blut
Die Luft betäubt die inneren Sensoren und löscht die letzten Bilder,
Die noch hartnäckig an den Schädelwänden haften
Wunschloses Unglück, die Welt verdampft zu einem lauwarmen Gas

126

Faltenhimmel

Sternexplosionen in der kosmischen Nachbarschaft
Das sinnlose Geräusch der Erde, die Leere ungelebter Tage
Die schwarze Rückseite der Zeit, die Polarkreise der Seele
Die brüchigen Nähte der Lebensfragmente, der Riss im Selbstmodell
Das Verlorene, das Verratene, das sinnlos Geopferte ...
Die Zeit, die sich aufstaut, die Zukunft, die in sich zusammenfällt
Die zerkaute Welt verwandelt sich zu einer breiigen Masse ...
Schimmernde Adern, vakuumverpackte Räume, dornröschenhafte Ruhe
Das Leben, das sich in die Augenblicke zurückzieht, sternenweit vom
Alltagsleben entfernt, das unbemerkt hinter geschlossenen Fenstern tobt ...
Ein Plastikbecher, aus dem Eis gegessen worden war,
Ein röhrender Hirsch in Öl, die Echos tausender Fernsehstunden,
Wände, die bereits das Asche- und Staubverwandte spüren ...
Einbalsamiert im Salz der Verzweiflung verkackt María Félix, die aus den
Ruinen kam und heute vor den ruinösen Resten ihres Lebens steht, ihr Bett
Vor Jahren legte sie ihre schwangere Tochter in eine brühheiße Badewanne,
Damit diese ihr Kind verlieren würde, nun bettelt sie, in der Hand
Wie einen historischen Backstein die Bibel, um das erlösende Wunder,
Um die Gnade Gottes, der die ewige Leere am psychischen Horizont ist ...
Schwarz, kalt und hochmütig behauptet der Fernseher seinen Platz
Ihr Körper ist eine Narbe, das Gehirn eine Schleimdrüse, das Ich ein
Zufälliger Molekülverbund, die Haut spröde wie Butterbrotpapier, das Fleisch
Breiig wie Schlachtabfall, die Finger zu geschwollen für die Fernbedienung ...
Ein Heer von Ungeheuern drängt sich unter ihre Lider,
Stechende Sekunden, kriegerische Angreifer, geheime Folterer
Die Erinnerung treibt in Fetzen davon, das Vergessen frisst das Leben auf
Jeder Stollen, den sie ins Gebirge ihre Vergangenheit treibt, endet im Nichts
Die Augen taugen nur noch zum Sehen unsichtbarer Dinge
Der Tod nähert sich behutsam, schiebt sie aus dem Körper, stößt von innen
An das Schädeldach, drückt das Hirn zusammen, verrückt die Sinnesorgane
Letzter Blick in die zerebrale Bibliothek, schillernde Kopfgeburten, Bildsinfonien,
Die Konkursmasse verblühter Romanzen, verweste Begierden, Bewusstseinsballast
Die Zeit fängt an sich zu öffnen, das Herz geht auf wie eine Knospe
Eine giftige Blume erblüht unter der Haut, klebrige Blütenblätter entfalten sich
Entzündete Himmelfahrt

Wartehalle

Verwohnte Himmelskörper, Mondflecken, lautloser Regen
Die Zeit liegt lauernd über der Stadt und wartet auf ihren Einsatz
Die maulaufreißende Hässlichkeit der Welt, die Tiefgeschosse des Daseins
Kichernde Häuserfronten, milchige Scheiben, Schlafgestank, Matratzendunst
Komprimierte Lebensreste mumiengleich in schweißgelbe Bettlaken gewickelt
Faltige Stimmen, Fingeragnosie, schmerzender Harndrang, Zahnverfall
Ein grinsender Luftröhrenschnitt, gierige Seife, grünes Badewasser
Klopapier wie schmutziger Schnee, Gewebereste, Seelenfäule
Medikamententaumel, unentwirrbare Krampfadern, netzartige Elektrogewitter
Die moderne Versorgungs- und Entsorgungsmaschinerie, senile Narren
Geschoben von rosigen Krankenschwestern, verdrehte menschliche Torsi
In seltsamen Stellungen, aus der Welt in die Sterbeanstalt gekippt,
Krüppel mit fäkalienfarbener Haut, die im Sud ihrer Ausdünstungen schmoren
Polsterungeheuer mit Schonbezug, tentakelfingrige Pflanzen, schwere Tapeten
Mit großen Blüten, die früher zahlungskräftige Gäste erdrückt haben
Das Licht flattert wie ein verirrter Vogel umher und will hinaus
Geruch nach Franzbranntwein, Melissengeist, Baldriantinktur
Wie Salamis hängen ausgestopfte weiße Strümpfe von der Decke
Die Bettpfanne ist voll, die Tür versperrt, der Abfalleimer frisch desinfiziert
Valérie Kaprisky, 93 Jahre alt, immer irgendeinen Krümel um den Mund,
Klebriges Eiweiß im Hirn und klebrige Angst auf den Handflächen,
Löst sich von der Schwerkraft der Verhältnisse, schwirrt vom Dachstuhl
In den Kosmos und schwebt über der in Häusern ertrinkenden Stadt
Vom Dach der Kathedrale hängen dämonische Fratzen,
Nachtungeheuer, die ihr mit ihren Fangzähnen die Brust zerreißen …
Das Gehirn öffnet seine verschlungenen Lippen, die Schatten der Vergangenheit
Fallen ihr vor die Füße, Imaginationsmüll, Bildersturz, Kaprisky in der
Trümmerlandschaft ihrer Kindheit, herausgewürgt aus dem Bauch ihrer Mutter,
Aus ihrem Sarg, ins Leben gepresst, ins Leben gefickt, taumelnd im milchigen
Abgrund, krampfhaft nach Luft schnappend in den brackigen Wassern der
Adoleszenz, losgeschickt zum Sterben, geängstigt mit dem Teufel an der Wand,
Mit schreckgeweiteten Augen, mit alten Wunden und frischem Schorf,
Dem vom Weinen verzogenen Mund, dem gefrorenen Salz der Tränen …
Der Sturm verweht die Angstspur ihrer Schritte …
Die Erde rollt weiter …

Impulsgeber

Der Mond stakst mit rosa Netzstrümpfen durch die Spiralnebel
Gutbürgerliches Ehestöhnen, Animalität mit Gemütlichkeit, Bildstörung, Filmriss
Nachtblaue Vorhänge, Designerleuchten wie Chrom gewordene Kraniche
Gérard Lanvin, ein Kammerjäger, der mit Walrossschnurrbart und Gasmaske
Geruchloses Gift versprüht, ein Elefantenmensch mit dicken Lippen,
Der einen riesigen Bauch vor sich herschiebt, wirft seiner Geliebten den
Speckgepolsterten Arm um die Schultern, beißt sich ploppend fest und
Bohrt seine Zunge blutsaugerisch in ihren Mund, sein Lachen ist ein Laut
Des Verschlingens, der tief aus dem Gedärm aufsteigt, sein Mund stinkt nach
Schuh, sein Urin nach zu viel Schnaps, sein Wurm nach kraftlosem Sperma
Irène Jacob, hinreißend blond, ein Geschöpf wie aus der Barbie-Kollektion,
Betrachtet verzagt ihren Bauchnabel, wischt sich das Blut von den Lippen,
Zündet eine Zigarette an, fasst ihm ins fettige Haar, drückt ihn an die Wand,
Tritt ihm in die Hoden und bringt ihn mit einem jähen Kopfstoß präzise zu Boden
Eine unsichtbare Seidenschnur strafft sich um ihren Hals
Sie öffnet das Fenster, Regen schlägt ihr ins Gesicht, durchnässt das Nachthemd,
Sticht ihr höhnisch ins Fleisch und sperrt das Ich in die Kapselwelt der Tropfen
Von der Straße kommt das Winseln der Straßenbahn …
Spinnen versammeln sich auf ihrer Brust, pumpen sich blaues Blut in die
Beine, ziehen zu ihrem Herzen und hüllen ihren Körper in glänzende Fäden
Das Zimmer hebt und senkt sich, das Bett rauscht in die Tiefe
Jacob wirft die Nachttischlampe an die Wand, reißt die Tapete ab,
Kratzt am nackten Beton, an der Pforte des Wahnsinns
Die letzte Wand bröckelt, der Raum wächst davon …
Der Wind bewegt das Bett wie ein Luftschiff über das Meer
Über ihr reglos in der Luft wie eine Seifenblase aus Gelatine eine Kugel,
Ein strahlender Globus in einem tiefen hypnotischem Blau
Ein Fisch kommt, augenlos, und drückt ihr sein Maul ins Ohr
In ihrem Innern läuft sickernd etwas ab wie Wasser aus dem Waschbecken
Jacob sinkt in die purpurnen Flaumhaarschächte des Schlafs,
Hüllt sich immer dichter ein in den seidenweichen Kokon
Ihre Füße gehen von ihr, gehen die Wände hoch und verschwinden …
Das Meer glänzt, tritt an ihr Bett und beugt sich sanft zu ihr
Eine verirrte Wolke nimmt die Form ihres Körpers an
Morgen frühstückt sie im Himmel …

Gravitationsfeld

Die Nacht ist weich wie die Asche einer Motte
Das Rätsel der menschlichen Antriebe, das große Woher und Wohin
Kalte Nebel, fremde Signale, Erinnerungspartikel, Wahrnehmungsfragmente
Die Melancholie der vergehenden Zeit, die jeden zum Brombeerstrauch macht,
Die Verwüstungen, die der Tod in die Seele fräst ...
Verwitterte Steine, knorrige Bäume, grünspaniges Schmiedeeisen
Eine Zeder wiegt ihre zapfenschweren Äste wie Hände über den Gräbern
Verscharrtes Leben, die Asche fremder Menschen, Schicksale in Schichten
Müde Böden, zähe Leichen, verflüssigtes Körpergewebe, Madenteppiche
Dampfende Urnen, Kothaufen in verschiedenen Stadien der Zersetzung
Eine Plastiktüte mit einem abgetrennten Frauenkopf, Speckkäfer, Fadenwürmer
Die Toten sind schon lange tot, ihre Gerüche lange verweht, doch manchmal
Bohrt sich ungelenk eine knöcherige Hand durch das morsche Holz, bis sie sich,
Betäubt von frischer Erde, wieder zurückziehen muss ins gewohnte Dunkel
Clément Sibony, ein dünner Mann mit einer dünnen Stimme, der sich im
Netz der Orientierungslosigkeit verfangen hat, beneidet die Granitblöcke,
Die so unverrückbar scheinen, er füttert die Steine, und sie werden größer ...
Michael Vartan, ein stotternder Mann mit gelben Socken in makellos polierten
Schuhen, der die Zeit wie einen glitschigen Ball über die Welt schiebt,
Riecht die eigene Verwesung, das Endzeitlich-Gallige, Trübe, Abgeschabte,
Und entfernt alle Namen von den Grabsteinen, die Kerzen, hingereiht zwischen
Den Lebenden und den Toten, flackern hysterisch im Wind der kalten Nacht ...
Stunde um Stunde vergeht, während der Mond über die Berge steigt
Es geschieht nichts, es gibt nichts zu sagen, geweint wird nirgends
Hin und wieder das verwehte Gebimmel einer Glocke
Die Nacht der stillen Trauer, nichts geschieht, einige schlafen,
Während sich die Toten lautlos vom Wesen der Dinge ernähren
Gegen Mitternacht kommen die letzten Trauernden, schwarze Frauen mit
Blauen Flecken auf den Händen, vom Schmerz ausgewaschene Gesichter,
Figuren am Rand, seltsam entrückt, gefangen in geheimnisvoller Zeitlosigkeit
Isabelle Huppert, die gern im Gras liegt und Ameisen beobachtet, hört das
Pochen der verwandten Seelen und macht sich Wachstropfen auf die Hand
Sie friert und hustet, sie möchte bald zu den Toten ...
Der Mond ist untergegangen, die Kälte bissig
Hingabe an das unerlässliche Sterben
Auch Götter verwesen ...

Echokammer

Der Mond ist ein Haufen weiße Asche
Schwere Friedhofserde, Amalgam, Titanschrauben, Herzschrittmacher
Leidende Märtyrer, langbärtige Propheten, der christliche Märchenpark
Das Geäst und Gezweig bildet einen dunklen Tunnel,
Der Himmel ist nur in winzigen Ausschnitten zu sehen
Grabsteine, umgestürzt, verwittert, langsam in der Erde versinkend
Schlamm, der immer da ist und alles verschlingen möchte ...
Särge im Grundwasser, grob gezimmerte Holzkreuze, sanft verscharrte Kinder
Eine luftgetrocknete Mumie mit Schimmelpilz an den Füßen, ohne Bauchdecke
Verseiftes Körperfett, Milben, Fliegenpuppen, Mottenlarven, irrtümlich
Ausgeschlüpfte Falter, die ihr kurzes Leben in der falschen Jahreszeit leben ...
Das Geröll der Zeit, die in die Tiefe ziehenden Bewegungen des Denkens
Samuel Le Bihan, ein Vernunftmensch, ein Realist ohne Identität,
Unter dem die Fundamente wegsacken, trifft sich mit dem
Kalten Blick der Toten, sie wollen, dass er zuhört, hinschaut, versteht ...
Sein Gesicht ist glatt und schwer wie das Wissen, das in ihm steckt
Die Toten sitzen in ihm wie in einem Saal, stoßen ihn in ihre Mitte,
Schlagen und schleudern ihn wie einen nassen Lappen gegen die Wand
Von den Berghängen stürmen Blumensträuße herab
Unter dem tropfenden Dach von Regenschirmen zusammengedrängt
Betreten alte Frauen, alle in schwarz und Asche im Gesicht, den Friedhof
Sie tragen Jutesäcke mit geweihter Erde und zugedeckte Körbe
Graue Gesichter mit harten Augen und gefalteten Händen, immer sind sie es,
Die kommen, jede Nacht, mit Kopftuch und eingefallenen ledrigen Wangen
Ausdruckslos warten sie vor ihren Gräbern auf den unvermeidlichen Tod
In ihrer Mitte der Priester im goldenen Ornat, der, das Gehirn von Weihrauch
Und Myrrhe vernebelt, schnaubt und spuckt, bibbert und betet, wimmernd
Auf die Knie fällt und drohend ein silbernes Kreuz gegen den Himmel erhebt
Eine Alte verspritzt Milch in alle Himmelsrichtungen für die Geister
Schmerz, Verlorenheit, lange Kälte, keine Hoffnung
Die Toten sind schwer wie Blei, dichter luftloser Schlamm, schweres Blut
Millimeter um Millimeter sinken sie tiefer,
Bis sich die Erde über ihnen schließt, wo kein Gott sie erreicht
Millionen von ihnen treiben unter der Haut der Erde dahin
Und zwingen den Zeitfluss, seinen Lauf zu spalten ...

Leuchtkugel

Mission Gottesreich, die Ewigkeit von Blut, Opfer und Gewalt
Die überzeitliche Jenseitshoffnung, die Entwertung des Hier und Jetzt
Jähzornige Weihrauchschwenker missionieren verzückt eine Dönerbude
Reaktionäre Erstarrung, kollektive Selbstgeißelung, permanente Himmelfahrt
Thierry Lhermitte, weit fortgeschritten im Leben jenseits der Illusionen,
Steigt die endlos sich windende Treppe zum Kirchturm hinauf,
Ein winziges Insekt nebeldurchfeuchtet im Sog weißen Dunsts,
Hoch über den Gottlosen, in deren Rücken es von Würmern wimmelt,
Hoch über dem ungestümen Meer, dessen Wellen Kot und Unflat auswerfen,
Ein winziges Insekt nackt auf einem hohen Gletscher, unter ihm die Schrecken
Der Kindheit, der blutig metallische Geschmack der Misshandlungen,
Die scheu verhutzelte Mutter, der grobknochig brachiale Vater, der einen Tisch
Aus massivem Holz auf dem Bauch seiner schwangeren Frau zerdrosch ...
Die kirchliche Schreckenswelt, sakrale Kühle, permanente Todesnähe
Bleiglasfenster schwach schimmernd in der Finsternis des Glaubens
Bohnerwachs, Zölibat, Heiligengeflüster, ein wundroter Kinderpopo
Beichtstühle, die an Umkleidekabinen aus einem alten Hallenbad erinnern,
Eine gewaltige Orgel, ein Geschütz, das den Himmel unter Feuer nimmt,
Eine spirituelle Bohrinsel, die alle menschlichen Regungen nach oben pumpt
Jesus zeigt auf seine Wunde in der Leiste, Moses hat ein Loch im Strumpf
Niemand weiß, ob es die Nacht ist, die sich im Gesicht des Pfarrers spiegelt,
Oder ob die Einsamkeit seines Gesichts sich in dieser Nacht spiegelt
Das galaktische Karussell, das brodelnde Hexengebräu der Sterne,
Die unbeaufsichtigte Großhirnrinde, die visionierten Bilder
Vom Blut des Dornengekrönten, das in Sturzbächen auf ihn niedergeht,
Von der Jungfrau Maria, die Milch über ihn ausgießt,
Von den heiligen Wunden, in denen er sich verliert ...
Die Zeit läuft nicht mehr nach vorn, sie läuft aus der Zukunft,
Die es nicht mehr gibt, zurück in den Anfang, ins Nichts
Kurz öffnet sich der Himmel, um zu offenbaren, dass dort kein Gott ist
Die Sprache ist tot, sie erschließt den Sinn des Daseins nicht,
Das Universum hat kein Ziel, die Welt ist eine Fabrik des Leidens,
Der Mensch ein Irrläufer der Evolution ...
Wie ein Stück nasses Holz schlägt Lhermitte auf seinem Sturz
In die Finsternis gegen Wände und Felsvorsprünge ...

Kältestrom

Der Mond baumelt an Fasern wie ein halb herausgerissenes Auge
Das Zwielicht des Daseins, Erinnerungsblasen, verschobene Wirklichkeit
Die unaufhebbare kosmische Verlassenheit des Menschen
Der unlösbare Widerspruch zwischen dem Sein und dem Nichts
Das Schweigen der unendlichen Räume, die Welt, die nicht antwortet …
Der morsche Zaun, der im Unkraut versinkt, der geschlachtete Traktor,
Der irrlichternde, wispernde, rauschende Wald, Bäume so alt wie die Zeit,
Bäume mit langen und ruhigen Gedanken, Bäume erstickt vom eigenen Schatten
Der Schaum kleinblättrigen Unterholzes, Wurzeln wie gefrorene Peitschen,
Funkelnde Tautropfen in Spinnennetzen, rote Halbmonde aus Feuerschwamm
Kriechende Steine und weiße Würmer, die an unsichtbaren Fäden hängen
Gedankengewebe, die das Hindernis der Logik leichtfüßig überspringen
Gaspard Ulliel, Waldarbeiter mit wallendem Haar, der sich mit einer
Schrotflinte den halben Kopf weggeschossen hat, spürt die Gravidität
Der Gehirnmasse und reibt sich die Nacht aus den Augen
Moorgestank, Stechmücken, stumme Sterne, der angefressene Mond
Feuchtes Laub, Moosteppiche, saugende Töne, sinkender Boden
Am Stiefel kriecht träge ein Blutegel hoch, ein Ast kratzt die Haut
Die Nacht rauscht auf, ein saurer Adrenalinschwall perforiert den Magen
Im Schilf Sandra Julien, die sich niederlegte in diesem Wald,
Den sie aus ihrer Kindheit kannte und liebte, um Schlaf zu suchen,
Kurzen oder ewigen, unerreichbar, unantastbar, vertraut …
Eine beschädigte Frau, die als Kind bei einem Feuer in der Küche fast
Verbrannte, die als miserabel bezahlte Lehrerin, berauscht von sinnlosen
Hoffnungen, bis es nichts mehr zu hoffen gab, Unterschichtsjugendliche
Aus Lethargie und unendlichem Nichtwissen zu befreien versuchte
Die Luftröhre, der raue Schlauch, ist von Schnabelhieben durchbohrt,
Der Rumpf ein Labyrinth der Aasfliegen und Speckkäfer, die den
Körper umkriechen und umkämpfen mit ihren Klauen und Scheren,
Die den Kadaver ins Erdreich ziehen, die Hautfetzen und die
Ausgeronnenen Augen, die noch an den Wangen kleben, die Eingeweide,
Die Wirbelsäule, Rippen und Brustbein, die langen Schenkelknochen …
Fleisch wird Aas, Fleisch wird Gras, Fleisch wird Fünf Pfund Staub,
Ein kümmerlicher Haufen Kalk, etwas Phosphat und Schwermetall
Die Nacht blättert gleichgültig in den Bäumen …

Sollbruchstelle

Die Schale der Erde, die Berge der Lebenden, die Hügel der Toten
Das Hin und Her des sinnlos schwankenden Daseins
Das Flackern der Neuronen, das Kammerflimmern des Bewusstseins
Rasender Stillstand, dissonante Klänge, unverheilte Wunden
Am Horizont ein dunkler Punkt, der größer wird, der Flügel bekommt
Das Dröhnen der Düsenaggregate zieht die Kopfhaut zusammen
Mit einem ohrenbetäubenden Stahlgewitter rast eine F-16 in eine Häuserreihe
Bernard Minet, der sein Leben am Boden verbraucht hat, schlägt Saltos von
Dachrinne zu Dachrinne, um der Erdanziehung der Vernunft zu entweichen
Auch sein Vater, einst Bergmann in den Kolonien, war ein von den
Geschwadern des Wahnsinns rekrutierter Flugträumer,
Der als Begatter des Universums weite Schleifen durch den Himmel zog
Kondensationskerne, Hebungsprozesse, atmosphärische Gegenstrahlung
Schwarz und unheilvoll erscheinen die Türme der Kathedrale
In den Marmor hineingeschlagen der Nazarener, eine Ruine der Hoffnung
Umkränzt von einem Gewitter aus Blattgold, hinterhältige Dämonen und
Röhrende Ungeheuer, denen Körpersäfte aus Mund und Nase triefen
Eine Madonna weint Blut, kreischende Nonnen mit baumelnden Kuheutern
Vor dem Bauch zerreißen Federvieh und Lämmer auf weißen Tüchern
Der Abt, ein Möchtegern-Erlöser, der aus Wein Blut und aus Brot das warme
Fleisch nackter Körper macht, schwingt seinen Stab und die Ordensfrauen
Lassen ihre Kleider fallen, feiern ihre sexuelle Lust in einem wilden Nackttanz,
Greifen sich die Mönche, die das Geschehen wie dressierte Seehunde umringen
Und schreiten mit ihren neuen Partnern am Arm in ihre Gemächer ...
Minet bemerkt, dass seine Augen schlecht befestigt sind und stürzt ab
Eine Arterie im Hirnstamm platzt, fasziniert verfolgt er die Hektik
Der brötchengroßen roten Blutkörperchen, das amöbenhafte Kriechen
Der Leukozyten, die Fluoreszenz der Glukose- und Proteinströme ...
Bevor er wie ein nasser Klumpen Lehm aufschlägt
Sieht er die aggressiven Druckbuchstaben einer Illustrierten:
Vier halbwüchsige Kinder haben ihre Mutter im Keller einzementiert und gaben
Sich inzestuösen Spielen hin, während Leichengeruch durch das Haus zog ...
Minet wacht auf und spürt die Schmerzen des Opfers
Der Gedanke drängt sich auf, sich in die Augen zu stechen ...
Er nimmt eine Valium, leise schwimmt der Mond durch sein Blut ...

Kernschmelze

Kosmisches Ein- und Ausatmen
Die bittere Kälte des interstellaren Raumes,
Die Nacht, die ihre Dunkelheit fürchtet, der Boden, der bodenlos ist
Der Rhythmus der Gehirnflüssigkeit, das Rauschen der Nervenzellen
Plötzlich zerspringt ein Mensch, plötzlich splittert ein Gehirn zu Scherben
Vincent Lindon, ein In-die-kalte-Unterwelt-der-Psychose-Geworfener,
Dessen Hirngespinste eine düstere Wucht entfalten, bohrt wie eine
Gefräßige Raupe einen Tunnel in den Untergrund, reißt mit scharfen
Zähnen die Erde auf und pumpt den Abraum durch die Speiseröhre ab
Ein rostiger Zaun, natriumgelbe Mauern, modrig in der Stille verebbende Klänge,
Kalkige Lüftungsfenster, eine riesige Fledermauskolonie, die in fiepsenden
Trauben von der Decke hängt, versteinerte Pferde, ein buckelnder Kater,
Eine schmerzhaft blaue Venus und eine Bronzenymphe, die schamhaft
Mit ihren Händen den goldpolierten Wulst zwischen ihren Schenkeln bedeckt,
Babylonische Türme, die in der Schmelze der Jahrhunderte
Ineinandergerutscht sind, eine kristalline Zitadelle mit spiralförmigen
Treppen, die sich zwischen sich aufbäumenden Schlangenköpfen
Schwindelerregend bis in den Himmel erheben, fragile gläserne Gänge,
Die zu einer Zelle von blendendem Weiß führen, zu einem surrealem Refugium,
In dem Innen und Außen, Sehnsucht, Traum und Wirklichkeit verschwimmen,
Das Gestrüpp des Gewesenen, der Kosmos klebriger Beziehungen,
Die wenigen Lieben, die vielen Hassobjekte, die bitter vermisste Nähe,
Die Betondecke des Egoismus, der Hunger nach dem unendlichen Rausch,
Die Mechanik des Körpers, das wilde Geschlinge der Begierden,
Die monströse Alltagsnormalität, die Monotonie fremdbestimmter Lohnarbeit,
Das niemals endende Ende der Welt, die grau gedämpfte Ewigkeit,
Die Zufälligkeit der Existenz, das eisige Nichts ...
Auf den kalten Wänden spiegeln sich Wasserströme, das Licht zerfasert,
Streckt sich und schiebt sich zu einem durchsichtigen Block zusammen
Mit einem dumpfen Geräusch schließen sich die Hüllen der Zeit
Das Bewusstsein zieht sich voll Wasser, die Lungenbläschen kollabieren
Das Herz verwandelt sich in einen metallischen Klumpen
Nichts schlägt Wurzeln, der Raum ist unendlich, Hoffnung gibt es nicht
Der erstbeste Regentropfen spaltet die Identität ...
Lindon tropft auf den Boden, eine Pfütze, die vom Asphalt dampft ...

Ego-Tunnel

Der Himmel ist schwarz wie der Grund des Meeres
Beschädigtes Leben hinter Kleinbürgertapeten
Vitalität ist ein Vergehen, Lust eine Krankheit, Lebenswille ein Skandal
Akkurat gebügeltes Dasein, zähneputzendes Pflichtbewusstsein
Der Muff des Unausgesprochenen, die Asche ausgeglühter Leidenschaft
Wohlstandsmöbel, gezähmte Alltagsgeilheit, innere Strafkolonien
Die eiserne Schutzschicht des bürgerlichen Daseins ...
Stille dringt osmotisch durch die Membrane der Glasscheiben
Und lässt sich wie schwerer transparenter Staub auf den Möbeln nieder
Pierre Palmade, ein fromm gescheiterter Pullunderträger, schiebt,
Nachdem er seine Frau mit der Bohrmaschine an die Wohnzimmerwand
Gedübelt hat, stumm das Schmalzbrot auf dem Teller hin und her ...
Das Ich, eingeschlossen in tausend Hautschichten,
Ist eine zufällig zum Sein verurteilte Möglichkeit im Reich der Quanten ...
Palmade versinkt, von Inkontinenz gequält, die ihn dauernd in warmer
Pisse sitzen lässt, bis zur Bedeutungslosigkeit im Fernsehsessel
Der vorzeitig erschlaffte Körper hat die Privilegien der männlichen
Durchschnittsexistenz längst verloren, die Macht, die Mobilität, den Penis
Der Languedoc ist eine kleine Hölle, müde schnarrt der Ventilator
Blaues Flimmern, die Endlosschleife des Spätprogramms
Mädchenträume im Bikini tanzen auf rutschigen Laufstegen
Unter dem Lampenschirm verkohlt eine Fliege, in der Mikrowelle fahren
Die Kichererbsen Karussell, in der Speisekammer ticken die Kartoffeln ...
Palmade fühlt, wie die Würmer die Adern aufwärts kriechen, die Knochen
Knarren wie Sargholz, der Blutkreislauf platzt wie eine Gasleitung
Die Luftröhre sackt zusammen, Knorpel für Knorpel, Ring für Ring
Die Rippen dringen durch die Haut, die Hirnschale klappt auf,
Eine große Halle erscheint, Wendeltreppen ins Nichts, Gänge ohne Licht,
Graue Korridore, die an die Flure heruntergekommener Sozialämter erinnern,
Eine Bibliothek mit gedämpftem Licht, Abluftschächte, Notbeleuchtung,
Der alte in Vergessenheit geratene Heizungskeller, aufeinander zuwuchernde
Rohre, Ölgeruch, in ihrem Netz lungernd die pelzig behaarte Höhlenspinne,
Die ihn aussaugt, fett und aufgedunsen von der Substanz seines Blutes,
Von seinen Erinnerungen und Ängsten, Fantasien und Träumen
Palmade beißt ins Brot und schießt sich in den kauenden Mund ...

Stromstoß

Die Metropole, der phosphoreszierende Olymp der Moderne,
Ein durch Raum und Zeit pflügender Kubus aus Glas und Stahl
Die Informationsdichte der Atmosphäre, der blubbernde Mediensumpf,
Die Tiefe der Großhirnrinde, die Kellerräume des Verstandes,
Der irrlichternde Wandelgang durch das „Hotel Absurd",
Das lähmende Warten auf die versprochene Dosis Dopamin ...
Die entzauberte Welt, die Entwirklichungshölle, die Wüste der Sinnlosigkeit
Kapitalistische Heilsversprechungen, bürokratische Herrschaftsstrukturen
Der Sieg der Waren, die Enteignung des Humanen durch den Markt
Ölkartelle, Pharmakartelle, Waffenkartelle, Nahrungsmittelkartelle
Module, Normteile, Montageprozesse, Produktzyklen, Linienleben
Seitenwechsel, Systemwechsel, Imagewechsel, Mentalitätswechsel
Sich immer wieder häuten, immer auf der Flucht, keine Atempause
Über dem Äquator, unter dem Äquator, auf dem Äquator
Das Rattenrennen der Arbeitswelt, die Dressur der Gefühle
Stechuhren, Schweißtropfen, Schwindel, Schaumschlägerei
Verrechnete Zeit, zerkratzte Wände, ausgeschabte Därme
Anpassungsprozesse, Transformationsprozesse, Zerfallsprozesse
Beschleunigte Produktion, Inflation, Manipulation, Destruktion, Erosion
Daytrading, stahlgratscharfe Absolutheit, die Brennpunkte des Nichts
Schaltgeschwindigkeiten, Bildschirmfrequenzen, Befehlszyklen, Overdrive
Datenlaufzeit, Algorithmen, digitaler Speichel, Netzhaut-Explosionen
Zeitverkürzung, ökonomische Potenz, gesprengte Zukunftslinien
Billiglohn-Mephistos, Desktop-Rambos, Daten-Debussys, Erfolgsgurus
Der Aufsichtsratschef, der verdiente Mitarbeiterinnen persönlich flachlegt,
Hat es sich in einem lauschigen Plätzchen außerhalb des Gesetzes
Gemütlich gemacht, wo Geld alle Widerstände aus dem Weg räumt
Alles ist Investment, das Sein ist ein umgestülptes Nichts
Die Zeit töten, einfrieren, später wie Eiswürfel auftauen! On the Rocks!
Die Schraube aus dem Gehirn drehen! Den Mächtigen in den Mund spucken!
Also nimmt Jacques Perrin, gehirngewaschener Lakai eines
Handelsunternehmens, der in zwei feuchten Zimmern mit Etagenklo lebt,
Seine Axt, geht zur Imbissbude, bestellt eine Portion Pommes mit Mayo
Und hackt der Bedienung die Finger ab, Nahrung für die Rachegötter ...
Die Schreie, die ins ausgekühlte Hirn dringen, klingen gedämpft
Der Himmel bäumt sich kurz auf, stürzt und versinkt im Rauch

Ich-Gefängnis

Ins Leere greifende Spiralarme, Sternhaufen auf Kollisionskurs
Lungenhochdruck, Hodenhochstand, Harndrang, Nachtangst
Erotisches Dürregebiet, verbrannte Tage, ledrige Ich-Haut, kalter Qualm
Verdorrte Augen, Blut unter den Sohlen, die Straßenlaterne spricht ...
Die Nacht, das Rauschen der Einsamkeit, dringt in die Ohren
Der verfilzte Flickenteppich der Träume, die Unmöglichkeit der Liebe
Dominique Pinon, piefiger Kaufmann für Bürokommunikation, sitzt sein Leben
Mit der verdünnten Luft seines Gehirns in einem gesichtslosen Wohnblock ab ...
Endogene Opioide, ausgelagerte Synapsen, stumpfe motorische Impulse
Der Körper ist eine zähe Masse, das Gesicht bleibt auf dem Boden ...
Vertrocknete Schuhcreme, Geruch nach Staub, der auf Glühbirnen liegt
Der Aschenbecher, angefüllt mit Kippen, die vor sich hin dünsten,
Hat den Umfang eines Planschbeckens, im Kühlschrank eine riesenradgroße
Tiefkühlpizza und Gulasch, im Supermarkt neben dem Hundefutter gefunden
Der Heizkörper rumort, die Matratze riecht nach erkaltetem Feuer,
Eine Motte flattert ins Licht verliebt bis in den Tod ...
Mélanie Laurent, eine Tänzerin, die von den Blicken der Männer lebt,
Die sie in der Zéro Bar nackt tanzen sehen, war ein erotischer Blitzschlag,
Der ihn durch die Nacht peitschte, ein Feuerregen, eine Hexe reitend auf dem
Fackelnden Besen ihrer Lust, die ihn schmatzend verschlang, eine Invasion, ein
Welt ansaugendes Monstrum fette Beute machend in den Kolonien seiner Seele
Ihr Name steht gerotzt im Taschentuch, das flammend rote Haar,
Die samtweiche atmende Haut zog er aus sich heraus wie eine Vene
In der Ferne das Insektengeräusch einer Vespa ...
Pinon stolpert durch die Eingeweide der Nacht, stürzt in einen finsteren,
Roh ins Gestein gehauenen Stollen, rutscht schnell ins Innere der Erde,
Und findet sich plötzlich durch Fleisch waten, durch einen Tunnel,
Dessen pulsende Wände weicher und wärmer werden ...
Mit lustvoll zuckenden Bäuchen kleben transparente Insekten am Gewebe,
Die ihre Saugrüssel im Epithel versenken und ihm schwarzes Blut entziehen
Die Fleischröhre wird enger, Pinon öffnet sich den Weg,
Schiebt mit den Händen die unter einer perlmuttschimmernden
Schleimhaut verborgenen warmen Muskeln auseinander,
Schwimmt weiter in Wellen von fadenziehenden Sekreten
Und schießt unvermutet hinaus in gleißendes Licht
Ins klare Licht des Nichts

Lungenbläschen

Sexabenteuer wie Fast Food, Rauschdelirien, enttäuschte Penisse
Frauen-Recycling, Hormonstau, erotische Blessuren, Bierblasendruck
Aus unbekannten Öffnungen kriechen schwarze Gestalten hervor
Englisches Tavernenproletariat, schwitzende Chinesen, wetterfühlige Italiener
Verbissene, von Selbstdisziplin geplagte Deutsche und betagte Belgier,
Denen die Zeit die Haare von den Köpfen gefressen hat, Eckensteher
In kurzen Hosen, Rinnsteinhelden, Weltverschmutzer, Blutverspritzer,
Aasige Banker und irrlichternde Hehler in bodenlangen schwarzen Mänteln,
Halbseidene Schutzgeldeintreiber, die illegal eingereiste Minderjährige
Anbieten und Plastiktüten voller Rubelscheine ins Casino tragen
Die Parallelwelt der Nacht, die unsichtbaren Risse in der Wirklichkeit
Aus der Gebärmutter der Nacht steigt die alte Brücke herauf, ein Urvieh mit
Stählernen Rippen, ein erstarrter Traum, der sich im Mondfeuer zum Himmel
Schlängelt, Särge, volle und leere, treiben die langsamen Wasser hinunter
Gegenüber flackern vierkantige Häuser wie ausgebranntes Feuerwerk
Die Strömung erfasst die Bauten bis an den Rand ihrer Ziegeldächer
Und drückt den Mörtel aus den bröckelnden Wänden
Hin und wieder der Schatten einer fernen Gestalt unter dem Wind,
Die mit den Seelen jenseits der Himmelsschale zu streiten scheint
Aus dem wuchernden Buschwerk am Ufer tritt mit
Pflanzenartigen Bewegungen ein goldbestäubtes Paar hervor
Berauscht gleiten die Entflammten in ihr blaues Bett,
Weggetragen in einen meditativen Zustand des Glücks …
Oben auf der Brücke spiegelt sich Arnaud Larrieu,
Ein melancholischer Einzelgänger, der die Dunkelheit liebt, im Vielzuviel
Unter dem Brückenbogen rauscht die Zeit über die Ziellinie
Vom täglichen Starren auf den Fluss tränen ihm die Augen
Unbemerkt schleppt der Strom sein Leben in das Dunkel …
Die dampfende Stadt ballt sich zu einer Pyramide und versinkt
Der Tabak ist verbraucht, das Gehirn riecht wie ein feuchter Schwamm
Man kommt zur Welt eingehüllt in zähflüssigem Mutterschleim
Man verirrt sich, eines Tages wird es Nacht und man kehrt zurück
In den anorganischen Zustand des Unbelebten
Larrieu schnippt die Zigarette weg
Zerstiebende Funken, dann Dunkelheit …

Zellforscher

Aufgeplatzte Magnetfeldlinien, Raumblasen, kosmische Sklerose
Stille breitet sich aus, Töne gehen in Farben über, Farben in Töne
Die Zeit dehnt sich, irgendwer schraubt die Zeiger aus den Uhren ...
Das dezentrierte Subjekt, Entkörperlichung, Entmaterialisierung
Das weiche Innere im Schädel, die Kapitulation des Ich
Die Zone der Fiktionen, das Massaker der Illusionen
Leuchtender Entenmist, Tauwerk, grünschillernde Kloake
Das Zeitalter der Hysterie, der überirdische Massenmensch
Die digitale Elite, alle Speicher überflutet, alle Augen verbrannt
Die Könige des Kontrollwahns, die verlässlich ihren sozialen Tod sterben
Die enteignete Gemeinschaft, die Knetmasse der Marktforschungslemuren
Die Model-Klone aus dem Genlabor, von ihren Dämonen am goldenen Strick
Über den Asphalt gezogen, die Aussortierten, die sich am Weltrand festkrallen ...
Von der Kaimauer baumeln rissige Füße ins Nichts
Stundenlang starrt François Damiens, ein emeritierter Philosophieprofessor,
Der Schmetterlingen die Flügel ausreißt, um Betonwände zu bekleben,
Auf das Wasser, das durch die Erde dringt und durch die Menschen rinnt
Durch einen Spalt blickt er in die Vorzeiten hinab, entziffert die Träume der Toten,
Den strahlenden Kern des Ichs, den Quellcode der Schöpfung, und erschafft
Einen Kosmos ohne Gravitation, ohne Urknall, ohne Anfang und Ende ...
Unbemerkt greift ein weißer Arm aus dem Wasser nach einem Kind ...
Nicht ein einziges Mal hält der Fluss in seinem Lauf inne
Nicht ein einziges Mal versucht er, seine Richtung zu ändern
Immer vorwärts, vorwärts in einem ständigen Fluten ...
Jenseits des zinkweißen Wassers schimmern hohe Mauern,
Das birkenhafte Gestrüpp der Banktürme und Bürohäuser
Beton-Satelliten in Abwaschwassertönen, gigantische Kühlhäuser,
Deren tiefgefrorene Insassen zum lustlosen Konsum verdammt sind
Systemtreu geführtes Leben, Verwertungszwang, Machbarkeitswahn
Verschobene Selbstmorde zwischen Spiegel und Badewanne
Der selbst gebackene Apfelkuchen, das gepflegte Sadomaso-Stündchen
Hustensaft mit Himbeer-Aroma, Vitamin C, Schönheit aus der Dose
Damiens schiebt eine Kugel aus Luft im Mund herum
Ein einziger Atemzug zwischen Hölle und Jetzt
Ausschlafen möchte er noch mal, bevor er sich umbringt ...

Flaschenhals

Irgendwo in der Stadt schlägt eine Turmuhr zweimal
Die Nacht ist ein Igel, der am Straßenrand seine Blutspur zieht
Eine Straßenbahn entgleist und rast in das Schaufenster eines Möbelgeschäfts
Bierklebrige Wände, Raubtiernasen, Spülwasserdunst, Lippenstiftrot
Alkoholverbrannte Gesichter, archaische Fernfahrer in Jogginghose,
Papageienbunte Dirnen im Diätstress, große Gesten bei offenem Hemd
Ein Lateinlehrer in Cordhose schwadroniert über römische Soldatenkaiser
Ölgeruch, Zahnradkichern, ein Freizeit-Cowboy spielt russisches Roulett
Ein apokalyptischer Knall, splitterndes Glas, spitze Schreie, blinde Panik
Der explodierende Schädel malt eine Blutblume an die gekalkte Wand
Ein bärtiger Männerschrank mit Schaum vorm Mund fegt murrend
Den vom Tisch gefegten Kartoffelsalat wieder zusammen
Guillaume Canet, gefangen in der pelzigen Hölle des depressiven Muffs,
Schreitet durch schwarze Löcher, durch die Imperien der Verzweiflung
Das Trinken ist eine sanfte Müdigkeit, in der das Leben versinkt,
Die Bar ein langsamer Schleppkahn, der in die Irre fährt,
Der Languedoc ein Gott, der ihm ein kleines Loch in die Existenz schlägt
Der Zigarettenrauch hängt regungslos in der Luft, niemand tanzt, niemand lacht
Canet niest acht Mal hintereinander und bekommt Nasenbluten
Der Kronleuchter an der Decke zieht seine Kristallzapfen in die Höhe
Die Chanteuse, die den ganzen Abend Selbstgespräche mit ihrem Akkordeon
Geführt hat, zerlegt das Instrument stumm und sorgsam in seine Einzelteile
Vorsichtig bewegt Canet den kleinen Finger um zu sehen, ob er abfällt
Der Blick durch das Fenster fällt auf den Mercedesstern, der sich
Melancholisch im Nachthimmel dreht, über den Tisch krabbelt eine Fliege
Canet beginnt, Löcher in die Gardine zu brennen
Niemand sieht den Schaum, aus dem seine Gedanken sind,
Nur die Nacht, die berauschende Nacht, die betäubende Nacht
Die Fliege klettert die Fensterscheibe hinauf
Canet streift die Brille von der Nase und zerdrückt sie in der Hand
Die Gläser rollen glitzernd über den Tisch
Er hustet, ringt nach Luft und spürt, wo die Seele sitzt ...
Die Fliege fliegt summend auf, das Feuer der letzten Zigarette erlischt,
Die Gedanken entweichen nach rechts und nach links
Die Fliege ertrinkt im Glas ...

Minimal-Ich

Die Nacht hängt an ein paar Drähten von der Decke
Wie ein gewaltiger Darm windet sich der Gang durchs Labor
Industrie-Rohrgekröse, Bioreaktoren, Fermentiertanks, Extruder
Spinnenbeinig verknäuelte Moleküle, Cyclodextrine, Nutrazeutika
Flüsternde Eizellen, pulverisierte Extrakte, aufgeschwemmte Partikel
Chiclegummi, Siak- und Pahang-Guttapercha, geharzter Plantagenkautschuk
Mastix, Wachs, Polyvinylester, gewalzte Kügelchen, geschundener Brei
Käsewasser, geschäumter Speck, Suppen in Tablettenform
Die giftigen Aromen der postmodernen Existenz …
Im Magen explodiert ein saurer Pilz, die Speiseröhre blutet …
Sirenengesänge aus dem Netz, die Haustür summt, die Waschmaschine brummt
Ziegelsteinbau, sechster Stock, Julie Ferrier, Angestellte im Supermarkt,
Schlägt sich einen Nagel in die Nase, ritzt sich mit der Rasierklinge
Eine rote Lilie ins linke Bein, zertrümmert das Wohnzimmer zu Feuerholz
Die Abszesse des Zorns, die Fieberschübe der Verlassenheit,
Das Schattengesicht der Sehnsucht, das angestaubte Konzept von Liebe,
Die Geschwüre der Resignation, die Lepraknoten der Desillusionierung
Ferrier drückt ihre trockenen Lippen gegen den Spiegel
Die Kindheit, die wie dicker Sirup im Schädel klumpt,
Fließt in die Nasenhöhle und tropft klebrig auf die Brust
Mutter, die den Sonntagsbraten mit Stricknadeln quälte,
Vater, der den aufheulenden Staubsauger wie einen widerspenstigen Köter
Hinter sich her zog, bis er seinen Bauch in Falten legte und verschwand,
Die Schmetterlinge, durch deren Leiber sie Stecknadeln trieb, die hungrige
Zecke im Bauchnabel, die ihr Blut trank, bis keines mehr da war, die sich
In einen Ballon verwandelte und in die Luft erhob, der heitere Himmel,
In dem Hunderte vom Blut der Kinder aufgedunsene Zecken schwebten,
Der blaue Lastwagen im Gemüsegarten, das Wespennest unter der Motorhaube,
Das unter dem Fuß krachende Schneckenhaus, der Mathelehrer, der mit den
Orthopedischen Schuhen polterte, der Alleskleber, der für Nebel im Hirn sorgte …
Ferrier sehnt sich nach der Fühllosigkeit des Nichts, wie abgestorbene Haut
Reißt sie ihr Bild aus dem Spiegel und trennt der Luft die Adern auf
Aus dem offenen Puls springen Feuerwerke auf,
Die Lungen stülpen sich nach außen und wandern den Hals hinauf
Übrig bleibt das rohe Fleisch des Bewusstseins …

Fernwärme

Spiralnebel, magnetische Stürme, synkopische Weltraumtänze
Gravitationswellen, die Raum und Zeit stauchen und dehnen, Galaxien,
Die sich in endlosen Weiten verlieren und unter ihrem Gewicht verbrennen ...
Morsche Treppen, übel riechende Keller, urbane Dunkelheit
Das menschliche Dahingeworfensein, das Leben und dessen Abwesenheit
Die Grauzone, das Erlöschen des Lichts, das Schwinden des Jetzt
Der Bildinnenraum, die seelischen Leerstellen, die Gefühlshavarien
Schwach leuchtendes Vorstadt-Mondlicht, Putz blättert von den Wänden
Der Sturmhimmel schlägt eine Amsel ans Fenster
Zu kleinen und großen Türmen auf dem Boden gestapelt
Das Gewebe aus Erregung, Ekel, Ekstase und Ernüchterung
Die Sehnsucht, die wilde Bestie, fletscht die Zähne
Der Hauch seiner Stimme schwebt noch in Augenhöhe
Sein Name prickelt wie Brausepulver auf ihrer Zunge
Schaumbäder und Masturbation schaffen nur kurzfristig Abhilfe
Sabine Azéma, die sich mit ihrem Lieben und Hoffen immer tiefer
In die Verdammnis stürzt, beschnüffelt wie ein Hund das zerwühlte Bett,
Zupft ein Haar vom Laken, überprüft es im Licht
Und sticht sich eine Stecknadel in den Oberschenkel
An Sonntagnachmittagen malt sie speichelnd an seinem Bild
Wie Blutegel wachsen Muskeln um seine Wirbelsäule,
Um den Mund bilden sich Ringe, zwischen den Rippen Dreiecke,
Auf der Brust Scheiben, Zylinder an Armen und Beinen, über
Den Körper winden sich die Fäden der Nervenfasern und Arterien
Das Zimmer beginnt vom Schlag seines Herzens dumpf zu vibrieren
Sie hofft, dass er auf einem weißen Schlachtross mit dem Morgengrauen
Kommt, den roten Mantel vom Wind gebauscht, sich aus tiefer Dunkelheit
Ins gleißende Licht schraubt, mit seinen Segeln am Horizont aufsteigt wie
Der geflügelte Liebesgott und die weiße Glut seines Fleisches auf sie wirft ...
Mit einem lauten Seufzer fällt sie ins Gewühl der Laken
Ganz langsam öffnet sie die Adern und legt ihm ihr Blut zu den Füßen
Am nächsten Tag findet man sie neben der umgestürzten Staffelei
In einer Lache aus Kadmiumrot, Kobaltblau und Indischgelb
Draußen in der toten Stadt ist ein frustrierter Mann, der sich versteckt
Rote Rosen im Nieselregen ...

Schwebeteilchen

Porno, Pepsi, Psychopharmaka, Titten, Techno und Trompeten
Draußen glänzt der Mond metallisch wie Quecksilber
Im Türrahmen aufgeknüpft schaukelt runzlig ein Säugling
Der Wellensittich im Vogelkäfig dreht fragend den Kopf ...
Die Zangen der Lust, der Sog der Säfte, die Neurose der Liebe
Der kühle Rhythmus der Begierde, die kolbenstampfende Paarungsmechanik
Julie Gayet, eine honigfarbene Schöne mit einem gelben Fleck im Auge
Und der Vorliebe für Bisse statt Küsse, fiebert von einem Mann zum nächsten
Berauscht inspiziert sie die Hoden aus Diamant, die durch die transparente
Haut leuchten, liebeshungrig öffnet sie die Ventile der Schwellkörper
Der Quickie nach dem Drink, das publik gewordene Sexvideo im Hotel,
Die Nächte im Straßengraben, die süße Vögelei beim Baden im Regenteich,
Auf der Ladefläche des Lastwagen-Wracks, im Paradiesgarten,
Wo das Licht der Orgasmen die Luft in dichten goldenen Kreisen entzündete ...
Der Proll aus der Kaserne, der genussversunken Schlagsahne von ihren
Händen schleckte, der Bulle, schwer tätowiert und geerdet durch etliche
Semester Maloche auf dem Bau, der sie wie ein Felsen bumste, wie ein Gebirge,
Der Junkie, der sie wie Luft vögelte, heiße Luft, Gewitterluft ...
Die Maske fällt, Gayet, die Königin der Finsternis, lächelt schief ...
Geplagt von inneren Stimmen, die auf sie einbrüllen, schneidet sie sich mit
Einer Rasierklinge tiefe Kerben in den Oberarm, näht sich die Finger
Zusammen und geht furchtlos ins Meer, bis sie lautlos darin versinkt
Eine dunkle Flüssigkeit umhüllt sie weich und mild wie lauwarmer Atem
Durch den wäßrigen Nebel sieht sie seltsame Gebilde, die sich türmen
Und verästeln, nackte rosafarbene Gehirne, Haarsterne und Fangarme,
Kraterlandschaften mit Mulden und Senken, die Konturen des Kinderzimmers,
Reglos und erstarrt wie hinter Milchglas das Gesicht ihrer Mutter,
Von der sie die unbeschreiblichen Zahnschmerzen geerbt hat,
Die sie Stühle umwerfen und Gardinen von den Wänden reißen ließen,
Die Grimasse ihres Vaters, das riesige Tier mit den sichelförmigen Zähnen,
Die Altmännerhände, die zittrig an ihrem Kleid herumfingerten,
Der verkohlte Teddybär, der im Swimmingpool schwamm ...
Immer wieder nähert sie sich der Oberfläche,
Immer wieder wird sie in die Tiefe gezogen ...
Auf den Speerspitzen des Windes singen die Möwen ...

Hirnabzess

Die Nacht senkt sich wie Blei vom Himmel
Und drückt die Häuser tief in den Schacht der Dunkelheit
Die Zeit fließt nicht linear, sondern in Schleifen …
Goldzahn-Aufsätze, Bass-Sägezähne, Vorstadt-Küken, genitalbetonter Jargon
Wummerwimpern, Nippelnippes, maschinelle Popmusik, vaginales Lachen
Ein langgezogener Tresen, Spiegel, Licht und Lärm, eine Bühne, ein Club, in dem
Die Mädchen direkt über dem Whiskyglas des Kunden bis zum Tanga strippen
Géraldine Pailhas, ein lebenshungriges Geschöpf, schlüpfrig wie eine soeben
Gehäutete Schlange und seelenlos wie das Schicksal, übergießt sich
Mit heißer Schokolade und behängt sich mit goldenem Lametta,
Während sie avantgardistische Gedichte vorträgt …
Henri Garcin, ein Apotheker, der in seinem Hinterzimmer Pornofilme dreht,
Saugt sich mit fremdem Leben voll, ein eigenes hat er nicht …
Pailhas braucht ihn nicht, sie braucht nur seinen Blick, sie schläft unter den
Dächern anderer Haare, Liebe erwartet sie nur von ihrem Wellensittich …
Garcin steigt aus dem Fenster, läuft wie eine Eidechse die Mauer hinab
Und kriecht schaumtriefend über die Klippen im Rinnstein
Die Nacht, das Rauschen der Einsamkeit, dringt in die Ohren,
Die Hochhauswelt voll erleuchteter Fenster, wo die Vögel vom Himmel stürzen,
Die Leuchtbuchstaben über dem Parkhaus, in dem die Limousinen
Auf den nächsten Morgen warten, die Betonfassaden, an denen Rost und Ruß
Tränenspuren hinterlassen haben, verschimmelte Männer, mumifizierte
Fledermäuse, Baucontainer, Schaschlikbuden, Currywurst, das alte Badehaus,
Die Wasserhölle mit den speienden goldenen Widdern,
In der das Gurgeln zu einem Erguss des Grauens zusammenströmt,
Die Kanäle, in denen das Nervenwasser träge dahinfließt,
Der schwangere Engel, dessen Bauch wie ein Granatapfel platzt,
Um Götter aus Blut und Licht in die Nacht zu sprühen …
Hunderte Stahlriesen, scharfkantige Brocken mit flatternden Glasfronten,
Heben in den Farben des Regenbogens vom Grund ab, immer höher,
Auf der Haut der Stadt rohes Fleisch hinterlassend …
Mit unsichtbaren Händen schiebt Garcin die Türme ineinander und zerdrückt
Sie wie Trauben, bis er eine blaue Gelatinekugel in der hohlen Hand hält,
In der Mitte ein tiefes Loch, das in die Tiefen des Universums führt …
Schwer schleppt er seine Flügel in die Schatten der Nacht
Und verschwindet lautlos wie Hundekot …

Eisprung

Der Mond steht wie ein dreijähriger Junge in der Pfütze
Die Gen-Diktatur, der Menschenpark, der Sonnenstaat
Das molekulare Substrat, der Übermensch in der Flasche
Leber- und Bindegewebe ranken wie Spalierobst am Kunststoffgerippe
Im körperwarmen Wasser schwimmen Quallen mit Rattenherz und Silikonhaut
Robert Plagnol, Chirurg am Hôpital des Quinze-Vingts, der nach einer
Kehlkopfoperation nicht mehr sprechen kann, näht Menschen
Aneinander, um einen humanen Tausendfüßler zu erschaffen
Asylanten aus Syrien züchten Ersatzorgane auf ihren Körpern
Schuhe quietschen, ein Kinderbett schreit, Hunde fluchen
Sandra Majami, die ihre Kindheit nicht hinter sich lassen muss,
Weil sie nie eine hatte, ist nur noch Bauch, eine gläserne Gebärmaschine
Durchleuchtet bis in die Eierstöcke, eigentlich wollte sie malen oder nach
Namibia auswandern, sie schluchzt und verschluckt die Zahnbürste ...
Ein durchsichtiger Embryo, ein Zellhaufen weich wie etwas Erbrochenes,
Unter dessen Haut das Hirn wie ein Giftbeutel pulst,
Ein Schatten aus Grautönen, digital verarbeitetes Gewebe,
Auf dem Bildschirm visualisiert, auf Herz und Hoden geprüft
Eine zahnlose Made, ein sabbernder Kokon, ein bleicher Engerling
Ein gefräßiger Organismus mit einer feuchten Mundhöhle
Ein weiches Schröpfmäulchen, das Welt in sich einsaugt
Denkendes Fleisch, das riecht und atmet, schreit und blutet
Ein Bewusstsein mehr, das im Kreis fliegt und sich an den Wänden stößt,
Das wartet, um auf diese Seite der Dekoration zu schlüpfen,
Um mit Steinchen in den Gummistiefeln durch die Straßen zu laufen,
Den einen Fuß auf dem Bürgersteig, den anderen im Rinnstein,
Um unter dem grauen Winterhimmel zu frieren, den Schnee zu berühren,
Die Rinde der Bäume, die Haut der Frauen, um Bilder zu malen mit gelben
Blumen und schiefen Häusern, sanften Mädchen und fürchterlichen Insekten
Der Bauch entleert sich, ein käsig weißes Wesen schwimmt sich frei
Die Hebamme beißt die Nabelschnur durch und hält
Mit blutverschmiertem Mund den Säugling ans Fenster
Schwarze Mönche schweben vom Himmel,
Nehmen ihr das Kind aus den Armen und ersticken es,
Drücken die kleine Nase zu und verschließen den weichen Mund
Eine Minute, und alles ist getan ...

Kaltfront

Das All ist ein grandioser kosmischer Sarkophag
Der Himmel wölbt sich wie schwarzer Samt über das Land
Schwarze Winkel, bröckelnde Fassaden, Glockenklänge, Fieberträume
Ein augenloser Garten, verbuscht, verwaldet, knöcheltief mit Laub bedeckt
Nachtkalte Mauern, ein knarrendes Eisentor, verdrehte Kiefern
Knorzige Wurzelarme, herbstbleiches Gras unter hohen Eschen
Drohende Blütenkrallen, verfilzte Knospen, kleine Tode
Eine schattenhafte Anderswelt, die Gegenwart kippt weg wie eine Kulisse
Ein verlorener Ort, sämtliche Tage ziehen sich zu einem Tag zusammen,
Alle Jahreszeiten zu einer Jahreszeit, zu einer kalten bleiernen Jahreszeit
Metachromatische Leukodystrophie, sulfatierte Glykosphingolipide
Ataxie, Optikusatrophie, motorische Regression, Dezerebration
Stumm verschließt sich eine kleine Seele
Ein kleines Kind, ein Schmetterling, ein bunter Tropfen Sonne
Kleine starre Finger, ein kleiner Körper, ein verlassener Kokon
Ein Schrei sucht wie ein Pfeil sein Ziel, schleicht durch die Hörpforte,
Zunächst klein und harmlos wie eine Fliege, unhörbar fast
Dann nimmt er körperliche Gestalt an und färbt sich in ein
Pulsierendes, Augen ausbrennendes apokalyptisches Gelb
Ein einziger langer Schrei, der aus aus allen Rohren brüllt,
Der sich wie ein Korkenzieher in den Schädel schraubt,
Der das Entsetzen, das Grauen ins Gehirn pumpt,
Der wie ein Blitz die Schichten der Großhirnrinde durchfährt,
Ins Mittelhirn gelangt, in den Thalamus, der sich um das Zentrum der Wut
Und des Schmerzes ringelt, der in den engen Gängen widerhallt,
Massive Mauern durchdringt und sonderbare Grotten und Spalten füllt,
Der die Luft zum Erzittern bringt, sie verdichtet und verdünnt,
Bis sich alles in ein ohrenbetäubendes Brüllen wandelt,
Eine zerstörerische Hysterie, eine Flamme, die den Körper verbrennt,
Die den Schädel splittert, die Augen verkohlt, die Ohren schrumpft,
Die Zunge siedet und die Haut aufplatzen lässt wie die der alten Bäume,
Ein Feuer, das sich triumphierend im Raum, in allen Zeiten,
Im gesamten Sein ausdehnt bis das Sein selbst verkohlt
Zu aschenen Blütenblättern
Zu einer grauenhaften Knospe
Zu einer schwarzen Rose

Triebwerk

Die Nacht quetscht die Häuserblocks,
Bis sie rot, gelb und grün in die Straßen tropfen
Urbane Monokultur, kannibalischer Narzissmus, Botox to go
Die zum Vergnügen verdammte Welt, die Erregungsgesellschaft,
Roboterhafte kapitalistische Erotik, künstliche Pubertät, Mausklick-Pornografie
Großraum-Techpop, weinerliche Tanzbratzenziegen, Grünkohlsmoothies
Aus Hautfetzen zusammengenähte Schuhe, Kleider aus Schweinshaxe
Und Wiener Schnitzel, kotelettrote Nutten mit zerprügeltem Gesicht
Und Hakenkreuzgürtel, fettleibige Flittchen mit Fleischermessern
Agnès Jaoui, Familienmanagerin mit gottgläubiger Tochter, Kurzhaarschnitt
Und Parka, die Gewalttätigkeit nicht verschmäht und sexuellen Hunger kennt,
Krallt geil die Hand in ihren Schoß, manchmal ist sie eine Kannibalin der Sinne,
Die mit ihrem drahtigen Haar Satelliten vom blutigen Himmel holt, manchmal
Eine Hitchcock-Blondine, die kaltschnäuzig wie ein Wolf Beute reißt,
Eine weibliche Lustmaschine, die kühl das Höschen abstreift und zum
Schnüffeln zur Verfügung stellt, eine Kurvenkönigin mit Schmuse-Gesicht
Und Kulleraugen-Design, die ihre Martini-Liebhaber lasziv umgarnt, eine Diva
Für ein paar Stunden, die am süßen Geruch des Luxus saugt, die von
Südfranzösischer Sommermilde träumt, von einer Villa mit Stufen ins Meer,
Eine Nachtwandlerin der Liebe, die sich ins Nirwana kifft, die mit engelhaftem
Blick in den Abgrund spuckt, eine Femme total, die den Kerlen
Spöttisch schmollend den Kopf verdreht, bis sie schäumen vor Lust,
Um sie dann im Abklingbecken der Leidenschaft zappeln zu lassen ...
Bevor sie sich zu einer präzise durchgeführten Triebabfuhr entschließt,
Schnupft sie zwei Koksbahnen und erkundigt sie sich nach
Der Größe der Geschlechtsteile ihrer zahlreichen Verehrer
Jean-Pierre Bacri, miserabel bezahlter Fernfahrer, der zum Masturbieren
Auf die Toilette geht, betrachtet die feine Wölbung ihres jungen Hügels,
Die zarten Falten unter dem haarlosen Schambein
Sein Blick wird zum Schlauch, er saugt ihr den Duft aus dem Haar,
Bohrt ein Loch in die Wand und schreit sein Verlangen hinein
Die Straßen deuten sofort auf ihre Glassplitter ...
Amüsiert betrachtet sie sein Hemd mit dem albernen Ananasmuster
Jaoui lechzt nach einem omnipotenten Vorstadt-Herkules
Mit einem ästhetischen Penis, Bacri ist ein Pinocchio mit Nasenerektion,
Ein hormonell übersteuerter Waschlappen sexuell zum Dauerparken abgestellt
Der Kasper verröchelt, das Zirkuszelt begräbt den strampelnden Clown ...

Auslaufmodell

Der Mond fällt durch schräge Schächte
Nachtkalt gepeitschte Laternen, kariöse Gefühle, stürzende Perspektiven
Die Fremdheit der Welt, der Schlamm auf dem Grund der Neuronen
Männer mit schwarzen Gesichtern und weißen Händen
Frauen mit schwarzen Hälsen und weißen Augen
Absinthsniffer, Zuhälter, Zukunftslose, Visionäre, Weltabfackler
Der nächtliche Bodensatz, bizarre Kreaturen, die sich Wodka in die offenen
Wunden schütten, die sich fröstelnd an den Wänden entlangdrücken,
Die implodieren, wegen der Welt, wegen sich selbst, wegen der anderen,
Die unbeweint und unbesungen im Vakuum vor die Hunde gehen,
Entkörperlicht, entleert, in die Dunkelheit geschaufelt, ins Leere geliebt
Die Gesichter roh, die Mimik vom Leben durchgeschüttelt,
Von Leidenschaft, Hoffnung und Verzweiflung umgepflügt
Das Treppenhaus ist mit feuchtem Schorf beschlagen
Betäubender Atem, der durch den Mund ins Gehirn weht
Ein erster lähmender Kuss, ein magischer Stachel, unsichtbares Gift
Der erste kleine Abschied, nichtendenkönnendes Hin und Her
Catherine Frot, die sich von Zahnpasta und Wundheilsalbe ernährt, läuft
Davon und wieder hinein in seine Arme, lässt sich auffangen und herumwirbeln,
Schenkt ihm Musik und Schweigen und Schmerz und läuft wieder davon
Ihre Liebe trägt sie empor in schwindelnde Höhen, wo Lichtreklamen knistern,
Wo das Feuer den Kristall der Hirnrinde zum Schmelzen bringt ...
Entflammt von Leidenschaft, die wie Arsen die inneren Organe frisst,
Nimmt sie den Geruch seiner Haut mit in ihr Zimmer, berauscht sich an ihrer
Zerbrechlichkeit, irrt durch ihre Lügen, schreitet den Raum ab, rollt über den
Teppich, muss zur Toilette, kann aber nicht, küsst seine Socken auf der
Wäscheleine, rasiert sich die Beine und betrachtet den Schaum, der mit dunklen
Haaren durchsetzt von ihrem Knöchel zum Ausguss läuft, ritzt sich seine
Zeichen in die Haut, schreibt Liebesbriefe mit Filzstiften auf die Kissen,
Frankiert die Laken mit aufgemalten Briefmarken, bemalt Möbel und Wände,
Zieht die falschen Wimpern von den Augen, die Einlagen aus dem Büstenhalter,
Greift in den Slip, überlegt, ob sie masturbieren solle, lässt es bleiben,
Nickt ein und zuckt im Fruchtwasser ihres Schlafs träumend zusammen
Draußen türmt sich ein Gewitter auf, nicht am Himmel über der Stadt,
Sondern in der Nacht über dem Kontinent, im Raum zwischen den Planeten,
Geräuschlos, blind, aus einer anderen Welt ...

Lichtdurst

Das Zeitalter des Testosterons, die Kältekammer des Männlichen
Hormonelle Gewitter, temporäre Enthirnung, Penis-Attacken
Feuerleiter, Ausblick auf eine Backsteinmauer, Plüschatmosphäre
Eine interaktive Wohnlandschaft, ein virtuelles Mohnblumenfeld
Eine frei stehende Badewanne vor einem großen Spiegel
Tanzende Hände auf dem Teppich, seufzendes Leder, Trash-TV
Die Luft ist so heiß und feucht, dass auf allem ein Dunstfilm liegt
Yvan Attal, der sich die Brüste der Frauen, die ihm zugeführt werden,
Vorher als Appetitanreger auf sein Smartphone senden lässt,
Beißt in eine Zitrone, über dem Sofa hängt eine Gummihautskulptur,
Ein überdimensionaler Phallus, schwer, stumpf und plump wie das Leben ...
Fanny Valette, eine masochistische Kindfrau mit blaugetretenen Schienbeinen,
Die sich die Schrammen in ihrer Seele kosmetisch zuschmiert, beherrscht die
Perfide Kunst der Verführung und wird von ihr beherrscht, die Art, wie ihre Hand
Das Sektglas berührt, stellt eine kaum verborgene sexuelle Handlung dar ...
Im Bad das Gewisper cremiger Seifen, das Quietschen öliger Fette
Attal entleert sich und bemerkt, dass er knotige Hämorrhoiden hat ...
Am Wannengrund klebt ein Haar, das Relikt eines Vorgängers,
Der sich nach der Paarung wusch und die Spuren zu verwischen versuchte ...
Resigniert schaut er in den Spiegel und drückt sich den Talg aus der Nase
Valette gleitet wortlos in den Raum, hockt sich auf die Klomuschel
Und bestreicht ihre Brustwarzen mit farblosen Nagellack
Attal gehorcht ihrem Befehl, gibt ihrer Brust einen Kuss,
Packt ihre Fußgelenke, schiebt die Schenkel auseinander,
Badet in ihren Wassern und ergießt sich in ihre Flüsse
Winselnd wie ein Streichorchester liegt sie in der Badewanne,
Eine glitzernde Körperlandschaft, die aus einer weißen Emulsion ragt
Attal schlägt seine Hände in ihr Blut und übergießt sie mit Benzin,
Spielt mit einem Streichholz, entzündet es, lässt es fallen
Mit geweiteten Augen sieht er die ersten Flammen ihre Haut lecken,
Sieht ihre Hände und Füße wie Fackeln brennen,
Sieht, wie ihrem Körper ein dicker Rauchschwall entströmt
Sie krümmt sich wie eine Wespe
Sie ist sein Leuchtfeuer
Sie ist sein Licht in dieser Nacht ...

Zuckerwatte

Onanie und Alltag, erigierte Büroturme, großstadtbleiche Haut
Das weiße Fleisch der Nerven, die Krämpfe der Sehnsucht
Die Geschwärzten, die Entrückten, die Gefesselten, die Verhöhnten,
Die zu einem neurotischen traumlosen Mittelstandsleben verdammt sind
Schaumgummibrüste, Betonfrisuren, Luftbisse, Orgasmusblicke
Das erotische Delirium, die letzte Süßigkeit, der kleine Tod
Eine Sternschnuppe fällt vom Nachthimmel, bricht mit der Wucht
Der Entjungferung durch das Fenster und zerfällt zu Sternenstaub
An der Wand sprießen lila Knospen, öffnen sich Blüten und Fruchtbecher
Nackte zottelige Faune mit mächtigen Geschlechtsteilen steigen vom
Wandgemälde herab und erwachen zu geiler Triebhaftigkeit
Unter der Schädeldecke die fette Raupe des Gehirns, die darauf wartet,
Das Knochengewölbe zu sprengen und die schuppigen Flügel zu entfalten
Emmanuelle Seigner, die ein Bordell betreibt, um die Schattenseiten
Ihrer Persönlichkeit zu entwickeln, flattert im Saft ihres Körpers,
Saugt mit bebenden Nasenflügeln das Leben ein, greift nach dem Prosecco,
Der beim Öffnen ejakuliert, schlitzt die Kissen auf und lässt die Daunen tanzen
Die warme Haut auf der Innenseite der Schenkel, das süße Zerfließen der Dinge
Lust bricht aus den Schluchten ihrer zugemauerten Sehnsucht
Sie reißt das Fenster auf, schwenkt die schweren Brüste heraus,
Wirft den Kopf in den Nacken, rudert mit den Armen, lacht hysterisch
Finger bohren, Nagellack platzt, Spalten schnurren, ein elektrischer Wind
Rauscht durch den Körper, der Himmel füllt sich mit splitternden Farben
Unirdisches Licht, Fieber, Funkenflug, Lavagluten, Wogenschaum
Die erste Welle walzt herauf, der Boden schwankt, Zimmerwände bersten
Keuchend besteigt sie Straßenschilder und Schuhanzieher
Es kommt, es schäumt, es bricht, es schmatzt, es reibt, es rutscht
Ein Zerren und Ziehen, Kreischen und Wirbeln, Stammeln und Keuchen,
Ein tiefes Stöhnen, das sich mit jedem Atemzug in höhere Tonlagen schraubt
Der Vorhang reißt, das Tor springt auf, das schäumende Fest, der Triumph,
Der Brennpunkt, die Offenbarung, die Ekstase, die epileptische Aura
Die Welt fliegt auf mit einem Schrei, rosa Fleisch löst sich
Von den Knochen, fällt auf den Boden und löst sich augenblicklich auf
Zurück bleibt ein blankes Skelett ohne Augen, ohne Lippen
Ein Totenschädel, der lauthals über alles lacht ...
Hinter der Tür flüsternde Kinder ...

Luftwiderstand

Pathologische Langeweile, Schicksallosigkeit, kosmische Fremdheit
Terrakottafußboden, Teppiche aus Tunesien, hausgerösteter Kaffee
Eine Statue aus Plexiglas, ein Plasmabildschirm im barocken Blattgoldrahmen
Seelenreisen im Wohnzimmer, heilige Fußwaschung im fäkaliengelben Klo
Der Himmel dreht sich wie ein Strudel in Zeitlupe, die Luft ist sanft wie Seide
Karin Viard, eine leicht bekleidete Schöne mit schlafzimmerschweren Blick,
Liegt auf dem Sofa und drückt sich einen Pickel aus der Wade
Frédéric Pierrot, der sich mit gelegentlichen Seitensprüngen
Und einem ordentlichen Schluck aus der Flasche tröstet,
Surrt in der Luft wie eine vom Blutdurst gequälte Mücke
Er schmeckt das Blutige seiner Gier auf der Zunge, rupft ihr mit einem
Einzigen brutalen Griff die Kleider vom Leib, schlägt seinen Reißzahn
In ihre Schlagader, kriecht unter ihre seifenblasendünne Haut, in ihre Muskeln
Und Zellen, schwimmt in ihrem Blut, klopft den Kalk von ihren Arterien,
Irrt durch die nicht enden wollenden Lymphgefäße, schmiegt seine Wange
An das glänzende Fleisch einer Niere und schlüpft mit allem Schwemmland
Dieser Welt in ihr unermessliches Delta, trudelt wie eine betrunkene Wespe
Durch rosa Tulpenfelder, stürzt in Blütenkelche, schwirrt, von schweren
Regentropfen getroffen, mit lautem Getöse davon, steigt auf, ein Hauch,
Ein Luftzug, zerfließt und vergeht in einer fremden Landschaft ...
Viard ist seine Landkarte, eine Insel, die dem Ozean entwächst,
Die sich tausende Meter über die Meeresoberfläche hinaufschwingt,
Wo die Luft nach dem Regen wie die Sonne funkelt, wo sich die Stämme
Eines grüngoldenen Waldes dem Himmel entgegenstemmen ...
Viard hängt ihren zart behäuteten Körper in die Wolken und
Lässt sich von den wechselnden Winden auf und ab tragen
Das Gift der Gewalt lauert unter dem Bauchfell wie eine Tarantel
Pierrot reißt ihr den Mund auf, hält sie an den Haaren fest,
Stößt tief in sie hinein und pumpt seinen Samen in ihre Kehle
Eine Ohrfeige knallt, ein Stuhl bricht, ein Weinglas stürzt
Dunkle Flüssigkeit, Wein oder Blut, sucht ihren Weg in den Boden
Pierrot krallt seine Fingernägel in ihren Hals,
Bis ihre Hände von seinen Armen abfallen
Eine Zeitlang noch schlagen ihre Beine gegen die Tischkante
Langsam bricht das Zungenbein, leise knackt der Kehlkopf
Besänftigend rauscht der Regen ...

Pupille

Schwarze Tonnen von Nacht, dünn leuchtendes Leben …
Häuserwellen, zwanzig Etagen Leere, gläserne Büros, Ventilator-Gepuste
Jedes Gebäude ist eine Fassade aus Papier in einer grünen Flasche
Von einem gleichgültigen Hirn mit der Pinzette errichtet …
Gesichtslose Körpermaschinen, geometrische Vögel, Insekten aus Metall
Weltmännisch blickende Weltmänner, assimilationsbereite Provinzler,
Postmoderne Poseure, Salonfaschisten, Kaviarsozialisten,
Fastfoodfetischisten, Freizeittransvestiten, Zombie-Katholiken,
Männer, die in ihren Bewegungen zerfallen und verwehen …
Die reale Irrealität, Axonen- und Dendritenwälder, neuronales Kabelgewirr
Die Abgründe der Selbsttäuschung, die Sabotageakte des Unbewussten
Marion Cotillard, die von Makkaroni und Marmelade lebt,
Reibt sich Koks ins Zahnfleisch und atmet die Amphetamine des Frühlings
Benoît Magimel, drogenkochender Chemielehrer und Pillendreher,
Der alles schluckt, was alt macht, schlurft im Bademantel auf den Balkon
Und streckt seinen faltigen Hintern wärmesuchend in den Himmel
Die Erde spricht, Insektenflügel knistern, es duftet, sie duftet, die Luft duftet
Vereint löschen sie die Gegenwart, reißen die Uhren von der Wand,
Schmelzen ihre Knochen zu Farbe, malen Schmetterlinge in den Staub,
Lassen sich von den Göttern durch die Luft wirbeln, trinken den Regen,
Spielen mit der Sonne und vertanzen mit den Wolken das Licht
Der Wind vernagelt die Fenster, draußen stehen die Bäume,
Archaische Bläser, schweres Blech, eine Trompete schreit und erstickt
Explosionsartig brechen heile Welten in chaotische Clusterklänge um
Wellenartig gefächerte Streicher türmen sich auf und brechen
Nach einer letzten Kulmination mit einem Paukenschlag zusammen
Die nachfolgende Lautlosigkeit ist ein sanftes Tal, wo vereinzelt dünne
Birken stehen und der schwarze Boden zwischen den stummen
Schweigsamen Stämmen von weißen und gelben Narben bedeckt ist
Ein Nebel, nicht aus Dampf, sondern aus Schwermut strömt in die Nacht
Liebe ist der Schmerz, der bleibt, wenn sie vergeht, ein Hirngespinst,
Wie all das andere auch, was man durch sein Leben schleppt …
Irgendwo lallt ein Sterbender, dass die Wunde heilt …
Magimel versinkt in das sanfte Spiel des Wahnsinns
Auf einem schwarzen Kahn fährt er einen verschwiegenen Strom hinab
Ein Mädchen, kleiner als ein Zwerg, reicht ihm einen Apfel …

Aurora borealis

Das Flirren am Horizont, das Licht, das ziellos durch das All strebt
Bunte Ejakulationen zwischen zögernden Regenwolken
Ein Feuerwerk aus Spermien steigt in die Luft und explodiert
Brüste rumpeln durch die Büsche, Penisse richten sich auf und vergehen
Nachtaktive Exoten mit allerhand Stoff für Nase und Mund flattern
Tolpatschig tanzend wie die Hormone in ihren Körpern im Elektrosmog
Sandrine Kiberlain, ein aus dem Himmel gestürzter Engel, dem alle
Verbindungsdrähte nach oben gerissen sind, kommt mit roten Flügeln,
Rollt heran wie ein Asteroid in der Leere des Raums, treibt eine
Wirbelsturmschneise in die Welt und durchschlägt die Scheibe wie ein Projektil
Jean-Paul Rouve, der in einer Lagerhalle Schrauben zählt und sortiert,
Schaut sie an wie eine Insel am Horizont, die er gerade entdeckt hat
Er ist nur noch Verlangen, und das Verlangen durchpulst
Ihn von den kokosnussgroßen Hoden bis ins sprachlose weiche Hirn
Vor erotischer Energie vibrierend, das Gesicht verloren in Wellen roten Lichts,
Hofft er auf die Erlösung, auf den goldenen Samenerguss,
Auf Millionen Schmetterlinge, die in honigdickem Sperma schweben,
Die in die feuchte Finsternis stürmen, eine Wolke nach der anderen,
Von Liebe und Chemie getragen, ohne zu wissen, was sie suchen ...
Eingehüllt in den Duft ihres Geschlechts, paralysiert von einem Traum,
Der sich wie eine schneckenförmige Treppe ins Gehirn meißelt,
Atmet er nur noch dort, wo ihre kaffeebraune Haut atmet ....
Kiberlain reißt sich die Wimpern ab, zupft die Haare von den Augenbrauen,
Rupft Schorfstücke von nicht verheilten Wunden, rupft sich blutig, spricht in
Tierlauten, fixiert ihn mit funkelnden Augen, umkreist ihn, dreht ihm die
Arme auf den Rücken, fesselt ihn, schleift ihn unter einen Baum,
Reißt ihn an seinem Strick hoch und schlägt auf ihn ein damit er pendelt
Sein Körpergewicht zieht ihm die gefesselten Arme hoch und reißt sie ihm
Von hinten über den Kopf, aus den Pfannen der Schultergelenke
Springen die Kugeln, ein Geräusch wie aus der Metzgerei,
Wenn der Schlachter einem Kadaver die Knochen auseinanderbricht ...
Nur die Augen lässt sie ihm, damit er sie verschwinden sieht ...
Rouve fühlt keine Qual, zu lange hat er im Schatten der Sonne gelebt
Er ist bereits gekreuzigt und vom Kreuz gezeichnet ...
Viele Tode will er sterben, einer ist nicht genug ...

Stella Polaris

Marmortreppe, Stuckdecken, tropfendes Licht, weiße Stille
Teppiche cremig-weich wie die erste winterliche Schneeschicht
Marie Denardaud, eisblauäugige Tochter eines Kostümverleihers
Mit vordergründigem Lächeln und immer angriffsbereiten Krallen,
Durchschwimmt die Nacht wie in einem dunkelblauen Bassin
Aus Himbeereis und Kokain, Zuckerwatte und Crack
Ihre üppigen weißen Brüste ragen wie Eisberge ins Licht
Édouard Baer, der vom Morgenkater bis zur nächtlichen Ohnmacht
An der Flasche hängt, arbeitet sich durch die winterliche Wildnis,
Taumelt über den ewigen Schnee, über den unendlichen Spiegel,
Zeichnet Muster in die glatte Oberfläche, erreicht ihre Beine, ihren Bauch,
Die bitterkalten Brüste und fällt erschöpft ab bevor er ihren Mund erreicht
Aber zwischen seinen Beinen pumpt es, glüht es, schwillt es,
Schiebt es sich in den Raum, erreicht die Decke, reibt an den Wänden,
Gigantisch, monströs, und drängt sich in ihre tiefgefrorene Vagina
Die letzten warmen Tropfen erstarren zu milchig-trübem Eis
Denardaud übergießt ihn mit Wasser bis er wie unter Glas im Frost liegt
Durch das offene Fenster strömt das Schluchzen einer Violine
Unter dem Kuppeldach steht ein monumentaler Sektionstisch
Rundherum sitzen die Ingenieure der Seele, diabolische Psychiater,
Medizinmänner mit Kopfgeweihen, die feierlich ihre Kelche in die Luft heben
Mit breiten Lederriemen wird Baer auf einen Drehstuhl geschnallt,
Sein kahlgeschorener Kopf in einem fest verschraubten Rahmen fixiert
Ein riesiger Schmetterling flattert ihm auf den Rücken, sein Rüssel öffnet sich
Zu einer krummen Nadel, durchbohrt mit leichtem Knacken Schicht um
Schicht die Schädeldecke und dringt leicht wie durch Gelatine bis ins
Limbische System, um dort ein Ei ins Labyrinth der Synapsen zu drücken
Der Rüssel zieht sich blutverschmiert zurück, der Falter hebt ab
Und flattert durch die dumpfe Luft zum Fenster hinaus
Die Wange an sein Instrument geschmiegt kommt der Geiger auf ihn zu
Leise spielt er ihm ins Ohr: Sehnsucht, Sehnsucht, Sehnsucht ...
Baer stößt ihn beiseite und rennt davon
Auf der Straße wimmert heiß atmend ein dampfendes Pferd
Es sieht ihn erstaunt an, dann wiehert es erschreckt auf
Ein plötzlicher Huftritt zertrümmert seinen Brustkorb
Über ihm glasblau der Winterhimmel ...

Gehirnschraube

Gestirne und Wolken rasen im Zeitraffer über das Firmament
Sternwinde, Schockfronten, Weltraum-Erosion, Alphazerfall
Das sogenannte Draußen, die zwischen Ekstase und Ekel schwankende Welt
Die brüllende Nacht, der in sein Fleisch trostlos eingewickelte Mensch,
Die schwarzen Wellen aus Blut, das fettige Rot der Lippen,
Die staubigen Ecken im Innersten, das Stottern des Hirnautomaten,
Der dunkle Faden, der tiefe Schmerz, der hinter allem steht ...
Der Asphalt ist blau, das Haus hellgrün, der Himmel fast lila
Erotische Magie, Hormonstürme, somnambule Melancholie
Amira Casar, ein heiß fühlendes Wesen in der von kalten Werten
Erstickten Welt, streichelt sich ununterbrochen, krümmt ihren Körper
Vor Schmerz, strafft ihn vor Kraft, beugt ihn verzweifelt nieder,
Fährt ihre Krallen aus und legt sich katzenhaft auf die Lauer
Alain Chabat, Rechtsanwalt in der Versicherungsbranche, mit Familie,
Fernseher und kleinen Affären bestens versorgt und grausam beengt,
Tropft in einer Mischung aus Aufopferung und Hingabe in ihr Venensystem,
Sickert in ihr mondlichtumflutetes Herz, gurgelt aus den Vorhöfen
In die Herzkammern, wird durch eine gewaltige Kontraktion
In die Halsarterien geschleudert, teilt sich in tausend Fasern,
Die ihre Finger ins Gehirn schieben, taumelt durch Axonen und Dendriten,
Bis er schließlich im heiligen Saal unter der Sternenkuppel,
Auf einem Wolkenkissen sitzend, auf dem höchsten Thron,
Die innere Göttin in einer weißen Tunika aus reinem Zucker erblickt,
Eine Statue kühl wie eine Flasche Mineralwasser aus dem Eisschrank,
Das Gesicht eine Totenmaske mit ewig sonnigem friedfertigem Gipslächeln
Plötzlich beginnt sie von einer geheimnisvollen Energie aufgeladen
Wie eine Peepshow-Tänzerin in einem lustvollen Rhythmus zu zucken
Scharf schneiden ihre Arme durch die Luft, kantig rucken ihre Schultern,
Lachend zelebriert sie die Entfesselung der Triebe, mit langen Krallen dringt
Sie tief in sein morsches Fleisch, zerbeißt ihm die faserigen Sehnen an den
Pelzigen Beinen, und während er noch schreit, zieht sie ihm die Haut ab
Seine Muskeln liegen offen, bebend pulsieren seine Arterien und Venen
Fein säuberlich seziert sie die Flügel ihres Helden
Seinen triefenden Kopf hängt sie zu den anderen über das Tor
Die Ränder der Welt schmelzen in einem weißen heißen Licht ...

Randgänger

Die Nacht ist eine undurchlässige Wand
Häuser mit Tarnanstrich, verhängte Fenstervierecke, verschlossener Wahn
Attrappen der Glückseligkeit, Schlupfwinkel, wo sich der Irrtum verschanzt
Sexuelles Fast Food, mückenumschwärmter Hundekot, die widerliche Ich-Pelle
Mädchen huschen hellhäutig im Strahl der Bogenlampen über die Wände
Flüchtlinge betteln am Hintereingang von McDonald's ums abgestandene
Frittierfett, ein dicker Chinese klammert sich nervös an seinen schwarzen Koffer
Die Bronzestatuen im Stadtpark sind in Gebärden der Abwehr erstarrt
Michel Blanc, einer dieser Tanklastwagenfahrer, die einen mächtigen Bauch
Über der verbeulten Hose tragen, schleppt sein Herz von einem Gesicht
Zum anderen auf der Suche nach übriggebliebener Liebe
Beim Autobahnzubringer hat eine Wohnwagennutte Stellung bezogen
Wie ein Mustang wirft sie sich mal rechtsherum, mal linksherum
Bei jedem Auf und Ab verrutscht die grüne Perücke
Der Schweiß rinnt an ihm herab wie von einem nassen Pudel
Mit Sonnenbrille und Kapuze weiter durch die Nacht
Der Saft aus dem Zahnfleisch, der alte Hunger, die alte lauernde Gier
Der Bluthund nimmt Witterung auf, klettert unter die Schädeldecke,
Fletscht die Zähne und schlürft den Ekel, den er erregt
Turnschuhmädchen, Rucksackmädchen, Zahnspangenmädchen
Mädchen mit pickelübersäter Stirn, weißen Zahnreihen, weißen Unterhöschen
Glücklich plappernde Mädchen mit dem Teint einer dünnen Glashülle
Cappuccino-Mädchen, deren kaffeebraune Augen ein Feuerwerk auslösen
Nylonbestrumpfte Mädchen aus der Streichholzfabrik oder aus dem Büro
Kinderschänderisch entkleidet er eins, knebelt den Mund mit aufgestülpten
Küssen, packt die Brüste, drängt sich zwischen die Beine, lässt sich den
Wind in sein dämonisches Grinsen wehen und prügelt es mit dem Gürtel tot
Niedrigwasser in den Hoden, Ebbe im Blut
Der Zirkus fällt in sich zusammen und begräbt den Dompteur
Die Henker wischen ihr Lachen an verkrusteten Handtüchern ab
Blanc schleift wie eine Nachgeburt über den Asphalt
Pfützen öffnen sich, kleine Brunnen, die sich mit Wasser füllen,
Spiegel, in denen das Bild des Nachthimmels zittert
Die Fenster sind diabolische Fratzen, die Rinnsteine Abgrundkanten,
Die Gullydeckel fleischweiche Pforten zur Hölle
Der Wind lässt ihn liegen, das Gesicht nach unten ...

Echo-Raum

Der Raum ist unendlich, Hoffnung gibt es nicht
Die Schwerkraft des Gestern, die Hirnarchitektur, der innere Raum
Graues Haar, graue Krawatten, ein aufgeschlitzter Autositz
Körper und Köpfe, die Beduinen der Nacht, die Penis-Armee
Cosmoproleten, Weltlegastheniker, Polizisten in gelben Warnwesten,
Polternde Partyschwätzer, fleischfressende Säuger und parkbankgelähmte
Alkoholiker, die Wodka trinken bis sie traurig und träge zusammensacken
Irgendwer zieht einem anderen das Messer durch die Kehle und schaut zu,
Wie die verletzte Schlagader das Blut aus dem Körper pumpt
Ein teigiger Heiland mit verquollenen Augen verkündet „Jesus loves you"
Schnapsdunst, Schweißsekretion, Darmgase, Selbstekel
Aus den Lautsprechern stampft Popmusik aus dem Chartsbaukasten
In qualvoller Monotonie surren die Fliegen um den Kronleuchter
Die Kneipe ist eine entschleunigte Zeitkapsel, ein rüsselenger endloser Gang,
Der in der Ferne dunkler wird und sich ins Tiefe, ins Innere senkt
André Téchiné, verstrahlter Strahlenschutztechniker bei EDF, quellen
Nach der Reaktorkatastrophe von Cattenom die Innereien aus dem Mund
Gérard Darmon, der an der Außenhaut des Lebens entlangglitscht,
Beobachtet entsetzt, mit welcher Mühe sich der fettleibige Martinez
Auf dem Klo den Hintern wischt und kotzt in die Speisekarte
Im Aschenbecher die Asche von Caroline, die einst wie ein Komet aus der
Tiefe des Weltalls kam und mit gewaltigem Appetit das Diesseits verschlang
Nach ein paar Bluttransfusionen hatte sie ihn vergessen ...
Liebe ist ein Labyrinth von Wünschen, in denen man sich verliert,
Ein Gemisch aus Schuld und Rausch, eine flüchtige Substanz ...
Darmon sieht sein Gesicht gegen die Scheibe gedrückt, sein Körper
Dehnt sich, er muss sich bücken, auf dem Boden kriechen, die Knie
Ans Kinn nehmen, wächst weiter wie ein Parasit, bis er mit seinen
Ellenbogen, den Hüften, dem Schädeldach an die weichen Wände stößt,
Wächst weiter, nur noch durch dünne Fäden mit dem Leben verbunden,
Immer weiter, bis das Haus eine wässrigrote Masse aus Fleisch ist,
Immer weiter, nicht eine Sekunde berührt er festen Grund
Nichts bleibt einen Augenblick lang bestehen
Sein Leib weitet sich, platzt und bricht in Stücke,
Die ihn wie Keulen umfliegen ...

Betriebssystem

Die Nacht wischt das Licht aus den Augen
Die Gezeiten des Gehirns, die Anarchie des Denkens
Schlammbraune Polsterstühle, ein Hartplastiktisch, eine Lampe mit
Fransenschirm, ein kleiner Mensch im Schatten riesiger Bücherregale
Didier Bourdon, ein hochbegabter Mathematiker, der jahrelang per Post
Sprengstoffpakete an Computerexperten und Naturwissenschaftler
Verschickte, um die Welt in eine Epoche der technischen Unschuld
Zurückzubomben, saugt sich am Fenster fest und errechnet die Flugbahn der
Urintropfen, die aus der Harnröhre eines Säufers an die kalte Mauer spritzen ...
Die Nacht wandert über den Himmel wie jede Nacht, wie alle Nächte
Der Schraubstock des Grübelns, das Knirschen der Hirnmechanik
Der tanzende Chor der Gedanken, die Beschleunigungsmaschinerie
Das Heer digitaler Maschinen, die Tretmühle der neoliberalen Wirtschaftswelt
Kapitalströme, Warenströme, Informationsströme, Menschenströme
Die Macht der Märkte, die alles verändert, was kostbar ist
Die Deformation des Privaten, das Verstummen der Sprache
Die Armut existenzieller Erfahrung, der Verzicht auf Traum und Sehnsucht
Die Menschen werden Maschinen, die Maschinen werden Menschen
Die ewig ungelösten Rätsel um Kausalität, Zufall und Schicksal
Wie gebannt starrt Bourdon auf Buddha's Bauchfalten ...
Das Glück, die Freude, die große Stille der Seele, die unendlichen
Möglichkeiten des Nichts, das nichts anderes hervorbringt als Nichts ...
Die Dunkelheit kriecht in Brocken durch das Fenster, stundenlanges Starren
Auf die rissige Decke, die Welterklärungsmaschinerie, die aus einer
Fremden Dimension alles Menschliche durchrechnet, läuft heiß
Bogenlampen springen aus ihren Konturen und lösen sich auf
Der Himmel stürzt ein und schlägt ein Loch in die Gegenwart
Gräberfeld im All, Zähne, Knochensplitter, Fetzen von Kleidern
Särge unter Segel gebläht vom stummen Klang des Untergangs
Die Toten, die unter ihren Grabsteinen keuchen, richten sich auf, stöhnen
Wie der Wind und rinnen wie Milch aus dem warmen Euter einer Kuh
Manche stieß man in albernen Augenblicken hinein,
Die Frauenleichen tragen Schönheitsmasken aus Magerquark ...
Bourdon kippt die Kisten aus und lässt die Körper wie Pusteblumen schweben
Ein großer Gott sieht ihn verärgert an ...

Blitzableiter

Verklebte Tage, epigastrisches Unbehagen, androgenetischer Haarausfall
Die räudige Melancholie der Vorstadt, die Grausamkeit des Banalen
Feinstaubalarm, Bombendrohung, aufgereihte Rauputzquader,
Ramschige Wohnungen, zu oft wieder zusammengebaute Ikeamöbel
Zäh fließendes Leben, reptilienartiges Dasein mit minimalen Ausschlägen
Kalter Schweiß, schlackerndes Bauchfett, die Lunge ein Riff aus Nikotin
Stéphane Freiss, ein tumber Klebstofffabrikant aus der Provinz,
Der versucht, mit Milch, Paprika und Hot Dogs zu überleben, hockt,
Aasvogel seiner selbst, in der Ecke seiner Multimedia-Einzimmer-Höhle
In seinen Augen verbrennt auf kleiner Flamme die Gegenwart
Der Sekundenzeiger rückt vor und zurück, vor und zurück ...
Von oben kommt das Rattern einer Nähmaschine ...
Die Tür ist keine Tür, das Fenster kein Fenster, die Uhr ist keine Uhr
Die Straßen passen nicht zu ihren Namen, der Himmel nicht über die Erde ...
VHS-Kassetten, Röhrenfernseher, ein bisher unbekannter Rembrandt,
Katzenstreu, Krempel und Kriechtiere, Ablagerungen des Ichs, Lebensballast
Eine Mücke schwirrt durch das Zimmer, ein Grund, hin und wieder den Arm
Zu bewegen, Freiss fängt sie, zerdrückt sie und schiebt den Brei in den Mund
Früher saugte er Schmetterlingsbäuche aus, die voll Honig waren,
Jagte Nägel durch die Brüste schlafender Katzen
Und schob sich hin und wieder eine Zahnbürste in den Penis
Die Wände füllen sich mit unförmigen nassen Schatten, der dunkle See aus
Verzweiflung und Schmerz, der nach Erlösung verlangt, steht in Flammen
Nebelhaft kommt der Spiegel aus dem Dunkel hervor, das Gesicht seines
Sohnes Camille, der als Kleinkind in einer unbewachten Sekunde in ein
Fremdes Auto stieg und, Opfer eines Pädophilen, nie mehr wiederkam
Im Hirn schwillt die Raserei eines zornigen Hornissenschwarms, Freiss brüllt,
Bis das Fett unter der faltigen Haut wackelt, rammt sich eine Sicherheitsnadel
Ins Ohr und schlägt mit dem Kopf gegen die Wand, bis die Zähne splittern
Die Tür fliegt aus den Angeln, er humpelt hinaus und schlägt seinem Hund
Ein Eisenrohr mit einer solchen Wucht über die Schnauze,
Dass der Köter auf den Kies stürzt und Blut bellt ...
Stunden bleibt er winselnd neben dem Kadaver liegen
Die Kaninchen hopsen wild in im Stall herum
Sie haben noch nichts zu fressen bekommen
Sie sind die wirklichen Opfer ...

Resonanzraum

Gerontokratische Vororte, Einfamilienhaussteppen, abgetragene Schuhe
Das kleine Bungalow-Reich, die Fertigbauversion des Garten Eden
Garagentore breit wie Fußballtore, ein Ford mit Plüschtier am Rückspiegel,
Ein barocker Springbrunnen, der auch im Winter idyllisch plätschert ...
Keuchende Tapeten, Hustentee, Lutscher, Lappen, Laminat
Die Hirnwindungen der Zeit, der feuchte Geruch des Schlafes
Krampfadern im Hodensack, Bewegungsstarre, Erkenntnisekel
Die Testosteronproduktion nimmt ab, die Fettmasse zu
Das Alter ist ein kaltes Fieber, Hoffnung ist eine Erinnerung
Pierre Arditi, einer der Ausgestoßenen und Aussortierten,
Von den Straßen der Kindheit verjagt, durch Schule und Büro gepeitscht
Und ins Sozialamt getrieben, klebt wie ein Kaugummi auf dem Sessel
Schmierig ausgewalztes Schicksal, entfesselte Schadenfreude,
Abenteuer aus den Feuchtgebieten, die Fernsehwelt ist ein Massaker ...
Die Schwerkraft des Alltags, die darwinistische Normalität
Die soziale Maschinerie, die Fiktion der Individualität
Die Mittelstandshölle, die Seelenwüste, die innere Mongolei
Der Opfergang unter dem Kreuz der Konventionen ...
Täglich ein Liter Speichel, zwei Liter Magensaft, 124 Gramm Kot
Mit dreißig der erste Bausparvertrag, mit vierzig die erste Zahnprothese
Die Kälte friert das Gestern und Morgen zum ewigen Heute
Der Mensch ist allein in der Leichengruft des Alls, im stummen Nichts
Unbeachtet am Rand der Welt gleitet das Leben dahin,
Rücksichtsloses persönliches Eigentum wie der Rasierapparat
Nachts dreht es ziellos seine Runden durch den Schädel ...
Arditi schüttelt heftig den Kopf, doch das Leben bleibt bei ihm ...
In der Kindheit war die Zukunft ein schöner großer blauer Himmel
Diese Zukunft ist er, er - so wie er jetzt ist: morsch und wurmstichig
Von ihm hatte das Kind die Verwirklichung seiner Träume erwartet ...
Die Katze beugt sich über ihren Napf wie eine Zigeunerin über ihre
Zauberkugel, Arditi wirft ihr eine Münze in die Milch und
Verschwindet, eine kalte Folie im Gesicht, im Nieselregen
Ohne einen greifbaren Rest zu hinterlassen,
Etwas, dasm man verbrennen oder verscharren könnte
Er geht, geht weg, geht in die Irre, irrt vergeblich ...

Wechselstrom

Die Nacht ist gleichmäßig durchblutet, der Wind treibt Fäden in den Mond
Molen und Docks verrußt und veröklt, Hafenbauten ätzen sich in den Himmel
Portalkräne wie überdimensionale Türrahmen, Ladebäume, Laufkatzen
Taue knarren, Schneidbrenner zischen, Ölschlamm gluckst
Giraffenähnliche Containerbrücken fahren auf Schienen hin und her,
Um den Warenstrom des Welthandels in genormte Stahlkästen zu pressen
Ab und zu ertönt ein Krachen, wenn Metall unsanft auf Metall trifft
Ein Container stürzt ab, bricht auf und neben ein paar Tonnen
Tiefgefrorenem Hühnerfleisch fallen auch Leichen aus dem Frachtraum,
Treibgut, das die Welt an ihren Rändern ausspuckt ...
Eisenbahnen, Kohlenberge, Lagerschuppen, blickdichtes Wasser
Neongelbe Helme, neongrüne Latzhosen, Filipinos, Albaner, Chinesen, Inder
Bordelle, Hot-Dog-Buden, Playboy-Schwulst, tätowierte Liebesschwüre
Verschwiegene Spielsalons, nach Schweiß stinkende Boxkeller,
Gefälschtes Parfüm, Mädchenhandel, Fischmehl, Menschenstaub
Eine schwarze Bordwand ragt meterhoch auf, ein Schwan zupft Moos
Von der Kaimauer, das Meer riecht nach der Verzweiflung einer Frau
Romain Duris, tätowierte Unterarme und braun gebrannte Glatze,
Ein heimatlos streunender Köter, der dem Leben mit gebleckten
Zähnen die Bissen abjagt, stopft seine Baumwollsocken
Ein spargelbeiniges Mädchen schmiert ihm kichernd ein Mettbrötchen
Im Fotoalbum die Fleisch gewordenen Ergebnisse seiner Fehltritte
Über seinem Kopf der Schatten einer Möwe, die schon längst weitergeflogen ist
Ein Schlepper schnaubt wütend gegen die ansteigende Flut
Bojen schaukeln, deren verschimmelte Ketten in trüber Tiefe verdämmern
Hier und da der silbrig-glitzernde Bauch eines toten Fisches
Im Strudel der Schiffsschrauben treiben kleine schwarze Köpfe
Aufgeschwemmte Menschenwracks, die in keinen Sarg mehr passen
Freudlose, Freundlose, Trostlose, Kraftlose, Nutzlose, Arglose
Der Ozean beginnt zu beben, das Wasser schwitzt, siedet, kocht
Ein wütendes Brodeln, das sich in Wogen ausbreitet, in Wellen aufbäumt
Vom Grund des Meeres schießt fauchend eine Statue in den Himmel
Ein nasses Ungeheuer, das sich mit Wut am Fähranleger hochstemmt,
Eine riesige weiße Marmormasse, von Salz und Zeit zerfressen
Der Rumpf bricht und bröckelt zu Kreidestaub ...

Treibsand

Von Küste zu Küste dümpeln die Wohnwagen
Die Möwen schreien wie zankende Schulkinder
Puderzuckerweißer Postkartenstrand, ein wetterzerrüttetes Restaurant
Mückenstichhotels, vergilbte Markisen, peinlich üppige Frühstücksbuffets
Organisierter Geschlechtsverkehr, Bettwanzenbisse, Sex in der Box
Wimpelwedelnde Handtuchkrieger im Kokon ihrer Mittelklasse-Erlebnisarmut
Ausgepumpte Animateure, wortkarge Einheimische, verlorenenes Frachtgut
Der Strand ist stumm bis auf ein vergessenes Kofferradio
Ein mit Öl beschmierter Pelikan schreit wie ein gequältes Kind
Kronkorken, Reste von Grillkohle, rund gewaschene Glasscherben
Müllstrudel, Plastikteppiche, zart leuchtende Chemikalien, silberner Schleim
Unter den Schritten knirschen grün schillernde Strandkrabben
Am Horizont ziehen protzige Yachten wie Lichtinseln vorbei
Jean Rochefort, arbeitsloser Sportzeitschriften-Redakteur, der seiner Frau
In einem Anfall von rasendem Zorn den Kopf mit dem Golfschläger
Gespalten hat, starrt auf die unaufhaltsame Maschinerie des Meeres,
Auf die sich regelmäßig wiederholenden Explosionen der Wellen,
Auf das tosende Gebirge, das sich rhythmisch erhebt und niederstürzt
Wie ein Gestrandeter auf einer einsamen Insel wirft er eine Flaschenpost
Nach der anderen ins Meer, nur um zu erleben, dass eine
Dämonische Welle ihm alle Flaschen wieder vor die Füße spült ...
Eine Bö schleudert eine Möwe hoch, bricht ihr die Schwingen
Und wirft einen Klumpen Fleisch ins Wasser zurück ...
Ein Blick auf die Uhr, auf diesen absurden Mechanismus
Mit den zwei Zeigern, die um dieselbe Achse kreisen ...
Die Zigaretten sind aufgeweicht, sein Herz weiß, dass es bluten muss ...
Rochefort ringt nach Atem, steht auf, stolpert zurück zur Straße,
Rast mit überhöhter Geschwindigkeit über regennasse Serpentinen
Mittelstreifen im Scheinwerferlicht wie Leuchtspurgeschosse
Entgegenkommendes Licht reißt ein Stück Wald aus der Dunkelheit
Rochefort schließt für einen Moment die Augen und tritt aufs Gaspedal
Eine Eisenstange im Schatten einer Betonbrücke, ein dumpfer Schlag
Rochefort stirbt an der Unfallstelle, kurz vor Sonnenaufgang, zerquetscht
Im Blechhaufen seines Autos, die Straße ist für mehrere Stunden gesperrt
Zurück bleiben endlose Wiesen, deren Gras sich im leichten Wind bewegt

Lichtfinger

Peitschende Stürme, schwarzes Wasser, unterkühltes Dasein
Alle dreißig Sekunden huschen drei weiße Blitze über die Wellenkämme
Und tauchen den zerklüfteten Inselsaum in ein dämonisches Licht
Das Leben ist eine fortgesetzte Kette von Wiederholungen ...
Charles Gérard, Wächter am Rande des Erdkreises,
Tunkt hungrig den letzten Zwieback in den Senf ...
Unter ihm das Toben der Brandung, die Wracks gescheiterter Flotten
Immer wieder rollen neue Brecher gegen die Felsen, Woge auf Woge
Wälzen sie sich heran und nagen am blankgescheuerten Granit
Eisenläden schlagen im Sturm, salziger Wind fegt durch die Stube
Der Turm verschwindet in einer Wolke von Möwen,
Die unter gellendem Geschrei um die Abfälle kämpfen,
Die er immer zur gleichen Zeit aus dem Fenster wirft
Die Lichtkeulen kreisen weiter in den wolkenzerkratzten Himmel
Riesige Containerschiffe und fettige Tanker, die mit hässlichem
Knirschen durch die meterhohen Wellen pflügen, die mit ihren
Flackernden Lichtern ins Gehirn dringen, wickeln sich aus der Nacht
Gérard ist der Leuchtturm, der Augenturm, der Elend atmet,
Eine Maschine aus Schädel, Elle, Speiche und Gehirn, eine fieberhaft
Erregte Netzhaut, an dem der Wurmfortsatz seines Körpers hängt,
Ein riesiger Scheinwerfer, der den Horizont abtastet, der sich
Unablässig dreht, um das Trauerspiel der Welt in sich aufzunehmen ...
Gérard entdeckt den Languedoc, findet keinen Korkenzieher,
Geht zur Toilette und zertrümmert den Flaschenhals
Mit einem kurzen heftigen Schlag auf dem Rand der Kloschüssel
Der Rausch ist bitter, jeder Gedanke ein Blitzkrieg
Das Leben in die Ecke drängen bis es seine ganze Grausamkeit offenbart!
Der wirtschaftsliberalen Elite das Gesicht ins Genick drehen!
Aas fressen! Dem Tod entgegen rennen! Die Zivilisation zerfetzen!
Herbeiträumen alles, was verloren ist! Die Schöpfung neu aufrollen!
Obszönes Begehren nach dem Ende, nach Zerstörung,
Nach einem Erdbeben, das den Turm ins Meer stürzen,
Städte und Menschen tief im Schoß der Ozeane begraben würde
Ein Fisch versäumt es, sich in das zurückweichende Wasser zu retten
Flossenschlagend bleibt er zurück im trockengefallenen Tal ...
Das Meer heult den gewaltigen Ruf des Seins zu sich selbst

Lungenflügel

Hoteltürme, die sich vertikal in den Horizont bohren,
Ein Hund in Ölzeug, leberwurstfarbene Regenjacken, Möwenschiss
Strandkorb-Batterien, Schafsköttel, düster-dekadente Seebadatmosphäre
Die kühle Tristesse der Nebensaison, man reist an, bleibt,
Verbringt einsame Tage im Café und reist wieder ab ...
Der Westwind peitscht ins Gesicht, peitscht den Strand, das Dünengras
Nichts wird mehr da sein, keine Spur, kein Zeichen ...
Die Fluten fallen wie wild gewordene Raubtiere übereinander her,
Prallen aufeinander, türmen sich auf, kollabieren mit Getöse
Der Sturm trägt die Stimmen vergessener Götter an Land
Gewaltige blaue Mauern schicken ihre schaumigen Ausläufer auf den Strand,
Jagen spritzende Delegationen die Dünen hinauf und in die Luft,
Schlagen tiefe Kerben, unterhöhlen, schürfen, brechen den Sand
Das hungrige Wasser, das Meer, das schlaflose Auge der Erde,
Es ruft mit der Stimme eines Magiers, die rasch anschwillt,
Die mit ohrenbetäubendem Lärm überfließt, es ruft mit hundert Stimmen,
Mit tausend Stimmen, mit der ungestümen Leidenschaft der Brandung,
Die das Schicksal aller Stimmen in sich birgt ...
Pascal Elbé, ein Feuilletonredakteur, der so gut schwimmen kann wie
Ein Bügeleisen, hört die Stimmen, die das Sein zerreiben, die die Wände
Der Wirklichkeit durchlöchern, spürt den unaufhörlichen Tanz, den Taumel,
Das Karussell, das sich süß um die betäubte Seele dreht
Es hört nicht auf, es dringt ein, es haftet an ihm, es will ihn
Elbé schreibt sein Testament auf die wässrige Oberfläche der Welt,
Springt ins aufgewühlte Wasser, taucht hinab in die dunkle Tiefe,
Taucht wieder auf wie ein Gebrüll, schreit mit heiserer Stimme,
Wirft Stücke des Kehlkopfes aus und Schleimhaut aus der Luftröhre,
Brüllt wie ein streunender Hund, den man mit Knüppelhieben totschlägt,
Befreit sich, von Krämpfen geschüttelt, mit animalischer Kraft,
Streckt seine Arme nach oben, als ob er eine Leiter erklimmen wollte,
Und taucht, die Pupillen erblindet, wieder hinab in den Schlund,
Ausgeliefert der Umarmung des Meeres, dem kalten Biss des Wassers,
Zuletzt nur noch ein Punkt, um den sich still ein Wirbel bildet
Das Meer hat seit jeher auf ihn gewartet ...
Ungerührt fährt es fort, seine Arien zu singen ...

Humanrohstoff

Die Nacht fällt scherbenlos ins Unbewusste
Das Verschwinden des Humanen, die Abschaffung des Schicksals
Die Wirklichkeit kämpft ihre letzten Rückzugsgefechte ...
Millionen Kubikmeter Zement, Hunderte von Kilometern Asphalt
Hochhäuser wie Gefängnistürme, Parkautomaten, meterhohe Müllberge
Ein Krähen verbellender Hund, verirrte Maulwürfe, in einer Schubkarre
Zusammengerollt wie ein schwarzer Lappen im Regen ein Toter
Die Gekreuzigten an den Strommasten heben ihre blutigen Gesichter
Dem Himmel entgegen, um den Novemberregen zu schlürfen
Cora, ein Mädchen mit tausend Gesichtern, betritt den Hinterhof,
Zieht Grimassen, albert herum und springt in eine schlammige Pfütze
Gavin, ein dicker Junge, der nur Pyjamas trägt, wirft die Hände in die Luft,
Murmelt „Schon wieder!" und malt einen Kreidestrich an die Wand,
Wo er schon Dutzende ihrer Sprünge markiert hat ...
Mit der abwesenden Miene einer Verrückten gleitet Cora's Hand
Wieder und wieder in den Matsch und greift einen Kiesel und noch einen
Und wirft sie mechanisch und stetig wie das Ticken einer Uhr ins Wasser
Ein kräftiger Wind bringt Bewegung in die aufgehängte Wäsche,
Probiert Hemden und Hosen an und schlüpft in Slips und Seidenstrümpfe
Das Geräusch des Wassers klingt nun wie das Dräuen und Brodeln
Der Schöpfung, ein eben in den Schlamm geworfener Stein rollt
Und wälzt sich wie von einer unsichtbaren Kraft gestoßen über den Grund
Blasen steigen brodelnd auf und pressen eine Wassersäule in den Himmel
Aus der Schlammkruste treiben Fäden hervor, Borsten, Beulen und Tentakel,
Die zu zappelnden Beinen und Füßen werden,
Zu Armen und Händen, die ins Leere greifen ...
Cora erstickt mit schlammverschmierter Hand einen Schrei
Der Stein nimmt nach und nach die Gestalt eines Menschen an,
Die Gestalt eines zusammengekauerten nackten Mannes,
Der sich nun langsam schwankend und wortlos aufrichtet
Die Augen, das Herz, das Hirn aus Stein
Ohne eine Sprache der Liebe und der Hingabe
Ohne jede Regung des Mitgefühls und der Trauer
Ohne Willen und Begehren, ohne Schatten und Seele
Gott mustert sein Werk mit einem sarkastischen Grinsen ...

Mondfisch

Die Bauhölle touristischer Schwerindustrie, das Glück im Ghetto
Gigantische Bierpaläste, Strandbars, alte Männer mit Spiegelbrillen,
Säufer mit frischen Wunden im Gesicht, indische Service-Knechte
Kunstrasen, Whirlpools, Wasserfälle, Micky Maus, Plastik-Pharaonen
Touristenschweiß, erbarmungslose Sonnenbräunung, verbrannte Erde
Liegestuhllegionen, Bikinimonstren, ölig glänzende Strandfleischberge
Leute, die bei Opel am Band stehen und vollgeschissene Toiletten zurücklassen
Sonnenmilchverschmierte Opfer der modernen Fast-Food-Mafia,
Make-up-versiegelte Hausfrauen auf ihrem Raubzug zum Bufett
Garnelen in Mango-Currycreme, Hummer mit Yamswurzelpüree
Treibnetze, Kurrleinen, Königsrollen, Möwen im Gegenwind
Das Schleppnetz schlägt dumpf am sandigen Meeresgrund auf
Tonnenschwere Stahlplatten graben sich in den Boden
Der Meeresboden wird planiert wie eine Landebahn
Eine undefinierbare Masse wird an Deck aufgeschüttet
Die Fischer stehen knietief im glitschigen Tierhaufen
Die Kiemenblättchen eines Dornhais sind noch nicht eingetrocknet
Verzweifelte Flossenschläge verschwenden den letzten Rest Lebenskraft
Édouard Baer, ein Unzeitgemäßer, für den es keine Gegenwart gibt,
Sitzt auf der Kaimauer wie eine vergessene Schmeißfliege,
Zu Beginn des Winters aufgewacht, wenn alle anderen schon erfroren sind
Eisig kommt der Wind vom Wasser hoch, alles ist auf dem Sprung, sich zu
Verwandeln, die Dünen, der Strand, die Schaumkronen tragenden Wellen,
Die an der Küste nagen, der Saum des zurückfließenden Wassers ...
Baer sieht den Himmel in Trümmern, die brodelnde dampfende Gischt,
Die Schaumkronen tragenden Wellen, die Fragmente seines Lebens ...
Gedankenverloren zählt er die Segmente auf dem Rückenpanzer
Einer für immer mit dem Stein verwachsenen Assel
Kein Laut außer der ewige Vorwurf des Meeres,
Die unerbittliche ruckartige Mechanik der Zeit
Er kämpft mit etwas Dickem, Gummiartigem,
Das in den Mund eingedrungen ist und die Zunge an der Wurzel packt,
Etwas, das aus den Tiefen der See gekommen war, das sich langsam
An die Küste herangefressen hat, mühsam schluckt er den Speichel,
Der in einem seidigen Gleiten in die Kehle rutscht ...

Lichtschranke

Das Meer wirft einen Schatten
Die Knoten der Zeit, das Schweigen der Räume, der unerlöste Mensch
Die Welt legt sich wie zwei kalte Hände auf die Schläfen ...
Schwarzes Wasser, böige Winde, nasse Dünen, Schafe unter Strom
Möwen reißen Haut und Fettgewebe aus dem Rücken eines Wals
Eine Welle spült ein morsches Boot an Land
Gläubige im Büßergewand laufen mit Fackeln zum Strand hinab
Im Wrack Jean-Marie Vianney, der bellende Hund Gottes, der vom Kopf
Bis zu den Sohlen lückenlos mit Schriftzeichen und Bildern tätowiert ist,
Die unter der transparenten Haut zu wandern scheinen,
Die Stich für Stich die Heilsgeschichte malen, den göttlichen Plan,
Die erschütternde Chronik des Scheiterns aus Schmerz und Schmutz
Sein Blick ist mal andächtig in die Ferne, mal beschwörend auf die
Eisenbeschlagene Truhe gerichtet, in der die Relikte einer untergegangenen
Epoche, die Fragmente einer zersplitterten Welt verborgen sind
Ein Nagel vom Kreuz Christi, Partikel von der Dornenkrone,
Die Windeln und der Lendenschurz, Grab- und Schweißtücher,
Der Kot eines Esels und ein Ast von jenem Busch, den Moses brennen sah,
Abgeschnittene Haare, ein Fingernagel und ein ausgefallener Milchzahn,
Die Nabelschnur und die beschnittene heilige Vorhaut,
Luftproben vom Atem Jesu, die Gewänder und Schleier Mariae,
Der schwarze Finger eines ungläubigen Apostels,
Der Schädel der heiligen Agnes und die Bauchspeicheldrüsen aller Päpste
Zählebig hocken die Götter im flimmernden Gewebe der Bronchien,
Im kichernden Zwerchfell, im glucksenden Bauchspeck, in den
Katakomben des Herzens, in denen die Bestien der Leidenschaft lauern,
In den Falten und Zotten des Dünndarms, im schlaffen Hintern
Das Mondlicht flutet jeden Winkel der Nacht mit blendender Helligkeit
Lucie, ein engelsüßes Mädchen mit weißen Schwanenflügeln, geht,
Gebadet in himmlischem Licht, das Herz erleuchtet, die Augen geöffnet,
Langsam und furchtlos ins Wasser, bis sie lautlos darin versinkt
Der Sarg ist schon bestellt, die Traueranzeige gedruckt
Oben ist kein Gott, unten ist nicht die Hölle
Das Meer hat keine Wege, die Erde keine Sprache
Der Himmel ist ein dunkler Schatten, das Universum kalt

Druckluftbremse

Parallele Leben, multiple Identitäten, instabile Räume
Millionenenfenstrige Pyramiden, spiralige Zeiten, serielles Denken
Die vorbeiströmende Welt, innere Gewitter, verschobene Realitätsebenen
Stumm drängt die dampfende Horde der Reisenden in den Bahnhof,
Menschen, die über dem großen gähnenden Nichts dahintänzeln,
Die ihre Welt verloren haben, ihre Sprache, sich selbst, vom Drang
Getrieben, diesen Verlust zu beschleunigen, damit Erlösung eintritt ...
Ein illegaler Zigarettenverkäufer hebt den Kanaldeckel hoch
Und zieht eine geschmuggelte Stange Gauloises aus dem Versteck
Ein Nazi-Schlägertrupp von acht Leuten überfällt einen Dönerimbiss
Jean-Pierre Castaldi, der Wässerchen gegen Mundgeruch für einen
Chemiekonzern mixt, betrachtet die Regenspur auf den Gleisen
Die Erinnerung ist ein Tier, das sich häuten und entkommen will ...
Mit jähem Ruck setzt sich der Nachtzug in ratternde Bewegung,
Fährt schneller, ignoriert die äußersten Trabanten der Stadt
Und gleitet, ein rotes Schlusslicht schwenkend, in die Dunkelheit davon
Eine migränegeplagte Mutter wippt ihr Baby, das glucksend auf Dinge zeigt,
Die nicht da sind oder doch da, aber für alle anderen unsichtbar sind
Der Schaffner malt verzerrte Gesichter auf das Fensterglas
Vorüberfliegende Schwärze, Regen trommelt gegen die Fenster
Bereits im Ziel geglaubte Tropfen werden überholt ...
Gebogene Minuten, vibrierende Visionen, eiserne Kommunikation
Jeder Atemzug schmeckt ölig und verspätet ...
Kreischend wie ein verwundetes Tier schleppt sich der Zug weiter
Eine Rentnerin mit fuchsrot gefärbten Haaren packt ihr Strickzeug aus
Ein syrisches Mädchen in feuchtfleckigen Jeans, vielleicht fünf Jahre alt,
Versucht minutenlang in einen viel zu kleinen Koffer zu kriechen
Metallisches Winseln, dröhnende Enge, die Persönlichkeit schrumpft
Castaldi krümmt sich in eine diffuse Zukunft! Rohes Fleisch freilegen!
Nackter Anfang! Eine Tür in die Mauer schlagen! Den Horizont verbiegen!
Nicht ruhen, bis die Welt rund und warm wie die Brust einer schönen Frau ist!
Die Städte im Fenster drehen sich wie die Bilder in einem Spielautomaten
Die Entfernung zum Ziel verringert sich nicht, der Morgen wird nie anbrechen
Der Körper ist ein dunkles Gefäß, das Herz verklebt, die Hoden kalt,
Die neue Haut zu dünn, die Freiheit anderswo ...

Prozesslandschaft

Die Türme der Hochfinanz, das Karussell von Geld, Zeit und Macht
Konzern-Konquistadoren, Marktfundamentalismus, Sozialdarwinismus
Durst nach lebendigem Arbeitsblut, mentale Versklavung, Suppenküche
Entmoralisierung, Kernschmelze, Seelenbrei, Ökonomengelächter
Eine Sirene heult auf, Montagsappell unter gehissten Unternehmensflaggen
Pascal Laugier, das vor seinem Computer mit unergründlichen Wort- und
Zahlenkolonnen tickende Werkzeug einer anonymen Konzernbürokratie,
Bewundert den entblößten Bauchnabel der jungen Praktikantin
Kaffee und Kollegen, Kantinen und Konferenzen, Kondome und Karies
Qualitätsmanagement, identitätslose Funktionsträger, permanente Überwachung
Ganze Gebirgsketten kahlgeschlagen für Pappe und Papier ....
Schwarz gemauerte Wolken, lichtblaue Fetzen, aufgeblasene Schafe
Gelber Niederschlag steckt seine Zunge in die Falten der Nacht
Hohe Schornsteine mit rot-weißem Warnanstrich
Schreiben Zeile für Zeile ihre Geschichte in den Dunst
Natronlaugenwäscher, Reaktionskessel, Überdruckventile
Destillation, Adsorption, Absorption, Deserption, Extraktion
Der keuchende Atem der Maschinen sickert durch die Mauern
Rekordmanie, Intensivierungszwang, Uhrengehorsam, soziale Physik
Die Weltbevölkerung steigt, Menschen gibt es zu Schleuderpreisen
Arbeitsnomaden, verkauft und verschleppt in japanischen Minibussen,
Konzernsoldaten, Legehennen, schwitzendes Fleisch in Kolonnen
Die grausige Unterwelt der zu Asseln und Lurchen Verurteilten,
Aus deren Blut der Farbstoff für die Banner des Fortschritts gewonnen wird
Geometrische Ballette eingepasst ins Gestänge der Industrie
Grand-plié - Battement frappé - Developpé - Sauté - Relevé
Jeder Schritt wird vom Klicken eines Radzahns begleitet ...
Die Maschinen produzieren einen unaufhaltsamen Strom von Särgen,
Der sich langsam in die Straßen der Stadt ergießt ...
François Cluzet, ein Mann mit Armeejacke und Haifischgrinsen,
Ein darwinistischer Hardliner diszipliniert und eisern kontrolliert,
Aber immer gut für einen sexuellen Übergriff, steht mit heruntergelassener
Unterhose am Schreibtisch und wiegt mit der Briefwaage seinen Penis
Er isst ein Fleischsandwich, ein Sandwich aus Menschenfleisch
Ihm ist nur eines heilig: Die Funktion seiner Hoden ...

Seelenkeller

Die Nacht ist ein ausgestopftes Märchen
Die Neonreklame ist erloschen, die Wohnungen sind schwarze Waben
Im Treppenhaus orgelt der Sturm, das Holz ächzt wie ein träumendes Kind
Die Balken verbiegen sich wie die Fresswerkzeuge einer Gottesanbeterin
Ein Guckloch, ein Zyklopenauge, ein eisiger Fingernagel, der an der Tür kratzt
Kalkverschmierte Fenster, Kartoffelschalen, Brotkanten, ein hundekontaminierter
Teppich, den schon lange kein Staubsauger mehr bedrängt hat ...
Bernard Blancan, freischaffender Apokalyptiker und Schockforscher,
Der versunken in kosmischer Einsamkeit zwischen feucht-klammen Unterhosen
Und steif gebügelter Bettwäsche auf tiefgefrorenem Nahrungsindustriemüll
Herumkaut, hört es murmeln hinter dem Grau der Wand ...
In den Ventilen zischt das Gas, Wasser stürzt durch die Röhren
Dumpfe Schläge wie gegen einen Sandsack, schwere Möbel werden gerückt
Blancan blickt in den Spiegel, der sein Gesicht fragmentiert
In den Ohren ticken winzige Uhren mit zierlichen Zeigern,
Weich behaarte Spinnenbeine tasten sich vorsichtig in die Hörschnecke vor
Das Bett wackelt wie ein kenterndes Boot, die Wände zittern
Blancan zieht die Gardinen zu, die Angst wächst wie eine zweite Hautschicht
Ein dumpfes Grollen fährt durchs Gemäuer, dann kriecht Stille ins Zimmer,
Unheimliche Stille, die Wände sind mit Gänsehaut bespannt
Blancan entdeckt, dass in den Wänden eine dritte und vierte Dimension,
Eine ganze Welt gefangen ist, krumme Finger wachsen durch die Mauer
Etwas sickert und trieft, Larven und Maden hängen schmatzend
An ihren Fäden, lösen sich langsam vom Putz, tropfen herab
Mit dem Einschlafen kriechen Schnecken aus dem Boden und ziehen
Ihre schleimige Spur die Bettpfosten hinauf, kriechen die Beine hinauf,
Klopfen auf den Bauch mit ihren Fühlern, die sich in die Poren drängen,
Besudeln die Haut, die taub wird und zu brennen beginnt,
Kriechen den Hals empor, saugen die Schweißbäche ab,
Kriechen ins Haar, verschwinden in den Ohrmuscheln,
Lösen sich auf und verschmelzen mit der Gehirnmasse
Im Schädel schwappt und schmatzt es, die Knochennähte zwicken
Blancan zieht die weichgewordene Schädeldecke über den Kopf
Nichts Böses kann unter diesem Zauberzelt sein ...
Jeder Hausflur träumt seine Toten ...

Pavillon de Vénus

Der Mond hat die Gestalt einer entflammten Frau
Der geschlossene Kopfraum, das Schweigen der Schaltkreise
Das ranzige Dreizimmer-Apartment, das vergessene Quartier,
In dem viel Zeit verstrichen ist, in dem die Zeit nun stillsteht,
In dem die Dinge die Zeichen ihrer Vergänglichkeit tragen ...
Der Couchtisch steht auf Bücherstapeln, Kinostühle, ein Kaugummiautomat
Die Gardine ist grau wie das Lungengewebe von Rauchern, auf den Möbeln
Glänzt ein Fettfilm, im Kühlschrank verwest ein Discounter-Huhn
Gewaltige Gebirge hängen von der Zimmerdecke, ein Zeitblock bröckelt ab
Die Zukunft ist ein nebelhaftes Etwas ohne Form und Ziel ...
André Dussolier, ein passionierter Insektenforscher mit durchsichtigem Fleisch
Und ohne Augen, der die Wände mit dünnen Tastorganen erkundet,
Lehnt am Heizkörper, nervös, weil ständig die Toilettenspülung läuft ...
Kein Zeichen des Universums erreicht ihn, nur süffiger Mainstream,
Schlümpfe auf Speed, pomadige Evangelisten im Glitzeranzug,
Stinkender Seelenschweiß, sentimentaler Abfall, schmierige Wirklichkeit
Ein betrunkener Nachbar wankt zur Tür herein und will Schnaps,
Schwadroniert vom Tod Gottes und stolpert wieder hinaus ...
Dussolier sehnt sich nach einer warmen Stelle in einem menschlichen Bett,
Nach einem Aufwachen zum Anfassen und nimmt ein Bad,
Rasiert und parfümiert sich, zieht den Sonntagsanzug an,
Erklimmt ein Autodach und starrt den Mädchen hinterher
Bereitwillig folgt ihm eine Touristin mit Lolita-Charme auf die Matratze
Er rutscht über den Busen, sucht sich seinen Kurs zwischen ihren
Schenkeln und findet schließlich sein Ziel in der Höhle ihrer Vagina
Entsetzt blickt er ins drohende Antlitz einer großen schwarzen Spinne,
Die in ihrem Unterschlupf lauert mit Klauen, von denen süßes Gift tropft,
Ein haariger Dämon mit einem runden Bauch voll Eier und Gedärm
Er fasst sich ein Herz, zieht sich Handschuhe an, packt die Spinne
Und reißt sie los vom Geschlecht, das nun makellos und faltenfrei ist,
Ein fleischgetöntes Stück Plastik wie bei einer Puppe aus der Barbie-Kollektion,
Der Gebärmutterpalast uneinnehmbar wie eine preußische Festung
Seine Hoden ziehen sich in die Bauchhöhle zurück
Heroisch amputiert er sich ein Bein unter der Bettdecke
Ohne Schmerz keine Begegnung mit dem Schicksal ...

Vorhofflimmern

Rote Nacht, das Zimmer ist blau, draußen rauscht der Regen ...
Die Sterne bleiben im finsteren Sack der Wolken
Die Welt verteilt sich wie Leim über das morsche Nervensystem
Die moderne Kälte, die Wolfsgesellschaft, die urbane Apokalypse
Der selbstoptimierte Gegenwartsmensch, der polypersonale Schizo,
Der vom Lebenserfüllungsstress gebeutelte Premium-Single
Individualextremismus, Masturbationskurse, Penisverlängerung
Ein roter Hochhauskasten, Überwachungskameras, dubiose Wachmänner
Ganze Etagen sind von bewaffneten Rauschgifthändlern besetzt
Die Lifte sind Grüfte, der Strom ist abgestellt, das Telefon tot
Die Dunkelheit steckt ihre Finger durch den Türspalt
Albert Dray, der ein von Energydrinks befeuertes Leben vor dem Computer
Führt, stochert lustlos in Tüten mit Hülsenfrüchten und Nudeln herum ...
Das Leben ist eine auf zwei Stangen aufgereihte Fotoserie mit Bildern,
Die sich gern selbst entkämen, die nichts fassen und nichts festhalten
Plötzlich platzt die Qual auf wie ein Abzess, die Bindung zur Welt,
Das Seil aus Nervenfasern, brüchig ist es, eingetrocknet, voller Knoten
Eine Hand, fünf Finger und ein Messer eingefettet mit Angstschweiß
Die Pulsadern werfen scharfrandige Schatten an die Wand
Er wird auf den Fliesen liegen, rot und beschmiert
Das Messer wird auf den Fliesen liegen, rot und beschmiert
Nur eine Bewegung für den ersten Tropfen Blut ...
Dray berührt die Klinge, roter Schweiß strömt von den Handgelenken
Die Leblosigkeit des Messers geht in seine Hand über, in seinen Arm
Die Welt verlässt ihn nicht, geduldig harrt sie bei ihm aus ...
Dray entspannt die Finger, das Messer fällt auf den Tisch
Er reißt die Tür auf und springt ins Treppenhaus, sein Herz muss allein sein!
Kopflos in die Zukunft rennen! Die Steine müssen zu blühen beginnen!
Den Panzer des Schicksals durchstechen! Der Seele die ölige Zeit absaugen!
Ein Stück Welt in sich spüren! Eine Mondhälfte! Eine Flasche Wodka!
Die Tür lässt er offen, er kommt nicht wieder! Er muss laufen! Fliehen!
Zurück in sein Herz! In seinen Atem! In seine Augen!
In die dunkle Arena! Vor die Speerspitzen der Mädchenbrüste!
Die rotfellige Katze ist mit einem Satz am Fenster und huscht ins Freie
Nichts vergeht in ihren Augen ...

Terra incognita

Das Sibirien des Geistes, die Vergletscherung der Gefühle
Die innere Kühlkette der seelisch Tiefgefrorenen, die eisige Wahrheit
Eisstaub funkelt und rieselt, arktische Winde wehen durch das Hirn
Übriggebliebenes Licht kriecht zögernd die Wand hinab
Bewegung nach innen, Dunkelheit am Ende des Tunnels
Denis Lavant, Ingenieur in einer Erdgasverflüssigungsanlage,
Ein von sämtlichen sozialen Bezügen entkleidetes nacktes Wesen,
Wärmt sich eine Dosensuppe auf, Kälte kriecht durch alle Ritzen,
Das Universum schwingt, ein Spiegel klirrt, das Bett ist fischkalt,
Das Ich irgendwo im Labyrinth der Nervenzellen verschwunden
Frostklirrende Träume bohren sich durch das Mauerwerk
Kobaltblaue Kolosse, Gletscher und Eisberge, die Kathedralen des ewigen
Winters, treiben ins Zimmer und türmen sich donnernd zu Gebirgen auf
In einer Daunenjacke verpackt stapft Lavant über die Eiswüste,
Stemmt sich gegen den Wind, tastet sich blind über Eisspalten und Abgründe
Die Wolkendecke schiebt sich wie eine Milchglasscheibe unter den Himmel
Mondlandschaften, weiß patiniert, von einer tristen Abendröte rosa getönt
Schneefelder, die im Gegenlicht wie Ozeane erscheinen, Bergketten mit
Fein rasierter Haut, eine Säule Qualm, die sich einsam in den Himmel schraubt,
Die magisch leuchtende Erdgasanlage, letzter Außenposten der Zivilisation
Eine eingemummelte Eskimo-Frau erlegt ein Walross, weidet es aus,
Legt alle Kleider ab, schlüpft in den Kadaver und näht ihn von innen zu
Das Gehirn schreit auf, verzweifelt sucht es nach den Klängen jener Welt,
Die tausende Kilometer entfernt jenseits der wilden Stürme liegt
Unendliche Unendlichkeit, die Wege eingeschläfert, die Erde blankgewischt
Die Sicht verschwimmt zu einer weißen Wand, der wandernde Proviant,
Die Schlittenhunde samt Augen und Hirn, sind verspeist
Das Hirn bewegt sich auf der Oberfäche eines unendlichen Spiegels,
Dessen Oberfläche der Wind schorfig geschliffen hat,
Bis es weich in der Schneelandschaft versinkt …
Lavant setzt sich auf einen Schneehaufen, der hart und kalt ist
Wie das Herz der Herrscher dieser Welt …
Tief unter dem Eis schimmert kaltblau ein zartes Gesicht
Lavant erstarrt wie ein Baum, der Wasser und Wind verbraucht hat …
Die Seele ist ein Loch im Eis …

excidium.

Maskenspiel

Kalt huscht eine Lichtspiegelung über den Asphalt
Ein Windstoß rüttelt an den Sparren zernagter Dächer
Gelber Industriekaries, stillgelegte Hüttenwerke, Gerippe von Rieseneidechsen
Rinnensysteme, Winderhitzer, Rohrgekröse, Koks und Schlacke
Ödnis zerstampft von den feuerspeienden Drachen der Industrie
Gurtbandförderer und Drehzahlwächter verschwunden im Morast
Führungsrollen, Umlenkstationen und Förderkübel versunken im Rost
Die Prinzessinen der Straße liegen weich in ihren Fenstern,
Atmen das rote Licht, ihre Liebhaber, den Dunst von Leberschaden
Catherine Jacob, die längst ihren letzten Zahn verloren hat, lebt in den
Verblassten Resten aus den Hungerjahren, früher war sie in der Nudelfabrik
Das Gehirn von Engeln bevölkert hockt sie in der Fessel ihres Rosenkranzes
Der Krebs hat ihren Körper verwüstet, Metastasen haben Nerven zerstört
Ihr Kopf ist kahl, die Haut fleckig von der Chemotherapie
Jesus, der als Altenpflegehelfer am Boden des Niedriglohns klebt,
Wäscht sie jeden Tag, gibt ihr Essen auf Rädern und die Insulinspritze
Gelegentlich hilft er reiferen Patienten zur Wiederkehr der sexuellen
Leistungskraft, indem er ihnen Hoden oder Eierstöcke von Affen einpflanzt
Ein Streifen Straßenlicht fällt auf die Liebenden im brennenden Bett,
Auf die Verzweifelten, die einen Blick in das Wesen der Dinge wagten,
Auf die Namenlosen, die ein konformes nichtssagendes Leben führen,
Auf die zufällig zum Sein Verurteilten, auf die tragisch Verstrickten und
Ungefragten, auf die Ausgespuckten des spätmodernen Individualismus ...
Blick ins eisige Nichts, die Träume mischen sich mit dem Schweiß der Toten
Sie sind da und schielen durch die Jalousie, schleichen durch den Keller,
Humpeln verrußt über die Fußgängerzone, stehen an den Straßenecken
Wie stumme dämonische Zeichen, Tote mit Helm und Gasmaske,
Die man ins Feuer schickte, in den Untergang, alte Tote, die mit großer Mühe
Ihre Knochen zusammenhalten, zu früh Geborene und junge Tote
Mit getrocknetem Fleisch im Gesicht, tote Frauen mit von vielen Geburten
Geweiteten Becken, um deren Rippenkäfig sich Mähnen aus Hanf schlingen,
Tote Kinder, vom Gewicht des übergroßen Schädel erdrückt ...
Im Casino, in der blinkenden Welt der Automaten und Spieltische,
Lassen sie die Korken knallen, kauen obzön schmatzend auf der Zigarre
Und amüsieren sich über die lächerlichen Qualen der Sterblichen ...

Botenstoff

Die Nacht ist ein Klumpen knirschende Kälte
Regen marschiert in kompakter Masse die Straße entlang
Heiliger Zorn, kollektive Selbstgeißelung, Erlösungshysterie
Gott und seine Hilfsregisseure, die Mirakel-Industrie, die Muttergottes-AG
Mysteriöse Kloverstopfungen, rätselhafte braune Papierbündel,
Stille Kicheranfälle, Missionare und Märtyrer, die einst den Samen des
Glaubens säten und die Hämorrhoiden unzähliger Klosterschwestern heilten
Die funkelnde Kathedrale, die entrückte Welt des christlichen Glaubens
Lichtsüchtige Gotik errichtet aus den blutigen Steinen zerschlagener Tempel
Der Wind trägt einen verwelkten Kranz über die Straße ...
Serge Reggiani, ein wütender Prediger wider den Fortschritt,
Das Licht der Heiden, die Speerspitze Gottes, ein Moses in Cordhose,
Der im Alkoholrausch den einzig wahren Gottesdienst erkennt,
Kratzt sich die Schuppen abgestorbener Haut von den Handrücken
Die Gosse ist seine Kanzel, der tosende Verkehr seine Orgel
Seit Tagen kniet er betend und hungernd im Dreck, barfuß und bärtig,
Rhythmisch schaukelnd in seinem Kot, den er für Asche hält
Hingerissen vom Duft der heiligen Salbung klammert er sich an
Gottes Rocksaum, blickt seinem Herrn tief ins dreieckige Auge und
Dringt durch die göttliche Hornhaut wie das Spermium in die Eizelle
Betrunken vom Blut der Zeugen Jesu verkündet er das Wort der Gnade,
Das himmlische Reich, das Licht des Schöpfers, in dem keine Finsternis ist
Der heilige Geist, die Geborgenheit im innergöttlichen Liebesgeschehen
Der Weg, die Wahrheit, das Leben, das Ganz-Sein im Grund des Seins,
Die lichtberauschte Verschmelzung mit dem Göttlichen,
Die vollendete Gemeinschaft mit Jesus Christus ...
Wenn das Ende der Tage gekommen ist, wenn sich alles Reale
In einem großen Schwindelanfall auflöst, wird er die Arme erheben,
Blaue Blitze schleudern und emporfahren zu den Sternen
Die Stadt wird taghell erleuchtet sein, die Ungläubigen und die
Zweifelnden aber werden wie weiße Asche zurückbleiben ...
Die Zeit weitet ihn, dringt grob in ihn ein, zerreißt ihn wie der Zahn
Einer Säge und verlässt ihn wieder in Form eines endlosen Durchfalls
Reggiani fällt auf die Knie und erbricht eine Handvoll Eisennägel ...

Regieraum

Die zerzauste Peripherie, die Rückseite des Sichtbaren
Existenz ohne Essenz, das nichtendede Nichts, die Welt hinter der Welt
Schleier der Irrealität in Violett und Indigo, hinter grauen Gardinen rieselt
Die Zeit in Punkten, die Tage fliegen vorbei wie in einem Werbespot ...
Arielle Dombasle, eine mit allen Wassern der Selbstquälerei gewaschene
Verliererin, träumt davon, endlich im Abfluss ihrer Dusche zu verschwinden ...
Der Platz vor der Kathedrale ist finster wie ihre Kindheit
In den Stein geschlagen der verlorene Sinn vergangener Zeiten ...
In der Mitte des Springbrunnens die Skulptur einer nackten Frau,
Aus deren Geschlecht ein dünner Wasserstrahl fließt ...
Jacques Weber, ein Narkoleptiker, in dessen Wahrnehmungswelt sich Realität
Und Traum permanent begegnen, hört das Universum tönen, hört das Keuchen
Der Welt, die rasende Gegenwart, deren Malstrom alles mit sich fortreißt,
Die im Namen des Geldes wütet und hungrig alles Menschliche verschlingt ...
Überall hallt es, die Nacht wirft die Klänge zurück und wiederholt, was sie hört
Männer unter Kapuzen, die goldene Uhren in ihren behaarten Händen halten
Männer, von der Nachtluft zu Eis erstarrt, die nichts sagen, die nicht rauchen
Männer, die Hunde vergiften und einen im Vorbeigehen regungslos ansehen,
Ausgelutschte Hüllen verkrochen in den Schattenseiten ihrer Existenz
Die Schädeldecke dehnt sich wie eine gebogene Glaswand, Häute reißen,
Das ausgewrungene Hirn zischt aus dem erschlafften Fleisch
Rückkehr in das magnetische Feld der Finsternis, in die zeitlose Welt, wo die
Wissenden ausharren, die Ingenieure der sozialen Robotik, die Biokapitalisten,
Die jede Lebensregung der von ihnen abhängigen Geschöpfe kontrollieren,
Im Bett, beim Arzt, im Supermarkt, in jedem toten Winkel der verglasten Seele
Der Überwachungsraum, in dem sich die Farb- und Trostlosigkeit von Jahrhunderten
Abgelagert hat, die Werkstatt der Alchemisten, weiß gekachelte Hallen
Unter einem Himmel aus Neonlicht, lindgrüne Kittel, Plastikhandschuhe,
Zu Tausenden in Käfige gepfercht zottige Primaten, die an den Stäben rütteln,
Die knirschenden Heizungsanlage, die auf geheimnisvolle Weise den gesamten
Organismus der Welt versorgt, der große Biogastank, drei Stockwerke hoch,
Massiv, unverrückbar, der pumpende Herzmuskel, der pulsende Schlauch,
An dem alles hängt, alle biochemischen Prozesse des menschlichen Daseins
Gott ist weiß wie der Bauch des schwangeren Mädchens,
Das sich im Fluss ertränkte ...

Antimaterie

Die rasenden Atome des Denkens, die fragile Mechanik der Seele
Diffuse Sehnsucht nach Ausbruch, nach Emigration aus dem eigenen Leben
Das Labyrinth der Kellerräume, surreale Stille, schwankender Boden
Widersprüche im Zeit-Raum-Gefüge, verwirbelte Wirklichkeiten
Nassschuppige Wände, hin und wieder ein Rohr, dem Dampf entweicht
Möbel, die noch atmen, die noch immer die Kettensäge spüren
Zusammengerollte Teppiche, von Feuchtigkeit durchtränkt, weiß gefleckt
Ein Bottich für die Notdurft, ein kleines Milchglasfenster, Flügelstaub
Wandinschriften eingeritzt mit Fingernägeln, mit Eisennägeln oder Schrauben
Alle Arten von Schreien stammen aus diesen Gängen …
Joël Lefrançois, Aushilfslöter in einer Maschinenfabrik und offen für Neurosen
Aller Art, lässt sich vom Tod mit geducktem Kopf in die Unterwelt abführen
Und taumelt durch Räume, die unter seinem Schritt erst entstehen
Die Finger greifen, wo sie hilfesuchend tasten, in einen Schmierfilm
Aus Staub und Gallert, aus weiter Ferne dringt röchelndes Atmen,
Das nur mit der Brust, mit dem rasenden Herz, das sich wehrt,
Zu hören ist, das Blut stürzt abrupt die Gefäße hinunter …
Es wird sich nie mehr etwas Entscheidendes ergeben …
Die Dinge werden für immer im Zwischenreich hängenbleiben …
Das Angstorgan krümmt und windet sich in einer ätzenden Flüssigkeit,
In den erbarmungslosen Säuren der Furcht …
Plötzlich verschwinden die Gewölbe, ein Firmament wird sichtbar
Aus dem Dunkel enthüllen sich die Schemen einer Stadt
Schimmernde Säulen, pelzige Paläste, unsichtbare Portale
Die Stimme wird vom Schweigen, das herrscht, verschluckt
Die Linearität der Zeit splittert, der Boden ist flüssig, jeder Schritt ein Wagnis,
Der Körper überflüssiger Seinsnachweis, abstrakt, formlos
Riesige Bäume wie Gehirne, die das Schattenreich erschaffen …
Kunstvolle Brücken aus Stein, schön und sinnlos …
Flüssige Mauern, quallenartig, manchmal tauchen Treppen auf, ins Nichts …
Schatten schreiten über die Straßen und zerschmelzen mit den Wänden
Gesichter wie wächserne Masken starren mit offenen Mündern ins Leere
Durch die Totenstadt fließt ein Bach, zähfließende rosarote Hirnmasse
Die Zeit klingt aus, überflutet alle Spuren, versiegt wie die Hoffnung

Teilchenphysik

Der Partisanenkrieg der Geschlechter, die Asymmetrie aus Hass und Drang
Rendezvous abseits der Zivilisation, im Abfall der Industriegesellschaft
Pilleninduzierter Sex- und Liebesrausch, Depressionen bis an die Todeskante
Thierry Frémont, der, in Paris als Model entdeckt, als Atlas die Fassaden
Zahlreicher Hotels und Opernhäuser trägt, und Nathalie Malbranche,
Herrin über eine immense Schuhsammlung, haben keine Idee mehr davon,
Wo der eine aufhört und der andere beginnt, ihr Wissen sitzt in ihren Händen,
Auf ihren Lippen, auf der Zunge, auf den Härchen in der Nasenhöhle
Sie lecken sich im Taumel der Gefühle den Schlamm von den Lippen,
Reiben sich ihr Fleisch, weil die innere Kälte sie sonst gefrieren ließe,
Entrümpeln sich, bis blanke Haut und blanke Triebe dominieren,
Schreien sich an, fallen übereinander her und kopulieren wie Hunde,
Wie zwei wütende Hyänen, die sich krümmen, wimmern, straucheln, stürzen,
Die sich die eigenen Gedärme aus dem Leib reißen und mit Appetit verzehren
Malbranche hebt plötzlich eine Zaunlatte vom Boden, holt aus und schlägt zu
Ein Nagel, der aus dem Brett ragt, reißt ihm die Handfläche auf
Er reißt ihr die Latte aus den Händen und schlägt ihr den Nagel
In die Stirn, sie brüllt, reißt sich das Brett aus der Wunde und fällt mit dem
Gesicht in den knietiefen Matsch, der ihre Stimme langsam erstickt ...
Er flüchtet in ein Maisfeld, erschreckt von einem Flüstern hinter seinem
Rücken dreht er sich um und sieht die Tote, das Gesicht eine Maske
Aus Blut und Dreck, auf Händen und Knien hinter ihm herkriechen ...
Wind kommt auf und wirbelt Dosenblech von der Halde
In großer Ferne glänzt ein Band aus geschmolzenem Blei
Frémont steht am Ufer eines breiten, ruhig fließenden Stroms
Schöne Frauen nisten in den Felsen, schäumen auf mit den Wellen,
Gleiten über grüne Steine und verlöschen wie glühender Stahl
Sie beachten ihn nicht, bis eine, nackt wie die anderen, vor ihm steht
Sie spricht ihn an mit den Stimmen aller Frauen, die er je geliebt hat ...
Immer mehr Gesichter tauchen aus den Tiefen seines Gedächtnisses auf,
Das letzte Bild ist eine unterirdische Grabkammer, rote Säulen aus Granit,
Mysteriöse Korridore, Kalksteinskulpturen, Scheintüren, staubiges Licht
An den Wänden Regale mit Käfigen, in denen Männer verstaut sind
Frauen in Uniform gehen von einem zum anderen
Und masturbieren sie, wie man Kühe melkt
Rot leuchtet die Hölle ...

Kopfinnenwelt

Vom Sturm nach Westen gebürstete Baumreihen
Verdorrte Kornfelder, vergessene Bauwerke, verschlafene Winkel
Mondsüchtiger Dunst, windschiefe Kreuze, unleserliche Grabsteine
Auf dem Rücken eines kalten Berges verzweigt eine Eiche ihre riesige Krone
Die Revolution des Bewusstseins, das abgelegte Ego, der Tempel der Seele
Jean-Pierre Marielle, ein Seher, der einen zweiten Kosmos unter der Haut trägt,
Entzündet ein Feuer, um den Bauplan für eine neue Welt auszuschwitzen,
Die Laufbahn der Evolution zu biegen und neue Wesen zu komponieren,
Um endlich das barbarische Tun des Darwinismus zu zivilisieren ...
Auf der glasigen Oberfläche seines Körpers schimmert sanftes Licht
Sein Hirn schmort von Erleuchtungen verbrannt in rosaroter Soße
Seine Augen haben die Form einer liegenden Acht,
Neben dem Nasenflügel wuchert eine okolare Knospe, eine sehende Warze,
Das Auge in der Stirn des Alls, wässrig und himbeerfarben,
Darin ein Fischembryo, der ab und zu mit einer Schwanzflosse wedelt ...
Marielle behauptet in der Glut, in der Asche lesen zu können
Er ist weit herumgekommen, fuhr auf großen Pötten durch den Panamakanal
Bis Vancouer und Yokohama, er war in Afrika, in Dschibuti und Burundi,
In der Enge des Uterus und in den Weiten des Universums
Den Leidenden schreibt er mit einem Vogelknochen,
Den er in eine schwarze Brühe tunkt, heilsame Zeichen auf den Leib
Im Bruchholz einer zerschmetterten Kiefer liegt der Kadaver einer Ziege
Schwärme unersättlicher Fliegen tauchen ihre Rüssel in die süße Verwesung
Unter den plötzlichen Schlägen eines Fiebers beginnt er zu taumeln
Und fällt in den Schatten der Eiche, die mächtig ist wie eine Festung
Unter ihrer Rinde stürmen Ameisenvölker in schimmernden Strömen dahin,
Fließen den Stamm hinab wie das Wasser eines Wolkenbruches,
Erobern die Augenhöhlen, den offenen Mund und die Gehörgänge
Vergeblich versucht er, die glühende Haut an einem Felsen zu kühlen
Vergeblich presst er die Stirn gegen den Stein und spürt,
Wie ihn der kochende Kern der Erde in die Tiefe zu ziehen droht
Die Glut ist nicht zu löschen, das Fieber entzündet Felsen und Schollen
Mit Krachen und Getöse schießt eine blendendrote Feuerzunge empor
Zurück bleibt ein Haufen Asche, ein schwarzer Fleck, Gras ...
Der Wald nimmt alles hin und schweigt ...

Nullpunktzone

Asteroiden rasen durch das All, Sterne blähen sich auf
Neben dem ersten schwebt ein zweiter Mond, ein wabenförmiges Totenschiff
Das Brennen der Haut, von der eitrig der Schleim der Verwesung tropft,
Der Kerker der Seele, der ein vergifteter Brunnen mit zitterndem Wasserspiegel
Ist, von gallegrüner Farbe, ein Schacht mit meterlangen Spiegelwänden
Und unendlich vielen Türen, hinter denen sich jeweils ein anderer Traum verbirgt
Jean-Pierre Darroussin, ein gefeuerter Chemielaborant, der sein Leben
In somnambulen Busfahrten verträumt und versäumt,
Versenkt sich in den Urfalten des Menschheitsgedächtnisses
Die Zeit ist ein Nebeneinander, die Jahrtausende sind Nachbarn
Ein silbriges, von schwarzen Adern durchzogenes Gebirge,
Wolkenumschleierte Vulkane, lepragelbe Wüsten, schlammfarbene Dörfer
Kreidebäche und Silberströme, in denen verendete Fische abwärts treiben
Aus den Schächten verlassener Kupferminen raucht die Vergangenheit
Von verrotteten Klingen tropft das Blut vergessener Schlachten
In Kesseln ohne Boden gart das Fleisch ausgestorbener Tiere
Erdbebenwellen laufen um die Erde und lassen den Boden
Einem Wellen schlagenden Teppich gleich auf und nieder flattern
Aus tiefen Rissen im zerklüfteten Boden schießen Geysire hervor
Aufgeheizter Gesteinsbrei und entgasendes Magma treiben nach oben
Die Erde krümmt sich, gewaltige Felsmassive beulen sich auf und platzen
Die Wanderungen der Toten im Erdinneren lösen Steinschlag aus
Wie urzeitliche Ungeheuer kriechen Schlammströme und Waldfetzen mit
Brüllendem Wild im Maul herab, riesige Arterien pumpen Blut und Seele
Aus dem Erdreich, ein verbannter Engel durchbricht die Scholle
Seine Wiedergeburt treibt Schlangen und Gewürm aus dem Berg
Schicksal entsteht, der Landstrich, auf dem sein Blick fällt, ist verloren
In der rechten Hand, am gestreckten Arm, hält er einen Falken,
Einen Himmelsgott, eine buntgefiederte Gestalt der Sonne und des Lichts
Sanft streichelt er das in Todesangst gesträubte Gefieder,
Um dann mit einem schnellen Biss seinem Opfer die Kehle aufzureißen ...
Die Banalität des Todes, die Absurdität des Sterbens
Zeit, Fleisch und Raum, das eisige unbarmherzige Nichts
Universen kommen und gehen, der Urknall ist ein Hundehaufen,
Die Erde eine Schraube in der Raumzeit ...

Ölberg

Das Gottesvirus, fiebrige Heilssehnsucht, weihrauchschwere Träume
Schweres Gewitterleuchten, dunkle Wolkenfetzen, die Säulen der Erde wanken
Unbeirrt zieht die Büßerprozession dem unsichtbaren Vulkan entgegen,
In den drohenden Sturm, in Steinhagel und Ascheregen
Bluttriefende Gestalten, verhärmte Gottesnarren, die sich selbst kasteien,
Schweben unbeirrbar durch einen wispernden silbrigen Birkenwald
Bet- und Bußtouristen mit brennenden Lichterkränzen auf den Köpfen
Trommeln den Takt eines langsamen Marschs, Benjamin Millepied, ein kleiner
Mann mit zwei großen Doggen und Klumpfuß, der ein Busunternehmen
Für Seelenheilreisende betreibt, bläst die Flöte und treibt die Horde voran
Die Fahnen der Pilger flattern wie die Segel eines sinkenden Schiffes
Der Erlöser, der Heilsbringer kehrt zurück, der Sohn des Lichts,
Der das Feuer des göttlichen Geistes in allen Farben versprüht,
Der allen Gläubigen aus der Quelle des lebendigen Wassers zu trinken
Gibt, der einen neuen Himmel erschaffen wird und eine neue Erde
Die Nacht beginnt zu brennen und es jubeln die Posaunenchöre
Gottes ewige Stadt, das neue Jerusalem wird aus dem Himmel fahren
Die stechenden Schmerzen, das Ringen nach Luft, sind die letzten Hürden
Auf dem Weg ins ewige Licht, die Strafen, die sie für ihre Sünden
Verdient haben, die letzten Plagen am Ende einer großen Buße ...
Die Himmelskugel brennt, die Wolken spucken Blut und Eiter
Eine Kuppel, ein Feuergebäude, eine Festung aus Flammen,
Wächst hoch über das Land hinaus hinauf bis in die Wolkenlosigkeit,
Wird von einer Welle aus Asche und Steinen gelöscht und versinkt in einem
Sturm, der heulend auf die Büßer zurast, wie ein Schwarm erschreckter
Vögel schwirren dieser Flut Bruchholz und Steinsplitter voran
Der Orkan erfasst die Frömmler und Eiferer, die, auf ihren Knien rutschend,
Von ihrem Blut noch immer vorwärtsgepumpt werden
Die Prozession taucht hinab in die Erde, in das Bergwerk der Seelen
Einige Minuten lang bleibt es still, dann beginnt das steinerne Maul
Des Stollens plötzlich zu brüllen und speit Felsbrocken, Asche und Feuer
Der Rauch verzieht sich, das Maul ist für immer verschlossen
Die Rußgesichter der Büßer liegen in ihrem Nest aus Licht,
Starr wie uralte Insekten, die Körper von Bernstein umflossen,
Versteckt im tiefen Schlund des Granits ...

Transformation

Sintflut der Seele, die Uhr tickt rückwärts, der Himmel kippt um
Systemmenschen, Menschkopien, Mensch-Mutanten, Restmenschen
Risse im Putz, die Kulissen brennen, der Staub fliegt von den Perücken
Wohlstandsmüdigkeit, Zivilisationsekel, die Monotonie urbanen Daseins
Die Gleichgültigkeit der Postmoderne, die Lust am Untergang des Geistes
Surreale Zeitsprünge, verlorene Bodenhaftung, schläfrige Melancholie
Didier Flamand, Leiter eines veterinärmedizinischen Instituts, der sorgenlos
An seiner Lebensleere dahinsiecht, pult sich die Fusseln aus dem Bauchnabel
Und notiert seine stumpfen kleinen Verzweiflungen, Ängste und Neurosen
Unter ihm brodelt und dampft es, Dämonisches dringt durch alle Ritzen
Die Wolken türmen sich auf zu einem grauen Urteilsspruch
Ein monströser Engel hat seine Sichel schlagbereit erhoben
Eine riesige Eruptionssäule aus heißem Wasserdampf,
Aschen und Schlacken, Felsgestein und Lavafetzen,
Steigt in den Himmel und breitet sich wie eine Pinienkrone aus
Schwefelige Dämpfe und Staub ziehen die Feuchtigkeit aus der Luft
Heuschrecken mit Menschengesichtern strömen aus dem Rauch
Lava blickt mit Alligatoraugen aus den zähen Falten der Erdhaut
Aus feuriger Tiefe, aus kochendem Chaos, aus dem Bauch der Welt
Schießt glutrote Materie wie eine Flutwelle den Vulkanhang hinunter
Fleisch verdampft, Gehirne brodeln, Schädel sprengen auf Zähne und
Knochen zerspringen wie Glas in heißem Wasser
Gelassen fließt die Lava zwischen die Häuser, füllt sie, schluckt sie
Die Glut pumpt sich ins Innere der Kathedrale, mit riesigen Zungen
Lecken die Flammen am Altar, an Kanzel und Orgel, an den Gläubigen
Die Türme brechen und der barocke Pomp versinkt im feurigen Schlund
Ein infernalischer Faustschlag zerschmettert die Tempel der Spekulanten,
Die Kultstätten der Geldgewinnung, zu einem Trümmerhaufen
Jesus sitzt mit verbundenen Augen auf einem Felsen
Körperlose Hände legen einen Dornenkranz um seinen Schädel
Und drücken ihn immer tiefer, bis die Schädelbeine krachen
Gott nimmt das verzweifelte Schreien der Gläubigen zur Kenntnis:
Unter dröhnendem Gelächter schleudert er Flammenspeere hinab,
Um die bettelnden Gesten zu zerschlagen ...

Tiefebene

Teerschwarze Brandung, schäumende Wut, sturmgepeitschte Wellen
Der Sturm ist eine weiße Kreissäge, die Stadt ein winziger Fleck,
Der von einem gigantischen Sägeblatt in Stücke geschnitten wird
Eine Wand aus Wasser, eine strömende Regenflut schießt in
Stahlstäben aus dem Himmel, ein Picknicktisch segelt vorbei
Daten-Junkies mit Laptops unter dem Arm flüchten in ihre Familienvans,
Fensterscheiben bersten, Sturzbäche ergießen sich in Parkhäuser
Und U-Bahn-Schächte, dröhnend versinkt das Fußballstadion im Erdreich
Wie eine Arche thront ein Tretboot auf dem Schutt ...
Aus dem Gebirge springen Sturzbäche in die Ebenen
Nasse Ungeheuer schießen durch die Kamine in den schreienden Himmel
Und wischen unzählige Satellitenschüsseln von den Dächern
Die Ozeane fließen zusammen und bedecken die Erde als Weltmeer
Auf dem Wasser schwimmt, wofür die Menschheit sich aufopferte:
Wertpapiere und Geldscheine, das gesamte Finanzvermögen der Welt ...
Durch die Straßen gleiten Buckelwale und Delfine, auf den Dächern
Wachsen Seeanemonen, die Schornsteine gleichen Korallenriffen
Jean-Michel Portal, der Vermarktungsstrategien für ein globales
Technologieunternehmen entwickelte, treibt in einem Aluminium-Kanu,
An dessen Rumpf die Antenne des Fernsehturms kratzt, über die
Versunkene Metropole, über die sich die Fluten der Zeit geschlossen haben,
Angelt sich eine Flasche Languedoc und zählt seine Mückenstiche
Die Vögel fallen auf der vergeblichen Suche nach einem Ort der Rast
Erschöpft ins Wasser, wie eine brennende Flotte treibt das Unwetter mit
Seinen Wolkentürmen und gleißenden Lichtern davon, zurück bleibt die
Grüne Stille des Grundes, die schwer und glasig über dem Wasser liegt
Die Erde weht wie Abfall ans Ende der Milchstraße
Gott vergeht am Zauber eines vergifteten Hemdes,
Das er sich ahnungslos für sein großes Erntefest überstreifte
Das Gewebe verwächst mit seiner Haut und brennt wie siedendes Öl
Stöhnend, brüllend, rasend vor Schmerz reißt sich der Unbesiegbare
Mit dem Hemd auch Haut und Fleisch von den Knochen,
Legt die tropfenden Muskeln bloß, die Schulterblätter, den Brustkorb,
Den roten Käfig, in dem seine Lunge, sein Herz verglüht ...

Kernzerfall

Der Flächenbrand der Verrohung, die düstere Glut des Unglücks
Die Hysterie des Ausgeliefertseins, das Feuerwerk der Agonie
Abgeschälte Götter, zähnefletschende Höllenritte, diabolische Taumel
Das Heck der L'Austral hebt sich steil aus dem glatten Meer
Der erste Schornstein bricht, die schweren Maschinen im Rumpf
Reißen sich knirschend aus ihren Verankerungen, der Stahlkoloss
Fährt wie ein Fahrstuhl in die Tiefe, versinkt in einem gewaltigen Strudel,
Krümmt sich, bricht auseinander und bohrt sich in den Grund
Hundert verlorene Männer von Sonne und Salz verwüstet,
Flüchtlinge aus Kriegsgebieten und Diktaturen, liegen auf den Planken
Eines Rettungsboots und treiben hilflos mit der Strömung auf den Orkus zu
Wellen schwappen hinein, das Trinkwasser ist mit Urin und Blut verlängert
Zunächst essen die Elenden ihre Exkremente, wenig später die Toten
Hassan El Raddad, der vor den Grausamkeiten des blutigen Bürgerkriegs
In seinem Heimatland flüchtete, trinkt Seewasser, windet sich in Krämpfen,
Fällt in einen Dämmerzustand und kommt auf die Speisekarte
Die Fetzen am Mastbaum sind nicht die Reste eines Segels,
Sondern zum Dörren aufgehängtes Menschenfleisch
Fleisch von Menschen, die sie geliebt hatten, die es gab
Fleisch von umgebrachten, zerbrochenen, irre gewordenen Menschen
Fleisch, das einen Namen hatte, das sie jetzt, wahnsinnig vor Hunger,
Zerreißen, noch warm hinunterschlingen und erbrechen
Ein Schmaus für die Dämonen, die ihre Netzhaut kreisen lassen
Mahmoud Hemida, der in den geheimen Kerkern eines Militärgefängnisses
Hungerte, spaltet mit der Axt den Schädel einer Frau mit langen Locken,
Starrt wie hypnotisiert in die Sinnleere, streichelt ihr mit blutigen Händen
Das Haar und lässt sich ohne ein Wort in die Wellen gleiten
Die anderen sehen es und folgen, tauchen in die grüne Finsternis
Und atmen das salzige Wasser, bis es ihre Lungen verbrennt …
Auf den Planken bleiben verdorrte Hautfetzen zurück,
Möwen schlagen mit ihren Schnäbeln nach dem Rest …
Das Meer, der unermessliche Totengarten ohne Kreuze, beruhigt sich
Leise schaukelt die See die Reste des Menschen,
Der morgen Herrscher sein wollte über seine finsteren Abgründe …

Dies irae

Der Mensch werdende Affe, die plappernde Kohlenstoffmasse
Bioziegelsteine, Retortenmoleküle, Charakter-Fertigbausteine, Leben 2.0
Menschengussformen, die sich wie Waffeleisen aufklappen lassen
Eileiter, Fruchtwasser, Nabelschnurblut, Feinmechanik aus Fleisch und Blut
Tier-Mensch-Hybride, behaarte Zweibeiner, Bio-Maschinen ohne Innenleben,
Genmanipulierte Multimixe aus Koalabär und Sofakissen
Gott, passionierter Trash-Alchimist und Do-it-yourself-Biologe, spielt Lego
Mit den Bausteinen des Lebens, stirnrunzelnd betrachtet er eine Florfliege,
Die, von einem Harztropfen überrascht, in einem Bernsteinsplitter erstarrt ist
Ein halluzinogener Frosch, ein halber Hund in einer gelben Flüssigkeit,
Ameisenstaaten hinter Plexiglas, milchweiße Monster mit Stirngewächsen,
Spieldosen aus Knochen, pulverisierte Bienen, hirnwarme Eier
Arsen, Quecksilber, Blausäure, Phenol, Formalin, Evipan
Der Engel der Verzweiflung wuchert wie ein Pilz in Gottes Lungen
Im Schatten seiner Flügel herrscht die Strafe des Feuers
Mit seinen Händen teilt er den Rausch aus, die Betäubung,
Die glitzernde Erlösungshoffnung, das erträumte Jenseits
Er ist Agitator und Auftragskiller, der Maskenmann mit Maschinenpistole,
Der Leithammel Gottes, dem er die Schafe ins Gehege lockt,
Der Chemiker des Todes, das Aufräumkommando auf der Rampe ...
Ratternde Züge, schreiende Wände, flehende Kinderhände
Ahnungslose Opfer, Verschleppte, Todgeweihte, Kinder, Mütter, Kranke
Eingeschüchtert, kriminalisiert, degradiert, kontrolliert, schikaniert
Baracken in Reih und Glied, Stacheldrahtzäune, Sonderkommandos
Menschenkolonnen in Zebraanzügen, mit eigenem Fleisch gefüttert,
Gehäutet, zu Tode gepeitscht, zerstampft, zu Futter zermahlen
Entkleidungsräume, Baderäume, Gaskammern, Verbrennungskammern
Der süßlich-beißende Geruch menschlicher Asche
Endlösung, Heil oder Verdammnis, das Mädchenorchester spielt,
Trommeln dröhnen, Posaunen schreien, der Tag des Zorns ist Gottes Erntefest
Sein Geisteszustand braucht, dass die Menschen Sünder sind ...
Auf der Bank des Richters sitzt der geschundene Sohn,
Hoffnungsträger und Sündenbock, lustlos und mit Schmerzen geboren,
In die Wüste geschickt, mit Steinen beworfen,
Vom Vater an das Kreuz geschlagen ...

diluculum.

Dunkelkammer

Der nächste Tag kommt wie eine schleichende Lüge
Der Himmel hat die Farbe eines toten Fernsehgeräts
Der Morgen verdreht die Konturen, stutzt die Körper und Köpfe
Vom Dunst weichgezeichnet schwimmen die Mauern und Straßen ineinander
Das Schweigen der Räume, die Strapazen der Freiheit, die Mühen der Autonomie
Die Statik der Langeweile, der Zusammenbruch der Zeitlichkeit ...
Die Bausteine der Wirklichkeit, das Ich, dieser kleine Wichtigtuer,
Leibeigener des Hirns, Sklave am Königshof der Synapsen, ein Wärmefleck
Im subzellulären Bereich, ein Neuronengewitter, eine flüchtige Illusion ...
Die Geräusche sind gedämpft und dumpf wie ein ferner Gong
Aus den Tiefen des Gehirns sickern Traumreste, die wirren Fantasien
Der Nacht und des Schlafs durchpflügen das Bewusstsein
Durch das offene Schlafzimmerfenster starrt ein Rudel weißer Wölfe,
Tief in der Wand summen die Stromkabel, der Schwimmer im Spülkasten
Ist eine tote Qualle, die Badewanne ein Sarg ohne Deckel ...
Melvil Poupaud, Arbeiter in einer Großwäscherei, der an der Peripherie
Des Lebens wohnt und Mineralwasser trinkt, drückt mit verquälter Wut
Zahnpasta aus der Tube, irgendwer hat ihm den Rasierapparat gestohlen ...
Ein gelber Hund spaziert die Treppe hoch in die Wohnung,
Fixiert mit schwarzen Augen den erstaunten Mann und fällt tot um ...
Die tägliche Dosis Frühstücksfernsehen, Teleshopping, Halleluja-Show
Meist macht er nichts, das Geschirr von Tagen türmt sich, der Müll stinkt,
Die Milch im Kühlschrank ist sauer, die Wurst ein widerliches, in Plastik
Eingeschweißtes Monstrum, die Zeitung auf dem Tisch von gestern ...
Skeptisches Herumstochern im Knuspersnack-Junk ...
Das belanglose Geplauder der Nervenzellen, das muffige Wohnzimmer,
Der hellblaue Pullover, der grünbraune Anorak, der alltägliche Hundedreck
Im Hausflur, die tägliche Selbsthäutung, das ausgebeulte Hier
Das Glück ist ein defekter Sicherungskasten in einem dunklen Korridor
Die Seele krallt sich an der Tischplatte fest,
Stürzender ist man und Abgrund zugleich ...
Aus dem Schlaf gezerrt glotzen Gesichter zum Fenster hinaus
Irgendwer wirft ein Seil über eine Straßenlaterne und erhängt sich
Die Häuser atmen weiter ruhig durch ihre Kiemspalten

Zeitzünder

Der Morgen ist ein leerer Fahrstuhlschacht ...
Kalkige Frühe, rissiger Asphalt, stolpernde Lieben, blutige Irrtümer
Hundegebell, Metropolentristesse, Schnitte im Tischtuch
Re-Pigmentierung, Ich-Simulation, der Tag frisst sich in die Haut ...
Gelbe Dämmerung zerschlägt die Schattenblöcke zwischen den Häusern
Geräusche fahren aufeinander los, stocken, bremsen, schleudern, schieben
Sich ineinander, jeder Luftschacht, jeder Auspuff trommelt und dröhnt
Die Rinnsteine sind schlüpfrig von hüftwackelnden Mädchen,
Die nach einer durchzechten Nacht durch den Dreck stelzen
Wie vertrocknete Fliegen liegen die Toten auf der Fensterbank,
Für die Überlebenden fällt Sonnenlicht auf den Blumentopf
Die Banalität des Daseins, die unerträglichen Niederungen der Realität
Nervöser Sex, Tristesse im Supermarkt, gebrochene Herzen in der Einbauküche
Alain Cohen, der in einem Zustand bescheidenen Elends durchs Leben geht,
Blickt in den Spiegel und sieht einen Kannibalen, der alles um sich herum
Verspeist, die zerkauten Dramen und Träume des Alltags ...
Glockenschläge hämmern die lautlose Musik des Morgens in Stücke
In der Bauchgegend gurgelt ein kaltes Loch, Cohen hasst die
Trostlosen Sonntage, die die Menschen in den Wahnsinn treiben
Jeder Fluchtversuch endet in einer Schleife, aus der es kein Entkommen gibt
Weiß glänzen die Marksegel, die geblähten Tücher des Kleinhirns,
Im Badezimmer knirschen die Zähne, durch die Haut fistelnd entleert
Sich ein Abszess, in der Waschmaschine schleudert die Katze, die Dusche
Gibt einen Faden kaltes Wasser her, die Wände sind mit Joghurt gestrichen
Unter der Decke hängen Fledermäuse wie umgeklappte Regenschirme
Die Kacheln springen von den Wänden, die Tapeten lösen sich
Der Kaffee schmeckt wie Spülwasser, das Brot wie nasser Karton
In der Milch schwimmen kleine grüne, orange und lila Rettungsringe
Die Butter blüht zu riesigen schwingenden Girlanden auf
Sonntägliche Zeitungsgeräusche sickern durch die Wand
Das Radio fängt zu brüllen an, am Fenster fliegt eine Kuh vorbei
Der Teppich riecht nach erfolglosen Kochkursen,
Nach Wirsingkohl und angebranntem Speck
Die unsterblichen Schwäne schwimmen in die Dämmerung zurück ...

Bonbonpalast

Ein Anfang, ein Morgen, frischgehäutet, milchweiß
Der erste Morgen der Welt, wie jeder Morgen, die Zukunft der anderen ...
Die Stadt liegt narkotisiert wie ein mordgieriger Pitbull auf dem Rücken
Gleichgültigkeit kriecht wie ein nasskalter Nebel zwischen die Klamotten
Die innere Zone, die Kapillaren der Seele, der Strom des Bewusstseins
Der Wirbel der Lebensfragmente, sprachlose Körper, menschenlose Sätze
Verklebte Speiseröhren, Sinnfetzen, Fastfood-Idole, Fertigsoße
Zeitgeist-Helden, Selbstfinder, Lebenszweifler, Normalitätsvertreter
Philippe Jore, arbeitsloser Kulturjournalist, der gestern glänzende
Reportagen schrieb und heute als Verkäufer im Möbelhaus steht,
Läuft mit einem Fernseher unter seinem Arm herum und redet mit ihm ...
Arthur Dupont, miserabel bezahlter Parasitologe, fegt seine Frau vom Bett
Wie ein Insekt und kümmert sich im Garten um die Kaninchen
Jeden Tag bricht eine Welt zusammen, die Fingernägel werden blau
Der Motorenlärm schlägt die Zähne ins Fensterbrett
Der Verkehrsklumpen beginnt den Berg hinaufzukriechen
In den Lieferwagen pendeln die Schweinehälften
Die Mädchen schweben wie Staub durch das Zimmer
Oder warten, bis sie im Himmel angerufen werden ...
Sie wollen milchzahnsüße Kinder in dampfenden Windeln, drängeln
Sich umständlich mit dem Buggy in die Straßenbahn und enterotisieren
Die Welt durch das Plärren ihres immerfort stolz präsentierten Nachwuchses
Vincent Rottiers, der Bullen mit Eisenstangen auf die Hoden schlägt
Und Schweine bis zum Ausbluten schreien lässt, kehrt nach blutiger Nacht
Heim in die pudergezuckerte Geborgenheit der Familie und produziert
Babyspeck und Geschrei, dann wird ein Kinderwagen gekauft und ein
Kindergarten gebaut, und für fünf Kindergärten eine Schule, bis eine weitere
Lehrerin die Augen schließt, und für fünf Schulen ein Freizeitpark,
Bis ein weiterer Sarg versenkt wird, bis für alles eine knirschende Totenhalle
Nötig wird, bis alles vom brodelnden Konglomerat der Erde aufgesogen wird ...
Eines Tages, wenn das Morgengrauen eine saphirblau wabernde Glut
Im Schwarz der Nacht entfacht, ein Apricot über den Himmel gießt
Und den Horizont rot schimmern lässt, wird alles brennen ...
Der Brand wird ein Loch in den Himmel schweißen ...

Paradiespforte

Das Leben ist still wie ein Abszess
Die Dämmerung glättet das fiebrige Kissen
Der Himmel ist grün wie die Frösche auf der Bettwäsche
Die gefräßige Neugier des Auges, das geheime Leben unter der Haut,
Die schmerzhaft dröhnende Sehnsucht nach Sehnsucht, der Durst auf
Fremdes Plasma, der Machtrausch, der in der pochenden Triebhaftigkeit liegt ...
Julie Sicard, die ihren Körper mit Männern, Yoga und Qigong kasteit und ihr
Bett mit Hilfe von Heilkristallen ausrichtet, erwacht im Ekel wie jeden Morgen ...
Pascal Cervo, Mikrobiologe und Ebolaforscher, der die Formen weiblicher
Geschlechtsteile für weitaus erforschenswerter hält als Drosophila
Melanogaster, streut Krümel aus einer zerknüllten Folie auf den Tisch,
Eine dünne Linie feiner Kristalle, drei Zentimeter lang ...
Cervo, polyamourös und allzeit kopulationsbereit, ködert die Frauen,
Bis sie schäumen vor Lust, er hat Infusionen, nicht Affären ...
Er ist angefüllt mit fremdem Blut, das in seinem Körper zu Klumpen gerinnt
Seine Liebe ist ein arterienverkalktes Organ, umdeklarierter Schlachtabfall
Röhrend vor Lust reißt er ihr die Seide von den Schenkeln,
Bringt sein schwitzendes Fleisch erdrutschartig in Bewegung,
Verhakt sich in ihren Halsschlagadern und zerreißt sie bis tief in den Bauch
Die Sonne schaukelt, das Bett ächzt wie ein sinkender Ozeanriese
Ein warmer Wind im Hirn reißt die Fenster auf, vulkanische Inseln tauchen auf,
Flache Atolle, eine verwehte Wolke, türkisfarbene Lagunen, puderzuckerweiße
Felsen, goldene Wasserfälle, grellgetünchte Fischerboote, das gleißende Weiß
Salzverkrusteter Fangnetze, exotische Bäume, die in rote und gelbe Farbeimer
Getaucht sind, Bilder, die den ganzen Schädelinnenraum umfassen ...
Atmende Stille, hartes kniehohes Gras, ein weiter Talkessel
Hinter einer Böschung verzaubert sanftes Licht das Auge
Friedlich ruht ein kleiner verwunschener See in seinem Bett
Nachtschwarze Wildnis, die Zeichen der Zivilisation verdampfen
Zwischen den Zweigen erscheint ein Gesicht und verschwindet
Sicard stolpert verwirrt hinaus, bohrt ihre Zehen ins Laub und geht davon,
Immer weiter, Cervo sieht nur noch ihren Rücken,
Der sich unter ihrem Bademantel hin und her bewegt
Am nächsten Morgen bringen fremde Männer eine Tragbahre
Zwei Flocken Haar, verklebt und verschlissen, liegen darauf ...

Atemloch

Die Sonne ist ein hervorkriechender Stein, die Erde blutet gelb wie gestern
Die Skyline wächst aus dem Dunst wie ein borstiges Stacheltier
Die Kehrmaschinen kriechen aus ihren Garagen und wirbeln Staub auf
Karin Viard, die heimlich im Heizungsraum raucht, liegt im Bett wie
Eine frisch geschlüpfte Made, öffnet die Augen und ist sofort hellwach
Die Lunge schreit hysterisch nach der ersten Zigarette
Wie betäubt lutscht sie an einem abgebrochenen Fingernagel
Viard, die in einer Boutique den lieben langen Tag Pullover faltet,
Verflucht die spiegelnden Fenster, die Welt der glatten Oberfläche,
Die Design-Hölle, die makellose Pfirsichhaut, das Plastiklächeln
Ihrer Haut entweicht ein schwarzer Dampf, der den Tag verdichtet,
Das Zimmer, ein muffiger Käfig, ist verdunkelt, alles Gefühlte bleibt klein
Und kriecht am Teppichboden entlang, es herrscht die Schwärze des Alls
Aus dem Wasserhahn strömt eine Säule aus Glas, im Kessel klickern
Die Kalkbrocken, das Radio prasselt wie ein Scheiterhaufen
Viard trinkt ihr Metadon wie Hustensaft, sie braucht genügend Brennstoff
Für den langen Flug, ihre Flügel glänzen wie mit Schuhcreme poliert
Resigniert beobachtet sie die in rasender Geschwindigkeit versinkende Stadt,
Den dampfenden Ameisenhaufen, die summenden Bienenstöcke,
Die elektrischen Geräusche der Insekten, die ihren Geschäften nachgehen
Nasse Gesichter, die ihre Jobs ausfüllen wie Wurstmasse Pelle
Kopfoperierte, Gehirngewaschene, sauber machende Gesäuberte
Frisch gewaschen, gewaltsam gewaschen, rücksichtslos geschrubbt
Von der Firma zurechtgeschnitten, seelisch verkrüppelt, entstellt
Jeden Morgen atmet sie die Luft von anderen Planeten
Jeden Morgen steigt sie aus den engen Tälern der Wirklichkeit
Hinein in den freien Äther der großen Visionen und Fiktionen
Jeden Morgen durchfährt sie den stahlblauen Himmel wie eine Wand
Nie wirft sie einen Blick zurück auf die Verlassenen
Nicht einen Fußnagel lässt sie zurück ...
Jeden Morgen spreizt sie die Flügel, bis ihr das Haar verglüht
Jeden Morgen kreist sie über dem Feuer der Atmosphäre
Jeden Morgen hängt ihr löwenroter Körper im zerschnittenen Himmel
Eine Königin im roten Kleid über wallendem Nebel
Ein roter Komet, ein Projektil, eine rote Narbe am Horizont ...

Quecksilberzone

Die Dämmerung siebt feinen grauen Staub über die Stadt
Verschobene Blickwinkel, szenische Halluzinationen, Wohlstandskrebs
Lederwestenträger mit Wampe, reiche Luftsäcke, scheffelnde Großbürger
Das Bestiarium der Neo-Biedermeier, die perfekt gebügelte Welt
Kleinbürgerliche Triebunterdrückung, Rückwärtsgang in den Uterus
Stéphane Rideau, Sohn einer täglich von ihrem Mann verprügelten
Alkoholikerin, erwacht mit weinroten Tränensäcken unter den Augen
Rot-weiß karierte Bettwäsche, gelbe scharf riechende Pillen,
Ein halbes Brötchen, eine Pfanne mit den Resten von Rührei
Das Haltbarkeitsdatum der Dosenmilch ist überschritten ...
Rideau zündet das Brötchen an, das sich wie eine bittere große Tablette
Einfach nicht runterschlucken lassen will, verprügelt Butter und Marmelade,
Zermalmt den Globus und speit die Brocken den Göttern ins Gesicht
Kellerasseln krabbeln ans Licht, nachtüberlebtes Reliktzeug,
Von röchelndem Sex erschöpft oder vom Saufen ernüchtert
Rideau schließt den Kiosk auf und verkauft den herantrottenden Süchtigen
Die ersten Flachmänner, in der Ferne der Schrei einer Frau,
Die an ihren Haaren in den verkaterten Morgen hinausgezerrt wird ...
In einer Moschee wird ein Brandsatz gelegt, eine Bushaltestelle wird mit
Deportationszügen bemalt, die Feuerwehr verbrennt alle Bücher
Ein Taubenschwarm flattert von einem Ende der Straße zur anderen
Die Tage kriechen gleichmäßig vorwärts, das Leben quält sich voran
Es regnet, die Sonne scheint, es regnet, der Himmel ist verbraucht ...
In den gekräuselten Wassern des Thalamus dümpelt das Gedächtnis
Brüchige Erinnerungen an bettstürmendes Gerangel und halsbrecherische
Erotische Manöver, eine Geliebte nach der anderen,
Immer die Richtige, okkupiert, kopuliert, vergessen ...
Sein Lächeln entflammt nur noch Zwergkaninchen und komplizierte Frauen
Bewusstseinsdoping, Nahrungsaufnahme, Fortpflanzungstätigkeit
Praktisches Schuhwerk, warme Socken, süße Selbstzerstörung
Risikofreies Leben, der Schmerz, keinen Schmerz zu haben ...
Schlaflos zu Hause gesessen, zu altern begonnen,
Über den Sinn des Lebens nachgedacht, bis er verlorenging ...
Der Kaffee, den er in sich hineinschüttet, bildet eine Pfütze

Cadmiumrot

Verbaute Träume, asphaltierte Sehnsüchte, betonierte Versprechen
Ausfahrten aus der Realität, Lichtreflexe im Nagellack
Die Straßen liegen kalt und weiß wie ausgestreckte Arme da
Der Himmel ist ein Auge, das sich nicht mehr schließt,
Das Gehirn eine Mohnpflanze, die weißleuchtend blüht,
Die Sehnsucht eine Nomadin, die ihr Zelt im Morgengrauen aufschlägt
Morgane Cabot, eine Heldin der Verlorenheit, eine zarte Gestalt,
Die Würstchen im Supermarkt verkauft, sieht zum Fenster hinaus
In die Ferne, das Meer ist eine gleißende Oberfläche aus flüssigem Gold
Die Möwen stehen wie filigrane Papierdrachen im Wind
Weit hinten auf einer Sandbank der rostige Bug eines Wracks
Bernard Campan, ein zum Hochzeitsknipser heruntergekommener Maler,
Beobachtet, wie sie den Fuß hebt und sich die Nägel lackiert
Cabot, die plötzlich ihre Lust an der Enthemmung entdeckt,
Erforscht ihren Körper und betrachtet ihren Anus
Campan, von ihrem animalischem Dasein geradezu besessen,
Verzehrt sie mit dem ewig hungrigen Blick des Kannibalen
Alles um sie herum reißt er ab und schafft es fort
Vor ihren Füßen entfacht er einen halluzinatorischen Farbkosmos,
Ein Universum der flammenden Visionen, die wie Insektenschwärme
Über ihn herfallen, er lässt reines Licht für sich malen, lässt Blumen
Aus Feuer aufblühen, schießt Helium-Skulpturen in den Himmel
Und lässt Lichtgeister wie Sternschnuppen durch den Raum jagen
In absurder Höhe die Spitze eines tempelartigen Turms,
In dem sich das Fundament von Himmel und Erde befindet
Auf seinem Dach wird das Fest der Liebe gefeiert ...
Er zieht ihr ein strahlend weißes Kleid an, küsst ihre Knie,
Leckt die Unterschenkel entlang und verbeißt sich sanft in ihren Fersen
Cabot setzt sich auf den Tisch, biegt ihren Körper zurück,
Schiebt das Kleid hoch, biegt seinen Kopf nach unten, beinahe brutal,
Und spreizt die Beine, ihr Höschen ist rot und parfümiert
Er zerrt das Seidenfähnchen zur Seite, wühlt in ihren Härchen,
Und folgt den feuchten Linien, die dünn sind wie ihr Mund
Die Fensterläden schnappen nach Luft ...

Raumschachtel

Das zerrissene Fleisch der Nacht ist vernarbt
Die Lichterstadt liegt erloschen in der Morgensonne
Was in den Häusern verborgen war fällt heraus und liegt nun auf
Einem großen Scheiterhaufen: Innenweltsstürme, verschmorte
Nervenbahnen, Identität to go, Gnadenloser Narzissmus, Triebzwang,
Handygeplapper, Einkaufswagen, Schuhkartons, Schlankformschlüpfer
Die Codes des Lebendigen, die aschengesichtige Gegenwart
Der Körper springt auf, Licht brennt sich in die Muskeln
Vincent Desagnat, der am Rande der Normalität balanciert, betrachtet die
Falten der Welt, die Beziehungslosigkeit der Dinge, schaut in den Spiegel,
Sieht die dünnen Haare, die blasse Haut, sieht den milchigen Fleck im Gesicht,
Das tote Auge, starrt auf die Kacheln und zählt die Fugen, das Loch in der
Kloschüssel ist immer noch da, die Badewanne ist eine Selbstmordmaschine
Jeden Sonntag durchleuchtet er das winzigste Seelenareal
Leben ist das fortwährende Fremdsein sich selbst und der Welt gegenüber,
Eine Zufallserscheinung der Evolution, eine kurzzeitige Anomalie ...
Wie Partikel, die von einer großen Explosion im Weltraum übrig geblieben
Sind, schwebt jeder schwerelos auf seiner eigenen Umlaufbahn ...
Über ihm das Schlurfen der Marmelade kochenden Großmutter,
Die, weder die Welt der Toten noch der Lebenden verstehend,
Durch Wände geht, die es zu ihrer Zeit noch nicht gab ...
Fun-orientierte Musik aus den hintersten Schubladen des Mainstreams
Das frühmorgendliche Radio frisst den letzten Nerv, die Zukunft ist ein
Zwielichtiger Nachmittag, der sich windet wie ein verletzter Wurm ...
Siebzehn Bourbon gestern bei Chez Claude
Desagnat kaut auf der Zigarette, der Filter ist fast durchgebissen
Er denkt an die Hunde, die man in Säcke gestopft
Und auf einer einsamen Insel ausgesetzt hatte
Der Flutwind trug ihr Heulen herüber, sie zerrissen sich gegenseitig ...
Er öffnet das Fenster, das Licht blendet, der Faustschlag trifft
Mit verklebten Augen schleichen die Huren in den Tag
Die Bar ist leer, die Böden sind gewischt
Eine Kellnerin mit Spitzenschürze faltet die Decken zusammen
Gin legt sich wie angesäuerter Staub auf die Zunge
Die Hölle ist ein Blick, der bis ans Ende der Welt reicht ...

Nebengleis

Seelenauswürfe, Fragmenteknäuel, Kriechströme, Blutgerinnsel
Der Rasierschaum im Rinnstein, der bleischwere Block des Tages
Der Morgendämmerung ist ein nach außen gewendeter Regenschirm
Ins Leere funkende Seelen, staubige Worte, Störgeräusche
Die Keramik ist kalt, der Duschkopf aggressiv, der Himmel zugemauert
Die Fenster sind in Milch getaucht, die Straßenbahn knirscht,
Die Wasserspülung rauscht wie eine Naturgewalt ...
Die graue Zone, das ferne Echo, das geplünderte Gedächtnis
Philippe Torreton, ein Statist im eigenen Leben, der seinen Schatten für einen
Anderen hält, wird vom Zähnefletschen seines Hundes wach, schreit sich
Heiser vor Angst und füttert das Monster mit Kichererbsen und Rosinen
Zerstreut tunkt er eine Wespe in den Honig und schaut zu, wie sie sich dort,
Ein Luftbläschen zwischen den Kiefern, schwerfällig abstrampelt ...
Das Frühstücksei rollt vom Tisch und schlägt dumpf wie ein Stein auf dem
Boden auf, die Schale splittert, ein dünner Faden Blut quillt aus dem Sprung
Leben im Verborgenen wie eine Assel unter einem Stein
Versunken in die Vorgänge des langsamen Erlöschens,
Vom Regen gewaschen, von der Sonne getrocknet, vom Wind gescheuert
Kapitulation vor der Zeit, die langsam wie Öl von Horizont zu Horizont
Über das Gesicht der Welt fließt, die den Körper umspült,
Die unter den Achselhöhlen schwitzt und die Augenlider vibrieren lässt
So viele Jahre Mensch, in Zwang, in Trieb, in Flucht, ein Teilerfolg
Vier Schachteln Zigaretten am Tag, gerötete Augen, Schildkrötengesicht
Im vergeblichen Liebessehnen den halben Fernen Osten kopuliert
Begattungsclownerie, Experimente mit dem Schmerz, freiwillige Fäulnis
Der Sex, der an Teppichklopfen und Fahrradaufpumpen erinnerte,
Die weichen Münder, die Lucies und Léas, silbern und mörderisch,
Die schon gestern die Namen ihrer zukünftigen Liebhaber kannten ...
Das Leben, das es nur im Verstreichen gab und nie im Augenblick
Das Gehirn wildert über einer Nebelsteppe,
Kaum verzweigt, im Tiefen unverbunden, ohne Wesen
Das Ticken der Pendeluhr ruft springende Bälle hervor,
Die kurz aufglühen und wieder erlöschen
Sterben heißt, die Bilder ungesichert stehen lassen,
Die Träume im Riss der Welten verhungern lassen ...

Flammenwerfer

Der Himmel hängt tief, die Autos schwimmen auf dem Rücken
Elektrische Redakteure, verkabelte Gehirne, sterbende Kugelschreiber
Schlagzeilen in Signalrot in der Druckmaschine heiß herausgebacken
Der alternativlose Neoliberalismus, die bizarr amoralische Unwucht,
Die postdemokratische Ignoranz, die wilde Bestie Beschleunigung,
Die Vertreibung des Menschen und des Menschlichen, der tägliche
Nahkampf, der jede Regung des Gewissens und des Mitleids abtrainiert
Gurgelnd tropft das Wasser durch die Kaffeemaschine ...
Michaël Youn, weit fortgeschritten im Leben jenseits der Illusionen,
Ein dumpf brütender Koloss, ein Mensch nach dem Menschen,
Der nur noch im Wort wohnt, aber nicht mehr in der Welt, hackt mit blutenden
Fingern Tausende von Seiten in den Computer, zieht sich die Nagelhaut von
Den Fingern und schneidet sich Texte aus dem Fleisch seines Verstandes,
Wie er sich vor dem Spiegel einen Tumor herausschneiden würde
Worte wie Nägel, die er in die Wand schlägt, Worte, die an seiner Haut kleben
Und ihn langsam vergiften, Worte wie Sekrettropfen, von den Drüsen seines
Leibes abgesondert, aus den Lungen gehustet, aus den Hoden extrahiert,
Aus dem Bauchfett gesaugt, aus den Schlagadern gespritzt ...
Youn schreibt nackt, schreibt mit fiebernden Fingerbewegungen aus dem Exil,
Schreibt mit Blut über die federleichte Bauweise des Erdballs, über das
Strohfeuer der Sterne, die Anfälligkeit der zu Sand verfliegenden Gebirge,
Die Flüchtigkeit der Meere, die zu Wolkenspiralen verdampfen,
Über die sich unaufhaltsam verdunkelnde Welt, über den ewigen Kreislauf
Von Machtrausch und Unterwerfung, Zerfall und Niedertracht
Youn, der Besen im System, zieht mit dem Finger eine Linie in den Staub,
Zwirbelt die Sprache, prügelt sie windelweich, schüttet Wortungetüme auf,
Bis das Alphabet knirscht, zerlegt den Feind, präpariert ihn, präsentiert
Ihn wie ausgestopftes Wild und träumt von der Kraft der Zeit,
Die nicht nur alle Spekulanten und Lobbyisten, Zocker und Blender,
Sondern alle Herrschaft von Menschen über Menschen zermürben
Und in eine heitere Gemeinsamkeit verwandeln würde ...
Die Erde bleibt unberührt, im Morgennebel schmelzen die Bilder
Youn denkt an die Zeit, als die Nacht mit ihm ins Gebirge stieg
Und der Tag mit ihm Löcher in die Wüste grub ...
Eine Zeit, die jetzt in verstaubten Büchern steht ...

Kurzwellenempfänger

Die Grimasse des Realen, die Ungeborgenheit des modernen Individuums
Die Flucht aus dem Gefängnis des Körpers, der Sinne und der Seele
Das Staubkorn im All, der Tanz der Quarks, das Schweigen der Räume
Die Sehnsucht nach dem Nullpunkt, nach dem Erhabenen und Ungebrochenen
Der unschuldige Augenblick, wenn das Licht auf den Hirnstamm trifft
Gelbe Stille, sanfte Vergeblichkeit, die Zeit dehnt und verdichtet sich
Yann Collette, ein vom Horror des Realen durchs Leben gehetzter Zombie,
Der sich in die Freiheit katapultieren und in den Kosmos davontrudeln möchte,
Dämmert in fieberhell daliegender Landschaft wie eine Larve,
Die ihre Organe verdaut und die Metamorphose erwartet ...
Dröhnend rollt die Sonne aus dem Unterleib der Gebirge,
Entzündet die zitternden Blumen und setzt das Blütenmeer in Brand
Collette schlägt mühsam die schweren Augenlider auf und verfolgt den
Schwirrflug der Motten, die er anlockt, die Gleichgültigkeit des Universums,
Das unendliche Nichts, und spürt, wie sein Körper mit der Erde verschmilzt,
Wie er eingesogen wird ins tiefe immaterielle Gold des Abgrunds
Die Farben des schweren Lichts fließen ins Gehirn, befeuern die
Neuronen und lagern sich an den Wänden der Schädeldecke ab
Lichtbündel wie Klänge, die aus der Erde dringen, die sich mit allem mischen,
Die hellen Partikel der Welt, die einst Menschen und Bäumen vertraut
Gewesen waren und nun schweigend ihren Ursprung suchen ...
Der Riss in der Wirklichkeit, der Keim der Auflösung, das Ungefähre,
Das Ungewusste, der Rhythmus der Sterne, die Motorik der Monde,
Das weiße Licht, das die Farben vertieft, die verschatten, aber nicht erlöschen
Es hält die Dinge in der Schwebe, vervielfältigt die Bilder, verdichtet sie
Durch alles geht es hindurch, ohne Widerstand,
Nicht das Wasser, nicht die Götter sprechen seine Sprache
Voller Liebe ist es und voller Angst, kann weder leben noch vergehen,
Berührt den Lärm der Stadt, lehnt sich gegen kalte Mauern,
Setzt sich fest in die Nähte der Zeit und löst die Weltgerinnsel auf
Nichts Gleißendes ist darin, es strömt Helle ab ohne Schärfe
Weder blendet es noch verbrennt es ...
Es lädt ein, darin zu tauchen, davon zu trinken, zu ertrinken
Die Sonnenbarke im Hafen liegt bereit ...

Schläfenbrandung

Die Zeit ist ein Raubtier, die Tage leisten kaum Widerstand,
Bevor sie in das dunkle Loch des Schlafes sinken
Die Jahresringe des Verstandes, das aufgeribbelte Gewebe des Daseins
Die Ablagerungen in der Seele, die Chronik des Lebensekels,
Der sinnlose Verfall, auf den ein noch sinnloserer Tod folgt ...
Ein Lufthauch spült ausgediente Düfte durch die Dämmerung
Ein weltverlorenes Haus, ein Gehäuse erstarrt in Raum und Zeit,
Ein desolater Raum, der die Spuren der Jahrzehnte in sich aufgenommen hat
Ein surrealer Raum, Teil einer Theaterkulisse, temporär, provisorisch
Didier Bénureau, ein zahnloser Orchideen-Sammler, der somnambul durch
Seine Geschichte fiebert, sitzt unbeweglich wie eine Sphinx im Schaukelstuhl
Und hört den Mörtel aus dem salpeterverpustelten Gemäuer rieseln
Eine Wanduhr zerschneidet den Raum mit spitzem Ticken
Die Minuten hängen bleischwer wie Stunden um den Hals
Der Blick geht nach innen, tief in den Tunnel des Leidens
Die Zeitung, in der er eben noch las, gleitet ihm aus der Hand
Früher löste er Kreuzworträtsel und kannte alle Hauptstädte der Welt
Der Kamin raucht wie eine feuchte Zigarre, im Wind weht eine Tapetenbahn
Zerbrochenes Fensterglas liegt auf dem Boden, ein rostzerfressener Nachttopf,
Ein Schulheft mit wasserfleckiger Tinte, die Reste einer Holzeisenbahn
Über die Wände ziehen Ameisenheere und liefern sich
Knisternde Schlachten um den schillernden Panzer eines Käfers
Der Raum füllt sich mit Bildern wie ein dehnbares Gefäß
Angst rieselt in den Hinterkopf wie das Wassertröpfeln aus dem defekten
Spülkasten, das das ganze Haus mit seinem Gemurmel erfüllt
Bénureau streicht die Haare zurück und blickt ins verkohlte Dachgebälk
Wulstig ragt der krumm gemauerte Schornstein in den Himmel
Wenn der Wind über die Steine haucht, murmeln sie dunkle Litaneien
Manchmal durchbohrt ein Schattenfinger die Seele, manchmal zuckt er
Zusammen wenn er spürt, wie der Tod durch die Poren in seinen Körper kriecht
Das Haus erzeugt einen tiefen summenden Ton,
Der jeden Gedanken fängt, der sich jenseits der Zeitläufe verliert,
Ein tiefer Ton, der im Körper vibriert, die Nerven aufschnürt
Und sanft jeden Knoten löst, einen nach dem anderen ...
Bénureau fällt rückwärts durch sein Leben, es wird wunderbar still ...

Wetterleuchten

Die poröse Idylle des Lebens, die Banalität des Sterbens
Die Zeit ist ein herrenloser Köter, der verwildert über die Welt streunt
Und hungrig Wochen und Tage, das Licht und den Himmel frisst
Der giftige Hauch, der unheimliche Geruch nach lange verwelkten Blumen,
Gelbe Flecken, wo einst Spiegel hingen, Fäkalien unter zerknüllten Zeitungen,
Die im rauschenden Wirbel der Zeiten bereits versteinert sind ...
Das abgeschabte Haus, der hässliche Kasten auf der nassen Wiese,
Knarrt unter der Last des Himmels, der Kraftakt der Steine,
Dem Sturm standzuhalten, überzieht den salzbröseligen Putz mit Falten ...
François Levantal, unter dem die Fundamente wegsacken, fühlt den Tod
Um sich, das alles verschlingende schwarze Loch mit den scharfen Zähnen,
Die schwarze Masse, die schwarze Wolke, den davonpfeifenden Weltsinn
Echsenhaft, vom eigenen Atem angewidert, schmeckt er sein Leben nach
Die Vergangenheit hat sich faul im Gebiss abgelagert ...
Das Zimmer ist hell erleuchtet von weißglühenden Blitzen,
Die mit einem Peitschenknall auf dem Boden explodieren
Wie an einer Zündschnur kriecht das Licht durch die geschlossenen
Lider und durchfließt die Nerven wie einen Stromkreis
Eine vom Wind angefachte Flamme lässt den Dachstuhl auflodern
Steine fallen auseinander, Funken sprühen, Sparren bersten
Ein letztes Mal wird der Schaukelstuhl angestoßen ...
Levantal fühlt, wie sich die Nerven unter der Haut bewegen
Und den Körper nach den letzten Spuren des Schmerzes abtasten
Luft strömt ins Gesicht, in regelmäßigen Abständen, wie Atemzüge
Es kommt näher, es zerrauft ihm das graue Haar, ein kraftvoller Atem,
Der seinem eigenen entgegenbläst, der ihn überwältigt, der ihn auslöscht
Mit dem Geräusch eines brennenden Waldes löst sich die Seele
Die herabstürzende Flut von Blitzen verebbt und Levantal ist nur noch ein
Windhauch über den Trümmern, das Haus nur noch ein bemooster Felsen
Ein langsamer schweifender Blick gleitet tief ins Land,
Streicht über die ewigen Wälder, über leise dahinrollende Hügel,
Durch die tiefen Schatten einer dampfenden Allee und nähert sich
Einem Palast mit goldenen Kuppeln und hängenden Gärten,
Der wie ein festlich erleuchtetes Schiff in der Nacht liegt ...

Grenzgänger

Das gallertartige Bindegewebe der Schöpfung
Der Schaum der Tage, das leise Dröhnen im Zentrum der Welt,
Das die Vergangenheit, die Gegenwart und die Zukunft durchdringt
Der schwere Atem der Wälder, die zarten Stimmen des Wahns
Das Konzentrat der Kontraste, die Schönheit des Instabilen
Die Trennung von Augenblick und Ewigkeit, der Sog ins fließende Nichts
Vom Sturm gepeitschte Felder, analbrauner Schlamm, erwürgte Dörfer
Kirchengerippe, ölige Telegraphenmasten, Mühlen, die die Zeit klein mahlen …
Ein Wasserschloss wie ein zerbröselnder Pilz, ein monumentaler Treppenaufgang
Erstarrte Marmorsäulen, Fontänen, die von einem Becken ins nächste spucken,
Eine riesige Statue, die durchscheinend wirkt wie eine Traumerscheinung
Wuchtige Findlinge, Brennesselwälder, ein vom Wind verblasener Weg
Olivier Barthelemy, Zeitmanagement-Experte ohne Zeit in der rasenden Zeit,
Der seine Mahlzeiten mit dem Handy am Ohr verschlingt, steht ratlos
In der Gegend wie ein morscher Lattenzaun und entdeckt einen Schlauch,
Der auffällig weiß und grün geringelt ist und sich regelmäßig zusammenzieht,
Ein Strang aus gallertartigem Bindegewege, spiralig gewunden, daumendick
Er folgt dem pulsierenden Schlauch in den mürrischen Wald,
Bis die Erschöpfung ihn zernagt, der Schlauch nimmt kein Ende …
Nebel fällt, der schmutzige weiße Vorhang des Nichts
Membranschleusen, Zwischenräume, Hintergrundrauschen
Linien lösen sich auf, der Raum wird weit und ungreifbar
Weißes Gras, weiße Seufzer, manchmal stöhnt der See
Die Erde atmet, an den Gummistiefeln platzen kleine Luftblasen
Nasse Lippen, nasse Hände, nasse Zigaretten, keine Achse, kein Punkt
Aus dem Nebel wächst ein vernarbter Baum, eine tragende Säule des Alls
Seine Wurzeln ruhen im Unendlichen, in seinem Wipfel rauscht das Echo
Des Urknalls, unter seiner Krone fließt grünes Licht, stiller grüner Zorn
Aus dem Nichts flattert plötzlich ein Schwarm Krähen auf
Und verschwindet mit hartem Flügelschlag wie ein Leichenzug
Schwarz und nass rumpelt das Geäst am Himmel
Etwas wächst und atmet, etwas Gieriges, Verwundetes, Grollendes
Der Wald knarrt und stöhnt, das Blut der Bäume fließt in Strömen
Leises Blitzen aus dem Inneren der Erde
Abgrundtiefes Atmen

Nukleinsäure

Die Abwesenheit von Sinn und Wahrheit, der unüberschreitbare Horizont
Der geschundene Planet, der unsicher auf seiner Achse schwankt
Steil aufgefaltet schwimmen die Gebirge auf dem Erdmantel
Schichtvulkane ragen in den dunkelblauen Himmel, Geysirfelder fauchen
Lavabrocken liegen wie verendete Urtiere in den endlosen Ebenen
Ein Salzsee, der auf den Resten eines einstigen Binnenmeers schwimmt
Eine Schlucht in allen erdenklichen Brauntönen, eine mineralisierte
Überwelt, die vor Unwirklichkeit zu bersten scheint, unantastbar, feenhaft
Die Salzplatten knirschen wie zugefrorene Pfützen unter den Schritten
Geröllhalden, weißgebleichte Knochen, Leere, Gleichgültigkeit
Radikale Einsamkeit und eine Stille, die gerinnt und sich verdichtet
Rostige Eisenbahnwaggons, die mitten im endlosen Nichts herumstehen,
Säulenkakteen, streunende Hunde, eine Hütte aus Lehm und Zivilisationsmüll
Ans Tor genagelt ein spargelbeiniges Mädchen, ein Klumpen gedörrtes Fleisch
Verschobene Fundamente, implodierende Lebensentwürfe
Die Zeitalter stürzen ineinander, die Perspektiven verrutschen
Die Sterblichen wälzen sich durch den blutigen Morast der Geschichte
Und sprechen mit dem Hall derer, die schon gestorben sind ...
Jacques Gamblin, ein stillgestellter Schizophrener, der durch alle Welten
Wandelt und an ihren Widersprüchen scheitert, greift sich eine Schlange,
Zieht ihr die Haut ab und presst das kalte Schlangenblut aus,
Beschwört den Geist einer alten Kupfermine, verbrennt das Fett von
Schwarzen Hühnern und lässt Kräuter und Eidechsen in Flammen aufgehen
Der Rand der Welt, die stille Oberfläche des Nichts, endlose rostfarbene
Sandsteinplateaus, rote Felsnadeln, von Sonne, Regen und Wind
Geformte Skulpturen der Einsamkeit, monolithisches Schweigen
Ein gigantischer Erdriss, das rot glühende Weltkörperinnere, die brodelnde
Urschaumsuppe, die alle Geräusche wirbelnd in ihre Tiefen zieht ...
Aus einer blumenkohlförmigen Masse schießt ein Blitz, Wirbel entstehen
Schockwellen, Nebelhaufen gigantischer Neuronen, schädelsprengendes Licht
Farben zerlaufen und vermischen sich, scharfe Ränder verschwimmen
Gamblin ist nicht mehr, auf seinen Namen antwortet nur die Leere ...
Das Leben ist ein winziger Webfehler des allumgebenden Nichts,
Eine Unregelmäßigkeit des makellosen, das ganze Vakuum ausfüllenden Todes

Amygdala

Flirrende Bilder, surreales Licht, analog vorüberziehende Wolken
Das Universum ist ein hustendes Lungenbläschen,
Weiche Architektur, feucht und verschrumpelt, ein Tempel der Häutchen
Die Anatomie der Melancholie, die Falten des Raumes, die Stürme im Kortex
Die Signaturen des Verfalls, die Auflösung von Sein und Bewusstsein
Das rosig-graue, zum Dahinwelken bestimmte Fleisch,
Das zerwühlte Bett, die feucht-klamme Unterhose, die Spanplatten-Schrankwand
Das blutgetränkte Ziegenfell, der ausgestopfte Bär, die Fotos an der Wand,
Die wirken, als hätten die Jahre die Energie aus ihnen herausgemolken
Jocelyn Quivrin, ein Ich-gestörter Misanthrop, dem die Gehirnhälften
Zusammenwachsen, träumt nur noch Träume, die er bereits geträumt hat ...
Die Welt ist eine Kugel aus Blei, die schwer auf die Brust drückt und den Atem
Nimmt, Liebe ein Herzschlag, der holpert, die Kindheit ein Schweißfilm aus Angst
Die Augen drehen sich einwärts in ihren Höhlen, drehen sich ins Gehirn,
In den weichen Palast des Schädels, in die graue Pinakothek des Gedächtnisses
Weitläufige Marmorsäle, Plastiksessel und Polstergebirge, ein altes Buffet,
Tapetenwände aus Schmetterlingen, blonde Kinderzöpfe, eine Zahnprothese,
Dramatische Orchestermusik, Gestalten mit Perücken und Tiermasken,
Selbstporträts zwischen zarten Pastelltönen und neonschrillen Buntheitsattacken,
Wuchtige schwarz patinierte Bronzeskulpturen düster und verschattet,
Gesichtslose Statuen aus einer anderen Welt verurteilt zu ewiger Erstarrung,
Verschorfte Zerrbilder, auf deren Farbschichten rote und gelbe Flechten blühen,
Auf krude Weise verdreht, verknotet und in sich selbst verschlungen ...
Durch Tausende transparenter Röhren fließen Farbstoffe und Pigmente,
In Tausenden Ateliers sind hunderthändige Maler am Werk,
Meister der Nichtigkeiten, die sich hemmungslos betrinken und prügeln,
Die kopieren, fälschen und verfälschen und in wilden Strichen
Das pittoreske Durcheinander an die Schädeldecke projizieren
Die Wirklichkeit, die Ordnung der Zeit zerbricht, fault im Bodensatz unscharfer
Geschichten und Bilder dahin, bis sie sich endgültig in Dunkelheit auflöst
Staub zwischen arthritischen Zehen, Staub in verschleimten Bronchien
Staub zwischen kariösen Zähnen, Leben ist Staub beißen ...
Man ist da, man isst, scheidet Kot aus, man sagt was, man lebt ungeboren
Die Lungen füllen sich nicht, das Herz fängt nicht zu schlagen an
Der Wunsch kommt auf, wieder zum Ausgangspunkt zurückzukehren,
In die Gebärmutter, ins Unbewusste, ins Formlose

Zielort

Der Himmel, das Paradies, der offene Raum, der optimierte Ort
Ein Ball rollt durch die Jahrhunderte, Wahrheit schält sich aus den Gesichtern ...
Unendliche Räume, Linoleumboden, Glasfronten, monumentales Nichts
Passkontrolle, Koffer mit komplizierten Reißverschlüssen, Überwachungskameras
Mietbare Flachbildfernseher, Ganzkörperspiegel, der Stuck fällt von der Decke
Pappteller mit Mandarinen, der Kaffee schmeckt nach Kamillentee
Gregorianische Choräle, vegetarische Kost, kein Handyempfang, keine Drinks
Elektrifizierte Vorhänge, beheizte Handtuchhalter, Schuhputzservice
Holztäfelungen verbergen Türen, die in dubiose Hinterzimmer führen ...
Die harte Luft der Ewigkeit, abgestreifte Häute, Risse im Selbst
Der Schlamm menschlicher Erfahrungen, der Morast vermoderter Gefühle
Nachkriegsgesichter, die wie Schlachtfelder aussehen, seltsam entrückt,
Komatös erstarrt, gefangen in geheimnisvoller Zeitlosigkeit
Verstrahlte Aussteiger versunken in schweren Plüschsesseln,
Die in Hochglanzmagazinen blätternd phlegmatisch verdämmern,
Die wie in Trance sprechen, die Wörter gehören ihnen nicht mehr ...
Paralysierte Kreaturen, die, ihrer vertrauten Welt entrissen, nun grenzenlos
Im sternenleeren Nichts treiben und im Spiel der Kräfte, die sie durch den
Raum wirbeln lassen, die nichts mehr zu melden haben, die quälende Schönheit
Des vom Wahnsinn verseuchten blauen Planeten sehen sie von fern ...
Lebenslinien, die sich irgendwo in der Unendlichkeit treffen, weiße Gestalten
Verborgen in unsichtbaren Schläuchen, allein oder sich aneinander klammernd
Dechronifizierte Körper, kosmisch, ätherisch, entgrenzt, zeitamputiert
Untote, weichknochig, überflüssig, festgezurrt in ihrem Elend,
Die fortwährend ihre Lebenskomödien aufführen ...
Marie Trintignant, ein Engel mit Locken, die flüssiges Gold versprühen,
Huscht lächelnd auf Socken über das Parkett und serviert das Frühstück
In die Luft gesetzte Schritte, offene Münder, kein Lächeln
Irgendein Bild taumelt aus dem Staub und zerfällt
Bedingungslose Kapitulation der Seele
Die Vergangenheit hört nie auf
Die Zukunft wird nie beginnen
Die Gegenwart wird nie enden
Alle Wege führen ins Absurde
Kein Entrinnen
Ein Strudel
Ein Sog

Electric Mud

Post-Progressive Rock von und mit Hagen Bretschneider

wrong planet

foreign fields
kingdom of rain
liquid sky
beyond the black rainbow
rabbit hole
deep sand
wrong planet
empire of the sun
new horizons

lunatic asylum

canary in a cathouse
deadend mind
black dog
trainspotting
grapefruit moon
crawling in circles
barfly
burning in water, drowning in flame
escape to anywhere
heads in beds
dolphin street
frozen images
disconnect

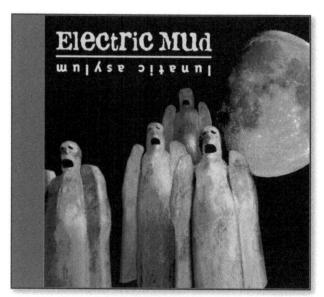

CDs überall im Handel erhältlich

9 783734 550492